AF617660

Atreverse a luchar

La izquierda revolucionaria y la Transición en Navarra

IMANOL
SATRUSTEGI ANDRES

ATREVERSE A LUCHAR

LA IZQUIERDA REVOLUCIONARIA Y LA TRANSICIÓN EN NAVARRA

Prólogo:
NEREA **PEREZ IBARROLA**

Serie de Historia dirigida por
EMILIO **MAJUELO**

PRIMERA EDICIÓN DE TXALAPARTA
Abril de 2025

EDICIÓN: Ane Eslava

EDITORIAL TXALAPARTA S.L.L.
San Isidro 35
31300 Tafalla NAFARROA
Tfno. 948 703 934
info@txalaparta.eus
www.txalaparta.eus

ISBN
978-84-10246-45-4

DEPÓSITO LEGAL
NA 570-2025

DISEÑO DE COLECCIÓN
Esteban Montorio

MAQUETACIÓN
Amagoia Arrastio Ágreda

IMPRESIÓN
Rodona Industria Gráfica S.L.
Polígono Agustinos, calle A
31013 Pamplona – Navarra

Índice

Prólogo
Nosotrxs también hicimos la historia
Un nuevo relato desde abajo de la Transición en Navarra

· Nerea Perez Ibarrola ·

LEER UNA HISTORIA QUE HABLA DE TI, de cosas que has vivido y de las que has formado parte, es una experiencia reveladora. Por lo menos para mí lo ha sido. Hace unas semanas leí un trabajo de fin de máster titulado «Iruñeko Udal Ikastolaren jatorria eta ibilbidea (1977-1987): eredu berri baten hasiera»[1], sobre los orígenes y el recorrido de la ikastola municipal, de la que yo fui alumna. Mientras avanzaba en la lectura, comencé a reconocer parte de mi historia y mis experiencias en algunos de los pasajes que estaba leyendo. Un investigador les estaba dando valor histórico. Al leerlos sentí que esas pequeñas historias que yo asociaba a vivencias y recuerdos personales eran mucho más, formaban parte de algo más grande: de la historia de la Transición y de los primeros años de la democracia en Pamplona, de la historia que había impulsado la educación pública en euskera en Navarra, de una historia que compartía con una generación versada en las luchas de las décadas anteriores que, ahora como padres y madres, mostraba una vez más su combatividad. Y me sentí importante. Cuando la Historia en mayúsculas habla de ti, de

1. Yániz, A. (2025). *Iruñeko Udal Ikastolaren jatorria eta ibilbidea (1977-1987): eredu berri baten jatorria*. Trabajo de Fin de Máster dirigido por Fernando Mendiola. UPNA-NUP.

tu padre y de tu madre, de tus amigas o de tus vecinos, te das cuenta de que la gente corriente siempre hemos estado ahí, formando parte de los procesos históricos, contribuyendo a la transformación social. Hemos sido y somos sujetos históricos y, en consecuencia, nosotras y nosotros también hemos hecho y hacemos la historia.

Muchas personas van a encontrar su propia historia en este libro, y espero que, al leerlo, lo entiendan así.

A finales de la década de los sesenta irrumpió en el escenario sociopolítico un nuevo sujeto: la juventud, entendida no como un periodo de tiempo en la vida de una persona, sino como grupo o colectivo social con entidad propia. De pronto, los jóvenes tenían algo que decir. Eran inconformistas y contestatarios, a pesar de haber nacido y crecido en un mundo que nada tenía que ver con el de sus padres y madres, un mundo de consensos sociales y políticos y prosperidad económica; o precisamente por eso mismo. La brecha generacional se volvió un abismo y los aires de rebeldía juvenil recorrieron todo el mundo. Poner en cuestión todo, las estructuras de la sociedad, de la misma vida, fue un fenómeno global. Las protestas y movilizaciones estudiantiles del 68 no fueron un fenómeno exclusivamente francés, aunque fuera allí donde se constituyeran en paradigma. Desde EEUU a México, pasando por la RFA, Checoslovaquia o Polonia, la juventud reclamaba su sitio y gritaba que quería de la vida algo más, que el mundo podía y debía ser diferente.

El cuestionamiento alcanzó a la propia izquierda, hasta el punto de que el Mayo francés llegó a escenificar el enfrentamiento entre:

> [...] una [izquierda] esperaba ansiosamente que se reanudara la política normal, la otra no creía que pudiera reanudarse alguna vez. La primera había sido forjada por la guerra y la liberación, mediante mitologías políticas y las historias sociales de la resistencia, la guerra fría y la reconstrucción.

> La segunda acababa de nacer y era y era fruto de los propios años sesenta [...] El partido comunista francés tipificaba aquí la antigua izquierda. (Eley, 2003)

Y aquella juventud inconformista y rebelde buscó inspiración y referentes en otros lugares: en los movimientos revolucionarios no occidentales (como la China de Mao o las luchas antiimperialistas de los procesos de descolonización), la contracultura o la autonomía obrera.

El Estado español también vivió su particular Mayo del 68, aunque condicionado por el contexto de la dictadura franquista. La oposición había ido articulándose en torno a un movimiento obrero nuevo en sus formas organizativas. A caballo entre el movimiento social y la acción sindical de base, Comisiones Obreras se convirtió en el referente de la lucha antifranquista, dentro de las fábricas, pero también fuera de ellas. Promotor, integrante y predominante en cc. oo., El Partido Comunista de España era el eje vertebrador de una oposición que crecía exponencialmente desde la izquierda. Así que mientras en buena parte del mundo se ponían en cuestión tanto las ganas como las capacidades revolucionarias de la «vieja» izquierda y de los «viejos» partidos comunistas, en el Estado español era uno de aquellos partidos quien aglutinaba las fuerzas obreras, de la izquierda y de la oposición.

Nafarroa es, en este sentido, una excepción, ya que aquí las nuevas culturas e ideologías políticas tuvieron más eco que en la mayor parte del Estado español y superaban en influencia al Partido Comunista. Resulta evidente, por ejemplo, en el caso del movimiento obrero en el que las fuerzas de la llamada izquierda revolucionaria, deudoras aquella juventud contestataria y su «nueva izquierda», eran claramente hegemónicas con respecto al PCE. Este hecho nos sitúa ante un fenómeno histórico no solo singular, sino también clave para comprender algunas de las dinámicas más características de la movilización sociopolítica en la Navarra de los últimos años del franquismo y la Transición. Este libro es fruto de haber afrontado un reto historiográfico como ese.

De un tiempo a esta parte el final del franquismo y la Transición han dejado de ser cosa solo de las élites políticas. Al menos historiográficamente. Desde hace algunos años nuevas investigaciones han ido recuperando el papel que desempeñaron en el cambio político las personas que participaron en estos en estos procesos desde las fábricas, los barrios y la calle.

La historia de la transición a la democracia en España balancea entre un relato hegemónico política, social y culturalmente y un relato historiográfico cada vez más amplio y complejo en sus interpretaciones. La historia de la Transición fue, durante mucho tiempo, la historia de un proyecto reformista liderado desde las élites políticas. Después de que la «apertura» del régimen en décadas anteriores hubiera preparado el camino hacia la democracia, la capacidad de las elites políticas para alcanzar consensos en momentos complicados habría sido lo que trajo la democracia al Estado español. El papel de la monarquía y de las élites políticas es la clave de la consecución del cambio, lo que produce el relato de un proceso que se desarrolla en el escenario político, se basa en acuerdos y consensos entre políticos de distinto signo y se desarrolla de manera pacífica y ejemplar.

Este relato, sin embargo, ha ido resquebrajándose a base de cuestionar muchas cosas. ¿Entonces cuál fue el papel de la oposición y la movilización social? ¿Dónde queda la apuesta por la ruptura que propugnaron de inicio algunas de la fuerzas sociales y políticas de la oposición? ¿Realmente puede hablarse de una transición pacífica cuando aquí en Euskal Herria tenemos, entre otros, los ejemplos de las muertes de cinco trabajadores en Gasteiz en 1976 y la muerte de Germán Rodríguez en los Sanfermines de 1978? La movilización social en la calle, el conflicto y la violencia existieron fuera del escenario político y de un tiempo a esta parte se ha hecho necesario incorporar estos elementos a la interpretación historiográfica de la Transición.

Así, historiadoras e historiadores han ido conformando otro relato, en el que el final de la dictadura y la transición no pueden entenderse sin la movilización social y la acción de la oposición. El cambio lo habría forzado una sociedad que ya estaba «en transición» en cuanto a valores, ideología o dinámicas de género desde antes de la muerte de Franco, tal y como ponían de manifiesto la conflictividad obrera, la articulación de la mujeres en movimientos y organizaciones feministas o una oposición política en la que existían opciones revolucionarias. En este escenario, la presión popular hizo inviable la continuación de un franquismo sin Franco, forzando a las élites políticas a acometer cambios: la Transición fue impulsada desde abajo. El año 1976 supone un hito decisivo en este sentido, ya que marca el punto en el que la presión social se hizo insostenible para el régimen, obligándolo a asumir la imposibilidad de continuidad y la necesidad de la apertura política. Ese año reveló la existencia de un sujeto político y social rupturista, que forzó el cambio desde abajo pero no tuvo fuerza para conseguir la ruptura. ¿Por qué? Esta es una de las cuestiones relevantes que los nuevos relatos e interpretaciones sobre la Transición, como este libro, están abordando.

En los últimos años, la historiografía navarra no solo ha sido muy prolífica en esta dirección, sino que sigue creciendo y aportando nuevas perspectivas. Desde los años noventa, contábamos con un punto de partida clave: el trabajo de José Vicente Iriarte Areso sobre la conflictividad y la organización del movimiento obrero navarro durante el franquismo[2]. Su

2. Iriarte Areso, J. V. (1996). *Movimiento obrero en Navarra (1967-1977). Organización y conflictividad.* Gobierno de Navarra.

trabajo fue fundamental para que quienes llegamos después entendiéramos a la Navarra de los años sesenta y setenta como un auténtico hervidero contestatario. Y, sobre todo, para que nos hiciéramos preguntas y buscáramos respuestas. A través de nuevas investigaciones ha ido tomando forma una nueva historia social del franquismo que, indudablemente, está contribuyendo a comprehender cómo fueron el final de la dictadura y la Transición en el viejo reino. La mayor parte de estas nuevas investigaciones tienen algo en común: nacen de tesis doctorales dirigidas por Emilio Majuelo. Su labor ha sido fundamental en esta renovación historiográfica, impulsando la apertura de nuevas líneas de investigación y apostando por abordarlas desde una mirada social.

El resultado de todo ello es una historia en la que los protagonistas se han multiplicado y se da un papel destacado a todo lo que surgió desde abajo. Forman parte de ella los concejales «sociales» que en aquellos años convirtieron el ayuntamiento de Iruña en un espacio de confrontación, como investigó Zuriñe Sainz[3]; los y las protagonistas de mi tesis, trabajadoras y trabajadores que, con una conciencia de clase irremediablemente antifranquista, erosionaron la legitimidad del régimen desde las fábricas y los barrios[4]; las mujeres, que hubieron de cuestionar el reforzamiento de aquellos roles patriarcales que, como estudió Gemma Piérola, impuso el franquismo, para pasar, en palabras de Carmen Bravo, de la «domesticidad» a la emancipación»[5]; un espectro del

3. Parte de su investigación puede leerse en Sainz Pascual, Z. (2008). «El despertar de una conciencia ciudadana a través del urbanismo: el Ayuntamiento de Pamplona, 1966-1976», *Gerónimo de Uztáriz*, n.º 23-24, 123-154.

4. Perez Ibarrola, N. (2017). *Langileria berri baten eraketa. Iruñerria 1956-1976.* Gobierno de Navarra.

5. Piérola Narvarte, G. (2018). *Mujer e ideología en la dictadura franquista. Navarra (1939-1960).* Pamiela y Bravo Suescun, C. (2012). *De la domesticidad a la emancipación. Las mujeres en la sociedad navarra (1961-1991).* Gobierno de Navarra.

catolicismo, la jerarquía eclesiástica y el cristianismo de base, que de la mano del Concilio Vaticano II, se escoró hacia posicionamientos sociales y de oposición y que Edurne Yániz recientemente ha dado a conocer en du tesis doctoral[6]; el partido socialista y sus militantes, que adquirieron una nueva relevancia en el marco de la Transición, como ha puesto de relieve Mikel Bueno[7]; y, por supuesto, la juventud rebelde y contestataria *made in Nafarroa,* que es la protagonista de las investigaciones de Imanol Satrustegi[8] y de este libro.

A finales de la década de los sesenta y a inicios de la de los setenta las acciones y actitudes de todos estos protagonistas pusieron en cuestión la imagen de «Covadonga insurgente» de la Navarra de 1936[9] y evidenciaron que en las décadas de los cincuenta y los sesenta la transformación no había sido solo económica, sino también, social, cultural y política. Con todas estas contribuciones no solo hemos señalado este cambio, sino que lo estamos explicando, y haciéndolo estamos recuperando para la historia del cambio político en Navarra a todos aquellos sujetos que lucharon y arriesgaron mucho para que ese cambio fuera posible.

Por eso este libro es mucho más que una historia de la izquierda revolucionaria. Es una historia de la Transición en Navarra, de los factores que la hicieron posible a la vez que hacían imposible la revolución. Pero al mismo tiempo es la historia de muchas personas, de sus sueños, miedos, dudas y certezas; de su militancia clandestina, de su compromiso y

---

6. Yaniz Berrio, E. (2025). *El impacto y la recepción del Concilio Ecuménico Vaticano II en Navarra, 1959-1975.* Tesis doctoral dirigida por Emilio Majuelo. UPNA-NUP.

7. Bueno Urrizelki, M. (2022). *Nos llamarán chaqueteros. Intrahistoria del PSOE y la UGT en Navarra entre 1974 y 1982.* Txalaparta.

8. Satrústegui Andrés, I. (2021). *Beste mundu bat nahi genuen. Nafarroako ezker iraultzailea, 1970-1979.* Gobierno de Navarra.

9. Ugarte, J. (1998). *La nueva Covadonga insurgente. Orígenes sociales y culturales de la sublevación de 1936 en Navarra y el País Vasco.* Biblioteca Nueva.

de su aprendizaje de la lucha, de la democracia, de la política, de la realidad, de la decepción. Es una historia hecha desde su perspectiva, una historia hecha desde abajo.

Y esa manera de abordar la historia implica necesariamente tomar partido por una manera de entender los procesos y sujetos históricos. La historia hecha desde abajo representó un desafío radical para la forma dominante de narrar y comprender el pasado, especialmente en lo que respecta al lugar que la «gente corriente» ocupaba en el relato histórico. Frente a la historia escrita desde la perspectiva de la élite, la historia hecha desde abajo buscaba la redención de los oprimidos e invisibilizados, priorizando sus voces por encima de los relatos que celebraban a los grandes hombres y los grandes eventos. Su propósito era desplazar la atención de las élites y las clases dirigentes, y, en su lugar, centrarse en las vidas, luchas y experiencias de la gente común.

No obstante, no se trataba solo de insertar, sin más, a estos sujetos en la narrativa histórica, sino de desentrañar el papel activo que habían desempeñado en el proceso histórico. Era una cuestión de enfoque y perspectiva. Se ponía la atención en las clases bajas, populares o subalternas, buscando reconstruir cómo pensaban, sentían y actuaban para, ante todo, valorar sus acciones y reconocer su participación en el devenir de los procesos históricos. Ahora los actores populares, con sus luchas, revueltas y rebeliones, movimientos y revoluciones, eran relevantes para comprender el pasado.

De eso trata contar la transición desde otra perspectiva, de no concebirla como un mero proceso político protagonizado por una élite, sino como un proceso impulsado por esos actores populares. Y este libro lo hace. Otorga el protagonismo a las y los militantes de las organizaciones de la izquierda revolucionaria, por lo que el relato gira en torno a ellas y ellos. Su perspectiva está constantemente presente, integrada y explicada en los procesos históricos, y son sus acciones las que tejen la narrativa de la Transición. En la historia de la

Transición en Navarra que Imanol Satrustegi nos propone, las luchas de todos ellos son el motor del cambio político.

Atreverse a luchar es un libro de historia, pero también es, como el propio autor nos dice, un ejercicio de memoria, personal y colectiva. Memoria que recuerda las vivencias de muchas y muchos, sus sueños, sus miedos, dudas y certezas; memoria que parte de experiencias personales, cotidianas en algunos casos, pero que muchas y muchos reconocerán porque también son las suyas; memoria que comparte toda una generación. También es memoria de la lucha, antifranquista, revolucionaria, cotidiana, y memoria de una cultura política, la de una izquierda que creyó en la revolución y cuya derrota parece haber condenado al olvido. Para quienes no lo vivieron y no formaron parte de ello, cuesta que creer que una vez existió un izquierda que no solamente creía en la revolución, sino que la quería. Este libro nos lo recuerda.

Porque hubo un momento en el que todo parecía posible, la democracia y cambiar el mundo, y en el que existía un horizonte hacia el que avanzar. Este libro capta a la perfección ese horizonte y hace el retrato no solo de una generación, sino también de un momento y de lo que significó ese momento: la ilusión y la decepción, la expectativa y el fracaso. Tengo la sensación de que el hecho de que aquellas expectativas no se cumplieran, de que el mundo no cambiara, de que la revolución no se materializara ha hecho olvidar que ese momento realmente existió. Tal vez fue efímero, pero fue real.

No es una historia fácil de contar, entre otras cosas porque no es una memoria fácil de gestionar. La izquierda revolucionaria luchó contra el franquismo y ganó el final de la dictadura pero perdió la Transición. En Navarra fue protagonista de la intensa movilización sociopolítica, de la articulación de la oposición, de la conflictividad laboral y vecinal, hizo suya la calle y llenó mítines en la plaza de toros... pero quedó extraparlamentaria en las elecciones de 1977. Para muchas y muchos aquello significó no solo la decepción de unas expectativas no cumplidas, sino la de comprobar que, después de todo, no habían logrado el apoyo del pueblo. Adaptarse al nuevo escenario político y a la nueva realidad política que emanó de aquellas elecciones supuso, en muchos casos, renunciar a aquello que definía a la izquierda revolucionaria, a sus partidos y a militantes: el horizonte de la revolución. Al tomar la decisión de moderar el lenguaje y las consignas del partido para no parecer demasiado radical ante el electorado, la ORT estaba, de algún modo, asumiendo que el momento ya había pasado. La renuncia es, junto con la pérdida y la melancolía, parte de esa memoria que el historiador David Beorlegui ha llamado «desencanto»[10]. Ese sentimiento llevó a muchos a retirarse a casa, otros continuaron su compromiso de otra manera, en los movimientos sociales, en los barrios, en las asociaciones de padres y madres... y otros continuaron su trayectoria política en otros partidos políticos. En cualquier caso, la nostalgia de ese momento es algo que muchos de ellas y ellos comparten, incluso con gente que no lo ha vivido.

Se define la nostalgia como «Tristeza melancólica originada por el recuerdo de una dicha perdida» (RAE). Tal vez echamos de menos ese momento y lo que representa en cuanto a lucha y la solidaridad porque anhelamos un momento, siquiera un momento, en el que todo sea posible.

Dice Imanol Satrustegi que no quiere que este libro que quede en un ejercicio de nostalgia y que le gustaría que cumpliera una función social aportando algo valioso a la sociedad. Una aspiración que comparto, porque no concibo la historia si no es desde su función social. Para muchos que se interesaron por la historia y quisieron ser historiadores en los años finales del franquismo, el compromiso social del his-

10. Beorlegui, D. (2017). *Transición y melancolía. La experiencia del desencanto en el País Vasco (1976-1986)*. Postmetrópolis Editorial.

toriador, inseparable de un modo nuevo de concebir la propia disciplina, era también un compromiso político[11]. Tanto es así que para aquella generación convertirse en historiador fue una manera en la que aportar a la transformación del mundo. La historia se propone comprender, hacer inteligibles los hechos del pasado, pero su función puede trascender hasta ayudarnos a vivir mejor en el presente y en el futuro, proporcionándonos medios para guiar nuestra acción. Esa es para mí la historia que importa; esa es la historia que el lector encontrará en este libro.

«La idea de que el pueblo puede hacer historia y alterar su curso, que las instituciones tienen una base humana y los humanos pueden cambiarlas, es verdaderamente subversiva». Son palabras que Anthony Arnove escribió en la introducción a la nueva edición de *La otra historia de los Estados Unidos* de Howard Zinn[12].

Resumen perfectamente la potencialidad de la historia de los movimientos sociales y de la gente corriente. Los activistas que promovieron las primaveras árabes, los jóvenes que ocuparon las plazas del estado español el 15-M, las feministas que convirtieron el 8 de marzo en una huelga general, las personas que continúan hoy participando en grandes movilizaciones en defensa de los servicios públicos, los indígenas que construyen alternativas al neoliberalismo en América Latina, las activistas que denuncian el cambio climático atacando obras de arte, las mujeres que se rebelan contra la imposición del velo en Irán... han actuado y actúan para transformar la realidad, igual que muchos otros, tal y como los militantes navarros de los partidos de la izquierda radical hicieron antes que ellas y ellos. Su historia y la historia de

---

11. Ruiz Torres, P. (2020). «El compromiso social del historiador» en Frías, Carmen (coord.) *Carlos Forcadell. A propósito de la historia.* Diputación Provincial de Zaragoza, Institución Fernando el Católico, 107-119.

12. Zinn, H. (2021). *La otra Historia de los Estados Unidos.* Pepitas de Calabaza.

sus luchas, de cómo han contribuido al cambio social y al proceso histórico, a la consecución de nuestro presente, puede enseñarnos muchas cosas, siempre y cuando queramos aprender.

La historia de los movimientos sociales revela la capacidad de los seres humanos de resistir, de hacer historia y de alterar su curso, porque

> A pesar del control del poder y el castigo, de los incentivos y concesiones, y de las distracciones y trampas que han operado a lo largo de la historia [...] la clase dominante no ha sido capaz de mantenerse a salvo de las revueltas.
>
> Evocar esto es recordarle a pueblo [...] la enorme capacidad de unas personas aparentemente impotentes para resistir, de unas personas aparentemente satisfechas para exigir el cambio. (Zinn, 2013)

Ahora bien, esta es una historia llena de éxitos y de fracasos, de victorias y derrotas. A lo largo de la historia los cambios sociales no han llegado solo a golpe de triunfos; las derrotas también han dejado tras de sí un legado del que se aprende, que inspira, que se relee y que se renueva, porque a pesar del fracaso, las derrotas revelan la capacidad de los seres humanos para resistir frente a la opresión y hacer la historia colectivamente. Tal vez debamos aprender que las derrotas también cuentan, que las derrotas también son parte de nuestra historia y que las derrotas pueden enseñarnos, quién sabe, quizá a ganar el próximo momento.

Aprendamos de este libro y de la historia que nos cuenta, porque a veces la historia también puede ser el impulso que necesitamos para atrevernos a luchar.

1
Introducción
Los porqués de este libro

EN EL OCASO DEL FRANQUISMO, tanto en Euskal Herria como en España, cientos de mujeres y hombres se comprometieron en las distintas organizaciones clandestinas de la oposición. Para ello, no dudaron en arriesgar su puesto de trabajo, su libertad e incluso su vida. Pese al peligro que conllevaba, se atrevieron a luchar por un mundo más libre y justo. A mediados de la década de 1970, Euskal Herria se convirtió en uno de los quebraderos de cabeza de la dictadura del general Franco, debido a la alta combatividad y conflictividad mostrada por la oposición antifranquista; y, para sorpresa de muchos, Navarra fue uno de los territorios que más destacó en ese sentido.

Esta circunstancia se debió a la conformación de un vasto movimiento antifranquista, el cual estaba escorado más a la izquierda que el movimiento antifranquista general de España, y, por lo tanto, se caracterizó por su marcado carácter rupturista. En aquella amalgama de organizaciones, partidos políticos y movimientos sociales, destacó la llamada izquierda revolucionaria, una constelación de partidos y organizaciones obreras de inspiración marxista. Estos lograron situarse entre las principales fuerzas del antifranquismo en Euskal Herria, y destacaron particularmente en la oposición de Navarra. Por encima del Partido Comunista de España (PCE) y la izquierda abertzale, resultaron ser los más dinámicos de toda la oposición y los que consiguieron organizar las movilizaciones más exitosas. Aquellos partidos, de los cuales la mayoría se adscribían a diferentes ramas del comunismo (maoísmo, leninismo, trotskismo, consejismo, e incluso, hoxhaísmo), fueron, sin duda alguna, la punta de lanza de los distintos movimientos sociales, especialmente el obrero, e hicieron una gran aportación en la erosión de la dictadura franquista. Aunque actualmente muy poca gente lo sabe, en la década de 1970 Navarra fue uno de los lugares de toda Europa donde más arraigo electoral y social obtuvo la izquierda revolucionaria.

Fueron cientos los militantes que se comprometieron en partidos y organizaciones como el Partido del Trabajo de España (PTE), la Organización Revolucionaria de Trabajadores (ORT), Euskadiko Mugimendu Komunista (MC-EMK), Liga Komunista Iraultzailea (LCR-LKI), la Liga Comunista (LC), la Organización de Izquierda Comunista (OIC-EKE) o el Partido Comunista de España (marxista-leninista) –PCE (m-l)–. Pero además de todas estas también existieron otras corrientes políticas que formaron parte del mismo movimiento antifranquista, como la autonomía obrera, el carlismo (que giró hacia la izquierda en la década de los sesenta) o las corrientes revolucionarias que habitaban en el seno del PSOE.

Pero ¿por qué publicar algo sobre hechos ocurridos hace cincuenta años? ¿Para qué investigar todo aquello? ¿Tiene algún sentido remover ese pasado, tan lejano y, al mismo tiempo, tan cercano? Me gustaría que este libro no se quedara en un simple ejercicio de nostalgia. No debemos idealizar un pasado que pudo ser y no fue, ni vanagloriarnos de lo que no se logró. Sin embargo, me gustaría que este texto cumpliera una función social; que aportara algo valioso a la sociedad vasca.

En primer lugar, este texto pretende ser un ejercicio de memoria y reconocimiento hacia todos los militantes antifranquistas. Cientos de personas se implicaron en la lucha contra la dictadura, contribuyendo a su desgaste, y sufrieron la represión en carne propia por ello. Les debemos mucho y este libro es una forma de agradecerles su aportación. Sin ellos, este libro no habría sido posible, no solo porque ellos son los protagonistas, sino también porque, para escribir estas líneas, hemos realizado decenas de entrevistas. He llevado a cabo muchas de ellas personalmente, pero otras tantas fueron realizadas por mis compañeros y compañeras del Fondo Documental de la Memoria Histórica (FDMHN) de la Universidad Pública de Navarra. He escuchado atentamente cientos de horas de relatos y anécdotas, lo cual ha sido una experiencia profundamente enriquecedora, no solo a nivel académico, sino también en el plano humano. Por todo ello, por su lucha y por haberla compartido conmigo: muchas gracias.

Además, creo que este libro también ayuda a entender la sociedad navarra actual, a conocernos mejor a nosotros mismos. Esta tierra, tan conservadora y a la vez tan revolucionaria, tan vasca y tan española, es el resultado de una historia compleja. Los cambios sociopolíticos que ocurrieron en la segunda mitad del siglo XX son, en gran parte, responsables de esta contradicción. La izquierda revolucionaria fue un actor clave en todo aquel proceso, y comprender su papel es fundamental para entender lo que somos hoy.

Por último, me gustaría que esta fuera una historia comprometida, que pudiera aportar su granito de arena a los movimientos sociales de Euskal Herria. Esta es la historia de un proceso lleno de aciertos y errores. Lejos de idealizarla, conocer mejor lo ocurrido, reflexionar y debatir sobre ello puede ser útil para buscar nuevos horizontes de emancipación. Ante la crisis bélica, ecológica y social que se cierne sobre nosotros, con el auge de la extrema derecha como telón de fondo, creo sinceramente que necesitamos recuperar la utopía. Ojalá este libro nos ayude en algo.

2
De la boina roja al *Libro Rojo*

Marijose se levantó muy temprano aquel día, serían cerca de las cinco de la mañana. Desayunó apresuradamente el café recalentado de la víspera, se vistió y recogió las hojas que le tocaba repartir. Estaba cansada porque había dormido poco. La noche anterior, ella y sus camaradas habían tenido una larga reunión. Le pesaban hasta las pestañas.

Estuvieron discutiendo durante una buena parte de la noche porque había muchos temas que tratar: analizar la situación política del momento, interiorizar la táctica y estrategia del partido y debatir cuáles debían ser los siguientes pasos en los diferentes frentes de lucha. En la célula, compartían un buen ambiente de camaradería; pero sus compañeros hablaban mucho y a menudo no escuchaban las propuestas de Marijose. Esa misma noche, se repartieron las diferentes tareas que había que cumplir con rigurosa disciplina. Ni siquiera conocían sus verdaderos nombres, siempre utilizaban nombres de guerra. El responsable de célula era *Willy* y Marijose se hacía llamar *Martina*. A Marijose no le gustaba mucho, pero era el que le habían puesto al entrar al partido. Luego tuvieron que quedarse hasta bien entrada la madrugada confeccionando las hojas que iban a repartir la mañana siguiente. Aquellos pequeños recortes de libertad no eran cualquier tontería; frente a la censura franquista, eran un instrumento fundamental para difundir las ideas de la oposición. Clamaban sobre salarios y primas, paros y huelgas o amnistía y libertades. El mero de hecho de portarlas se consideraba un grave delito subversivo y te podían condenar a altas penas de prisión por ello. Al hermano de una compañera suya del trabajo, hace dos años le pillaron haciendo una pintada, fue detenido y tras una paliza de espanto lo metieron en la cárcel.

Había varias fábricas que abrían antes que la suya y Marijose y sus camaradas se propusieron dar una vuelta por aquella zona. Algunos vigilarían las esquinas, mientras que el resto se encargarían de *sembrar* las hojas. Antes de que se empezara a agrupar mucha gente, Marijose miró a izquierda y derecha, echó las hojas al aire y estas quedaron repartidas por el suelo.

Cada vez que tenían que hacer una acción de este tipo Marijose se ponía muy nerviosa. Temía que la detuvieran y tiritaba cada vez que se imaginaba qué podía pasar. Habían repasado varias veces qué era lo que había que hacer en caso de una *caída*: limpiar el piso de sus padres de todo el material sospechoso, intentar esconderse en casa de algún conocido, recordar las técnicas para evitar una *cantada* en comisaría... Sabía que, si alguna vez ocurriera algo, su padre cogería un enfado terrible. Aunque era de izquierdas y se podía oler en qué andaba metida su chiquita, no le hacía mucha gracia. Pese a todo, el anhelo de libertad y las expectativas de un cambio social impulsaban a Marijose por encima del miedo.

En la mayoría de los lugares de Europa occidental, entre las décadas de 1960 y 1970, la izquierda revolucionaria fue una minoría anecdótica frente a las fuerzas mayoritarias de la izquierda. Solo en algunos contextos (a nivel local, en sectores determinados o en movilizaciones concretas) pudieron destacar por encima de las corrientes mayoritarias del comunismo y la socialdemocracia. Por eso mismo, el extraordinario arraigo social y electoral que logró la izquierda revolucionaria en Navarra fue excepcional. Aquel repentino auge del movimiento obrero y de las opciones radicales de izquierda sorprendió a propios y extraños; más, si cabe, teniendo en cuenta el pasado reciente del viejo reino. Aunque en la Navarra de preguerra existía una rica tradición obrera y de izquierdas, durante el alzamiento franquista los golpistas triunfaron rápidamente y controlaron la provincia desde el inicio de la contienda. Los requetés que formaron en la plaza del Castillo en julio de 1936 no se podrían imaginar que algunos años después Navarra se iba a convertir en una de las provincias más conflictivas de todo el Estado español. Tamaña rebeldía les habría parecido impensable a los miles de combatientes navarros que participaron en el Bando Nacional durante la Guerra Civil. ¿Cómo pasó Navarra de la boina roja al *Libro Rojo*? En el siguiente capítulo intentaremos responder por qué fue tan excepcional el antifranquismo navarro.

Vietnam está en nuestras fábricas: la oleada revolucionaria internacional

La extraordinaria radicalidad de la oposición antifranquista y del movimiento obrero navarro, por excepcional, no debe ser tomada como un hecho aislado. Aquellas organizaciones y movimientos formaron parte de una oleada revolucionaria de alcance internacional que frecuentemente ha sido denominada *largo 68* o *segundo asalto proletario a la sociedad de clases*. El primer término hace referencia a los sucesos revolucionarios ocurridos en mayo de 1968 en Paris. El segundo, en cambio, utilizado por primera vez por el situacionista Guy Debord, fue muy común entre los seguidores de la autonomía obrera y hace referencia a que los revolucionarios de los años sesenta y setenta se consideraban continuadores del primer asalto (es decir, el desencadenado en la década de 1920 tras la Revolución de Octubre de 1917).

El fin de la Segunda Guerra Mundial inauguró un periodo de crecimiento económico y abundancia en el Occidente capitalista. Durante la llamada edad de oro del capitalismo, parecía que el crecimiento económico no iba a tener fin: se creaban empleos, se ampliaban las políticas sociales y se empezaban a sentar los fundamentos del estado del bienestar. El consumismo, poco a poco, se abría paso entre la clase obrera acomodada, y gracias a los créditos, por primera vez cientos de miles de personas pudieron comprar electrodomésticos o ropa, e incluso adquirir un coche e irse de vacaciones. Todo parecía en calma. ¿Todo? ¡No!

Si bien en las democracias europeas el bienestar y el crecimiento parecían generalizados, una gran parte de la humanidad seguía estando excluida de la abundancia. Amplias capas de la población permanecían privadas de la prosperidad capitalista: los que vivían bajo las dictaduras del sur de Europa (España, Grecia y Portugal) o en los países del Tercer Mundo; la población negra y otras minorías de EE. UU.; los católicos de Irlanda del Norte, y algunos sectores de la clase obrera de Alemania, Francia e Italia (especialmente los inmigrantes y los parados).

Asimismo, pese a la relativa paz social que se vivía en Occidente, una gran ruptura iba a producirse en poco tiempo. Tal y como lo relató Bob Dylan, a mediados de los años sesenta los tiempos estaban cambiando: *The Times They Are a-Changin'*. No hay que olvidar que era la época de la Guerra Fría; el capitalismo y el socialismo real competían por la superioridad mundial. Aunque no se comulgara con la URSS, esta situación de confrontación provocaba que fuera posible imaginar otros futuros alternativos al orden burgués-liberal de Occidente. Además, los sindicatos y partidos de izquierdas habían participado activamente en la lucha antifascista durante la Segunda Guerra Mundial, y por ello, contaban con gran prestigio y capacidad de presión. Al mismo tiempo, los países del Tercer Mundo empezaron a liberarse del yugo colonial. En consecuencia, existía cierto optimismo y parecía que otro mundo era posible.

Las bases de la gran oleada revolucionaria que agitaría el mundo se cimentaron a mediados de la década de 1950. Poco a poco, fue aflorando el desencanto hacia el sistema capitalista y fueron acumulándose diversos factores progresistas, entre los que se encontraban los ya mencionados movimientos de liberación nacional del Tercer Mundo; el acercamiento del catolicismo social al mundo obrero y su posterior radicalización, influenciado por el Concilio Vaticano II (1962-1965); o la influencia de los pensadores de la llamada Nueva Izquierda (como André Gorz, Lelio Basso, Louis Althusser o el situacionismo). Nuevas reflexiones y corrientes de izquierda surgieron y alimentaron aquel ambiente, hasta que a finales de la década de 1960 aquella oleada de descontento explotó y se rompió el pacto social que había puesto las bases del crecimiento económico de posguerra.

En ese contexto, los hechos de mayo de 1968 en París supusieron el punto álgido del movimiento en el que confluyeron todos los factores. La inicial protesta estudiantil desembocó en la mayor huelga general de la historia de Francia. Pararon entre seis y diez millones de trabajadores y se ocuparon multitud de fábricas y universidades. Por momentos hubo un vacío de poder en Francia y la revolución pareció posible. El orden normal (y burgués) de las cosas solo se pudo restablecer tras la amenaza de un golpe de Estado (con la visita de De Gaulle al general Massu en Baden Baden) y tras las medidas represivas tomadas por el Gobierno a partir de junio de 1968[13].

---

13. Vigna, 2015; Ross, 2008; Vinen, 2018.

Los sucesos ocurridos en París entre mayo y junio supusieron un antes y un después. Aquel estallido revolucionario fue leído por muchos izquierdistas como el gran «ensayo general» de la revolución que se aproximaba, «similar a lo que significó 1905 en Rusia». En consecuencia, cabía esperar que un «1917» iba a ocurrir a corto plazo en cualquier país de Occidente. Además, al mismo tiempo estaban ocurriendo eventos de alcance mundial que señalaban en la misma dirección. En Checoslovaquia, la Primavera de Praga, que buscaba impulsar un nuevo socialismo de rostro humano, fue aplastada por la invasión soviética; en Vietnam, se desarrolló la ofensiva del Tet que desafió a las fuerzas del imperialismo yanqui; y en México se produjo un levantamiento estudiantil, que fue aplastado en la masacre de Tlatelolco. Por momentos pareció que «la balanza pudo inclinarse por cualquiera de los dos lados» y en los próximos años las experiencias contestatarias se extenderían a lo largo del globo[14]. Todos aquellos ejemplos parecían demostrar que la revolución social era posible, también en Occidente, y ante la pasividad demostrada por los partidos y sindicatos de tradición socialdemócrata y comunista, fueron surgiendo partidos radicales situados a su izquierda.

En ese contexto, los vientos del este que soplaban desde la República Popular China también influyeron en la izquierda europea y mundial. La Unión Soviética había sido hasta entonces el principal foco de referencia del movimiento comunista internacional. Pero a partir de la década de 1950 empezó a perder atractivo, entre otras cosas, por la política de Coexistencia Pacífica que propugnaba con los EE. UU. y por la represión con la que había aplastado la Primavera de Praga de 1968. Para miles de revolucionarios europeos el maoísmo y su Revolución Cultural parecían una alternativa ante la

---

14. Pastor, 2008.

anquilosada URSS y los moderados partidos comunistas europeos, que a los ojos de la izquierda radical habían dejado de lado el horizonte de una revolución[15].

Los estudiantes y la juventud, por su parte, también fueron protagonistas de profundas rupturas. Fueron años de cambios culturales, que trajeron consigo el hipismo, la música rock, los cantautores, la segunda ola del feminismo y la revolución sexual. Por eso, a menudo, desde cierta literatura se le ha acusado al largo 68 de no ser una verdadera revolución, sino más bien una crítica estética y apolítica a la cultura conservadora de posguerra. En cierto sentido, así fue, porque aquel estallido radical tuvo dos almas; la generacional y contracultural, por una parte, y la política y proletaria por otra.

Aquella oleada revolucionaria afectó a todo el globo, y en Navarra el largo 68 también tuvo su versión local. El ambiente de optimismo revolucionario internacional hacía que una transformación profunda de la sociedad en un periodo corto de tiempo pareciera algo posible y cercano. Pero, tal y como veremos a continuación, en Navarra y Euskal Herria aquel ciclo de protesta tuvo mucho más de *asalto proletario* que de *contracultura juvenil*.

Una verdadera revolución industrial: el desarrollismo y la nueva clase obrera

Si bien el ambiente transformador abierto por la oleada revolucionaria del largo 68 fue importante, otro de los factores fundamentales que provocó el cambio social en la Alta Navarra, fue el proceso de industrialización ocurrido a partir de mediados del siglo XX. Hasta entonces, esta había sido una provincia eminentemente rural y agrícola, pero a partir de

15. Satrustegi, 2022a; García Lerma, 2020; Rupar, 2018.

la década de 1950 el desarrollo industrial despegó y provocó transformaciones en la estructura socioeconómica, que a su vez trajeron profundos cambios culturales y mentales.

El régimen franquista fue, desde sus inicios, un régimen *de clase*. Tanto es así que el historiador Xavier Domènech lo ha calificado como una «utopía empresarial». Su objetivo fundacional fue detener el programa reformista de la República e impedir el auge del movimiento obrero, dado que amenazaban los intereses de las élites económicas. Con el objetivo de disciplinar a la mano de obra, se prohibieron y persiguieron todas las organizaciones de izquierda, se impidió la reproducción política de la clase obrera, e incluso, se quiso borrar al proletariado del vocabulario, sustituyéndolo por el ambiguo término de *productores*. Además, siguiendo al ideal corporativista del fascismo, se trató de hacer desaparecer la lucha de clases por decreto, regulando los diversos aspectos de la vida social y laboral del país a través del Sindicato Vertical. Este era un organismo jerárquico controlado por el Gobierno, diseñado para encuadrar a la clase obrera[16]. En Pamplona, su sede principal se encontraba en la Avenida Zaragoza, donde actualmente tienen sus sedes CC. OO. y UGT. Por todo ello, las consecuencias inmediatas de la victoria franquista fueron, además de la pérdida total de libertades, el empeoramiento de las condiciones de vida de la mayoría de la población, el descenso del sueldo real de la clase trabajadora, y por consiguiente, el aumento del beneficio empresarial.

Tras la Segunda Guerra Mundial, a pesar de que en el resto de Europa se puso en marcha el crecimiento económico, el Nuevo Estado optó por defender la autarquía y la autosuficiencia económica, lo que provocó un notable estancamiento productivo y un importante retraso industrial respecto a Europa. Fueron los años del hambre. Sin embargo, la situa-

16. Domènech, 2022; Preston, 1987; Molinero & Ysàs, 1998.

ción empezó a cambiar a partir de los años cincuenta. En el nuevo contexto internacional de la Guerra Fría, el papel de la España franquista cambió. Fruto de la coyuntura, para los Estados Unidos, el franquismo pasó de ser un régimen ligado al Eje, a ser un interesante aliado anticomunista. Gracias a ello, a partir de 1953 España pudo firmar acuerdos comerciales con los EE. UU. y se reenganchó, aunque de manera precaria y con obstáculos, al crecimiento económico de posguerra, la llamada edad de oro del capitalismo (o los Treinta Gloriosos). Además, con la entrada de los ministros tecnócratas del Opus Dei en el Gobierno y el Plan de Estabilización económica de 1959, se dio el giro definitivo que encaminó al país hacia el periodo de intenso crecimiento económico llamado desarrollismo. Fue entonces cuando salió del aislamiento autárquico que le había regido hasta entonces.

Aquel impulso económico e industrial afectó de lleno al viejo reino. Además, en este caso, al despegue económico general impulsado por el contexto internacional y las políticas económicas del Gobierno, se le sumaron otros factores endógenos, como el régimen fiscal propio y la iniciativa de la Diputación Foral (con la puesta en marcha del Programa de Promoción Industrial de 1964) o el impulso dado a la formación profesional orientada a la industria. El denominado desarrollismo impulsó la transformación económica de Navarra, tanto que podríamos hablar de una verdadera revolución industrial[17].

Aquel crecimiento económico se basó principalmente en el capitalismo de modelo fordista y modificó por completo la naturaleza y composición de la mano de obra. Mientras que en 1950 más de la mitad de la población navarra todavía se empleaba en el primer sector, para 1980 de entre los navarros en edad de trabajar tan solo un 14,8 % se dedicaba a la agri-

---

17. De la Torre Campo, 2006.

cultura y la ganadería; un 45,2 %, a la industria y el 40 %, al sector servicios[18]. Así pues, en pocos años se crearon fábricas y empresas de sectores que hasta entonces no habían formado parte del paisaje navarro: especialmente las diferentes ramas del metal (automoción, electrodomésticos, etc.), pero también la química, la minería (con la mina de titularidad pública de Potasas de Navarra), el textil, la alimentación u otras.

Las nuevas fábricas y máquinas que se inauguraban necesitaban de mano de obra que las pusiera en marcha, al mismo tiempo que en el campo, la introducción de nuevas técnicas expulsó a muchos brazos hacia las urbes. El éxodo rural se agudizó, y las ciudades recién industrializadas empezaron a recibir inmigrantes: sobre todo del campo navarro, pero también procedentes de las zonas rurales de España. Mientras que en 1960 la proporción de la población urbana en Navarra era de un 32,9 %, para 1981 ya alcanzaba el 55,3 %[19]. La mayoría de los recién llegados del campo huían de la miseria, del control social y de la falta de expectativas, y se instalaron en la ciudad con la expectativa de un tener un futuro mejor. Tierras y pueblos enteros se vaciaron y la gente se apiñó en los nuevos barrios obreros, construidos a todo correr, sin planificación, sin orden y sin servicios. El trabajo era duro, pero se vivía mejor que en el campo. Este agudo crecimiento demográfico se hizo notar especialmente en el área metropolitana de Pamplona, y la capital pasó de tener unos 69 000 habitantes en 1945 a tener más de 168 000 en 1975[20]. Pero algunas cabeceras de comarca también vivieron cambios económicos profundos. En Tudela, por ejemplo, entre 1967 y 1971 se instalaron grandes fábricas como Imetusa, SKF, Sanyo y Piher; en Tafalla, la fundición de Victorio

---

18. Majuelo & Pascual Bonis, 1991, 223.

19. García-Sanz & Mikelarena, 2000.

20. López & Montoro, 2006.

Luzuriaga y Calzados Armendáriz; en Estella-Lizarra, Agni, Salvat, Renolit y otras; en Lesaka, en 1958 se instaló Laminaciones; y en Leitza, la papelera de Sarrió llegó a agrupar a cerca de 1 500 trabajadores de toda la comarca.

Pero el franquismo, además de ser un régimen clasista, también tenía un marcado carácter machista y misógino. El Nuevo Estado trató de cortar de raíz todos los avances y logros conseguidos por las mujeres a través del feminismo de principios de siglo para poder así asegurar la subordinación de las mujeres. Para mantener aquella dependencia intentaron que las mujeres quedaran ligadas, más si cabe, a la familia y a las tareas domésticas, a través de toda una serie de leyes discriminatorias. Entre otras, con el fin de limitar la independencia económica de las mujeres y vincularlas al trabajo doméstico, se estableció una legislación restrictiva y reguladora para su expulsión del mundo laboral. En una de las leyes fundamentales del régimen, el Fuero del Trabajo, se decía que el Estado tenía la responsabilidad de mantener a la mujer casada fuera «del taller y de la fábrica».

No obstante, a pesar de toda las trabas legales, morales y culturales, el trabajo femenino nunca llegó a desaparecer del todo. Muchas mujeres, especialmente las de clase trabajadora, se veían obligadas a trabajar para complementar los ingresos del hogar, a menudo en subempleos no regulados que no se incluían en las estadísticas oficiales. El trabajo de las mujeres en la agricultura se mantuvo (al menos hasta la década de 1960) y también fueron muy frecuentes los trabajos relacionados con la limpieza y el cuidado[21].

Sin embargo, las condiciones de las mujeres empezaron a cambiar a partir de la década de 1960. Con el paso del tiempo y ante el aumento de la demanda de mano de obra derivada del desarrollismo, se tuvo que ir flexibilizando la legislación.

---

21. Piérola, 2018; Sarasua & Molinero, 2009.

Muchas mujeres pudieron entrar en el mercado laboral. Las de clase obrera, en sectores como el textil, la alimentación u otros, e incluso, en algunos casos, como oficinista o secretaria. Las de clases un poco más acomodadas, en cambio, pudieron adquirir educación superior universitaria y se dedicaron a empleos liberales. Con todo ello, algunas mujeres pudieron ganar cierta autonomía económica respecto a sus padres y maridos y empezaron a participar de manera más activa en el espacio público. En las próximas décadas se desarrollarían profundos cambios culturales y mentales.

Fue en aquel contexto de crecimiento económico y transformaciones sociales en el que se fue gestando la formación de una nueva clase obrera. El desarrollismo abrió las puertas a un nuevo marco de relaciones laborales, y con ello se inició un nuevo periodo de conflictividad laboral, sobre todo desde la aprobación de la Ley de Convenios Colectivos de 1958. Cuando surgió el conflicto social, aquella nueva clase obrera necesitó de recursos materiales y culturales para defender sus intereses. Sin embargo, debido al éxodo rural y la represión, el naciente proletariado navarro estaba compuesto, en su mayor parte, de personas jóvenes recién llegadas a la ciudad que no tenían relación directa con las tradiciones de izquierda de preguerra. Por ello, la nueva clase obrera no pudo acudir a los referentes clásicos del movimiento obrero, y, por lo tanto, o bien tuvo que echar mano de los espacios que tenía más a mano –como veremos a continuación, los movimientos seglares de apostolado obrero y otras redes asociativas vinculadas a la Iglesia– o bien crear sus propios recursos como las Comisiones Obreras (cc. oo.). Esta es una de las razones por las que las organizaciones tradicionales de la izquierda de principios del siglo xx (cnt, psoe-ugt o pce) no tuvieron tanto arraigo en el tardofranquismo, al contrario que las de nueva creación.

Poco a poco, fruto de las vivencias padecidas y compartidas –como las experiencias de explotación, los espacios de socialización obrera, las necesidades económicas o las luchas colectivas– aquella clase obrera fue forjando una nueva identidad común (es decir, una nueva subjetividad o un nuevo *nosotros*). Tal y como lo ha analizado Nerea Perez Ibarrola, dicha identidad se articuló en términos de clase, lo que provocó que poco a poco fuera tomando conciencia de sí misma y se acabara constituyendo como sujeto histórico[22]. Con todo ello, se forjó una comunidad de lucha en la que sus miembros se identificaban como semejantes, y al mismo tiempo, opuestos a la clase capitalista y al *régimen franquista*.

Surgimiento de la izquierda revolucionaria: La semilla revolucionaria

En casa de Javier apenas se hablaba de la guerra. Lo poco que sabían era que su padre se alistó al requeté animado por el cura, que le convenció, al igual que a otros muchachos del pueblo, «porque los rojos querían quitar la religión». Tras la contienda volvió al pueblo y se casó con Mari Carmen, la madre de Javier. No tardaron mucho en tener cuatro hijos y se fueron a vivir a Pamplona; más concretamente, a un pequeño piso de la Txantrea. Javier pasó su niñez divirtiéndose con los amigos del barrio. Jugaban al futbol en las calles llenas de socavones, y cuando sus madres no miraban, se escapaban a explorar los campos que todavía estaban sin urbanizar.

Javier empezó a frecuentar el Centro Mariano cuando tenía unos veinte años, la misma edad que tenía su padre cuando se fue a la guerra. Era a mediados de los sesenta. Aquel centro era un lugar de encuentro de jóvenes cristianos de clase obrera, impulsado por el Padre Goñi. En su casa no eran especialmente practicantes, pero un amigo del barrio le

22. Perez Ibarrola, 2017 & 2020.

invitó a pasarse por el local de la calle Mayor. Le encantaba el ambiente que se respiraba allí y las actividades que realizaban: iban al monte con el Club de Montaña Ori-Mendi, proyectaban películas, celebraban campeonatos deportivos... Lo que más le gustaba era conocer a gente de su misma edad. Javier no tardó en participar en las distintas tertulias y discusiones espirituales que tenían lugar en aquel mismo local. Se reunían una vez a la semana y sentados en círculo hablaban sobre predicar con la pobreza, socorrer a los más necesitados, amar al prójimo o practicar la solidaridad. Tenían muy buena voluntad y el objetivo era llevar la palabra de dios a los más desfavorecidos. Pero pronto las conversaciones y discusiones empezaron a tomar otro cariz. Con el tiempo se fueron dando cuenta de que sus acciones caritativas y bienintencionadas no eran suficientes, que no era justo que hubiera pobres tan pobres y ricos tan ricos y que hubiera tal falta de libertades. No fue un proceso abrupto de ruptura, no hubo un gran salto reflexivo. Todo pasó poco a poco. Las reflexiones de aquel pequeño grupo de discusión fueron cambiando y ganaron profundidad.

El paso definitivo lo dieron por culpa de un pequeño libro clandestino. Llevaba un grabado de Agustín Ibarrola en la portada y, aunque no estaba firmado, había sido escrito por José Antonio Osaba, un cura obrero que se encontraba en el exilio. Era el *Nuestra huelga*, que narraba la larga lucha de los trabajadores de Laminación de Bandas en Frío de Etxebarri (Bizkaia). Lo consiguieron gracias a uno de los liberados, que trajo una caja repleta de ejemplares escondida en el maletero de su coche y pudieron repartirlo entre la gente de confianza. Aquel libro los acabó de convencer. Por fin alguien había puesto por escrito aquello que todos pensaban. Además, era un verdadero manual para la lucha. Explicaba todo lo necesario para preparar una huelga; cómo reunirse, cómo organizar la solidaridad, cómo financiarla, cómo hacer propaganda... No había vuelta atrás. La conciencia social había prendido en sus corazones y había que implicarse en la lucha.

La Transición no comenzó ni el día de las elecciones generales de 1977, ni el del referéndum sobre la Ley para la Reforma Política, ni el día en que Adolfo Suárez accedió al Gobierno. Ni siquiera el día en que falleció el dictador. La Transición empezó más de una década y media antes, cuando empezaron a gestarse –tal y como explicitó Xavier Domènech– «pequeños grandes cambios» que dieron lugar a la formación de la una nueva oposición antifranquista.

A partir de la década de 1950, se fueron gestando profundas transformaciones sociales y culturales, que fueron alejando a una toda una generación del marco mental y cultural del régimen franquista. Como una tela de araña que se va tejiendo de manera subterránea, aquellos cambios afectaron de manera paralela al tejido asociativo cristiano, al mundo obrero y al nacionalismo vasco, pero también a otros espacios como el mundo estudiantil o el carlismo. A finales de la década siguiente, al calor de los procesos de radicalización internacional ligados al largo 68, todo aquel incipiente tejido antifranquista se radicalizó. Poco a poco, todos esos espacios fueron interactuando y convergiendo hasta que en el cambio de década cristalizaron en la creación del nuevo movimiento obrero y la izquierda revolucionaria. En las próximas páginas trataremos de sumergirnos en los orígenes de aquel proceso.

Tal y como hemos visto en el apartado anterior, debido a la dura represión, al exilio y al cambio generacional, las organizaciones obreras y de izquierdas de la época republicana habían desaparecido. Por eso, cuando a mediados de los años cincuenta fue apareciendo la nueva clase obrera urbana, sus miembros carecían de los referentes políticos, sociales o culturales del movimiento obrero de preguerra. Por tanto, cuando emergieron las nuevas formas y moldes del conflicto social, no contaban con los recursos y espacios para encontrarse, socializar, compartir experiencias, y –en caso de necesitarlo– organizarse para protestar por sus reivindicaciones.

Por todo ello, en el proceso de creación del nuevo movimiento obrero, el tejido asociativo cristiano vinculado a la Iglesia católica cumplió un papel fundamental.

Ya desde el siglo XIX, la jerarquía eclesiástica había intentado impulsar la llamada doctrina social de la Iglesia, que tenía por objetivo crear espacios de socialización obrera de carácter cristiano, para así evangelizar el mundo del trabajo y las clases más desfavorecidas, pues se pensaba que estas se estaban descristianizando. Con la instauración de la dictadura franquista, la Iglesia católica obtuvo ciertos privilegios y su actividad se extendió. Esa apuesta por acercar la palabra de dios a las capas más desfavorecidas de la sociedad se vio fortalecida en la década de 1960 a consecuencia del Concilio Vaticano II, celebrado entre 1962 y 1965. Dicho cónclave sacudió las estructuras de la Iglesia Católica y trajo consigo una nueva forma de entender la fe, mucho más social y humana. Las reflexiones conciliares afectaron de manera importante a diversos sectores de la Iglesia Católica, entre ellas, las que analizaremos a continuación: las organizaciones seglares de apostolado obrero, los curas obreros y el propio Seminario de Pamplona.

Una de las principales estructuras con las que contaba la Iglesia para hacer llegar la palabra de dios al mundo obrero eran las organizaciones seglares de apostolado obrero. Estas, aunque estaban dirigidas por la jerarquía eclesiástica o por clérigos, estaban formadas principalmente por laicos, es decir personas no pertenecientes al clero. Estas organizaciones eran espacios de socialización obrera de carácter cristiano en las que se ofertaba ocio barato para la juventud obrera, así como formación laboral y espiritual. A mediados del siglo XX, en Navarra existían diversos movimientos de este tipo. Por una parte, estaban las organizaciones impulsadas por Acción Católica, como la Hermandad Obrera de Acción Católica (HOAC) y la Juventud Obrera Católica (JOC). Estas organizaciones incluían a trabajadores de diversas categorías y el control que la jerarquía eclesiástica ejercía sobre ellas era mayor. Por otra parte, estaba la Vanguardia Obrera Social (VOS), con sus ramas juveniles y femeninas, ligada a la Compañía de Jesús. En estas otras se agrupaban trabajadores y trabajadoras de extracción más humilde y contaban con más libertad para actuar. También hubo otras organizaciones apostólicas, como las JARC (Juventud Agraria Rural Católica), de gran influencia en el mundo rural. Ligada a esta última surgió Herri Gaztedi, una organización apostólica de carácter vasquista que tuvo gran influencia en los pueblos de Gipuzkoa, Bizkaia y norte de Navarra (especialmente la zona de Leitza, Larraun y Sakana).

El franquismo, como todo régimen totalitario, trató de que ningún espacio público quedara fuera de alcance del control de las organizaciones de masas del Movimiento Nacional. Por tanto, aquellos vinculados a la Iglesia fueron de los pocos espacios de encuentro no controlados directamente por el Estado, y, en consecuencia, las organizaciones seglares de apostolado obrero se convirtieron en verdaderos espacios de sociabilidad obrera. Además, la sociedad navarra era muy creyente y muchos de los miembros de la clase obrera provenían del campo, donde estaban acostumbrados a participar de la religiosidad popular. Por todo ello, les resultó natural participar en el tejido asociativo cristiano[23].

A través de los movimientos de apostolado obrero, además, era habitual que se crearan grupos de estudio y discusión, que tenían como objetivo mejorar la vida material y espiritual de la clase obrera, eso sí, siempre desde un punto de vista evangélico. Para ello, se reunían grupos de voluntarios para llevar cabo actividades caritativas. Para identificar las necesidad y problemas del entorno, así como reflexionar sobre la manera más adecuada de influir en el entorno, se

23. Perez Ibarrola, 2012; Giganto, 1992.

solía utilizar el conocido método de «ver, juzgar y actuar». Javier Iturbe (liberado de la JOC, y uno de los dirigentes de lo que posteriormente iba ser la ORT, así como concejal del PSOE en Pamplona, varios años más tarde) explica, por ejemplo, que los domingos solían visitar el Hospital de Navarra para hacer compañía y conversar con los pacientes que se encontraban ingresados y solos[24].

En un principio, todas estas iniciativas de carácter caritativo y paternalista no tenían un contenido explícitamente político y se limitaban tratar de llevar la palabra de dios a la clase obrera y mejorar la vida espiritual y material de los más desfavorecidos. Sin embargo, aquellos grupos se toparon con la dura realidad. Poco a poco se fueron dando cuenta de que frente problemas estructurales –como las injusticias, las necesidades y la falta de libertades– de poco les podrían valer los compromisos personales. Para poder cambiar las cosas había que tomar compromisos sociales y pasar a la acción colectiva. Así fue como despertó la conciencia social y numerosos miembros de estos movimientos se radicalizaron. Con el paso del tiempo los debates sobre teología fueron transformándose y se fueron introduciendo nuevos temas como el capitalismo, la lucha de clases, la revolución o la democracia. Parte de ese tejido asociativo cristiano se fue radicalizando, en consonancia con los procesos de radicalización internacional ocurridos en los años inmediatamente posteriores al Mayo del 68, lo que los puso en contacto con las corrientes ideológicas revolucionarias (leninismo, maoísmo, trotskismo, consejismo, etc.).

Aquellos grupos de estudio y de apostolado obrero fueron una revelación para cientos de jóvenes obreros y obreras. Fueron un punto de encuentro y una verdadera escuela de formación para muchos futuros militantes antifranquistas,

24. Entrevista TDIS: J.I.E. (25/07/2018 y 09/08/2018).

que en pocos años acabaron participando en el movimiento obrero o en la formación de partidos de la izquierda revolucionaria. Sin embargo, en la mayoría de los casos no se vivió como una ruptura radical sino como un proceso lógico y paulatino. Muchos miembros de la izquierda revolucionaria iniciaron su politización en aquellos espacios católicos. En boca de Arcadio Rojo, militante de la Liga Comunista de aquella época, pasaban de «de una entrega religiosa a una entrega laica o social»[25].

La Organización Revolucionaria de Trabajadores (ORT), uno de los partidos revolucionarios más dinámicos de la oposición antifranquista en Navarra, por ejemplo, tuvo su origen en las Vanguardias impulsadas por los jesuitas. En Pamplona, estas se juntaban en el Centro Mariano de la calle Mayor, bajo el amparo del Padre Goñi y de ahí saldría el núcleo fundador del partido en Navarra. En Tudela también existían diversas «escuelas sociales» de este tipo. Había una dirigida por los jesuitas José R. Arrizabalaga y Luis María Zabala, que era cercano al PCE, y otra más radical dirigida por Bernardo Alberdi, así como otros grupos dirigidos por Gabriel Hualde y Agustín Elizalde. La primera movilización ocurrida en Tudela fue una huelga estudiantil protagonizada en febrero de 1968 por los alumnos del Colegio de los Jesuitas y la Escuela Técnico-Industrial de Tudela, ocurrida bajo la influencia de Zabala. De las escuelas sociales de Elizalde, en cambio, salieron numerosos miembros del EMK, aunque también de otros partidos. Asimismo, en el germen de lo que posteriormente sería el PSOE en Tudela hubo varios miembros de la HOAC organizados entorno a Gabriel Hualde, entre ellos, el primer alcalde democrático de Tudela: Francisco Álava[26].

25. Entrevista TDIS: A.R.A. (27/09/2019); Entrevista FDMHN: A.R.A. (10/12/2020).

26. Pérez Ochoa, 1999; Giganto, 1992, 761-763; Entrevistas TDIS: M.R.S (05/03/2019); P.S.J.C. y J.L.A.A. (23/08/2019); Entrevista FDMHN: E.M.G. (09/11/2021).

En Estella-Lizarra, por su parte, también hubo curas obreros como Eugenio Lecumberri y José Luis Castejón, así como grupos de la HOAC y de la JOC que se juntaban en la casa parroquial. En esas organizaciones de apostolado obrero participaron miembros de lo que posteriormente sería el movimiento obrero; entre los cinco fundadores de las CC. OO. de Estella, por ejemplo, dos de ellos habían pertenecido a JOC anteriormente[27]. Asimismo, algo parecido pasó con la organización Herri Gaztedi, sobre todo en algunos pueblos de Gipuzkoa. Según Pello Lasa, que fue militante de la OIC y de Batzarre, Herri Gaztedi «venía de la Iglesia, pero ahí se hablaba de todo. Sobre todo, los problemas de la juventud». La mayoría de sus actividades eran «formativas», pero pronto empezaron a realizar propaganda y activismo antifranquista. En un principio esta era una organización rural, pero a consecuencia del desarrollo industrial y de la crisis del mundo rural vasco, muchos jóvenes baserritarras se vieron obligados a compaginar las labores agrícolas con empleos en la industria. En consecuencia, sus miembros vivieron una profunda transformación ideológica y pasaron a formar parte del movimiento obrero o de los partidos de la izquierda revolucionaria; en Gipuzkoa, especialmente en los Núcleos Obreros Comunistas (NOC) –germen del posterior partido consejista OIC– pero también en ETA VI o en las luchas campesinas y obreras de entonces[28].

Además de en el apostolado obrero, la repercusión del Concilio Vaticano II tuvieron gran influencia en el Seminario de Pamplona, que fue de vital importancia para el surgimiento del nuevo movimiento obrero y la izquierda revolucionaria. Navarra, como decíamos, era una tierra devota de gran

---

27. Entrevistas FDMHN: S.G.M. (12/04/2022); F.P.E (14/09/2021); A.L.O. (03/06/2024); P.A.S. (03/06/2024); P.S.E. (04/06/2024); R.P.L. (05/06/2024); J.B.G. (05/06/2024).

28. Entrevistas FDMHN: P.L.I. (09/09/2021); P.A.G. (12/09/2021).

tradición cristiana y era habitual que algunas familias pobres con numerosos hijos enviaran a alguno de los varones al seminario. Era una manera de darles estudios y un modo de vida. Por todo ello, el Seminario de Pamplona era uno de los más prolíficos de todo el Estado español, y por eso, se le solía llamar el «granero de la fe». Con cierta sorna, se afirmaba que lo que más exportaba Navarra en aquella época eran curas.

Sin embargo, a mediados de la década de 1960 la situación del Seminario de Pamplona dio un vuelco. Hasta 1965 el rector del seminario había sido Carmelo Velasco, pero aquel año dejó el cargo, y entró en su lugar el joven Jesús Lezaun. Lezaun había estudiado en Lovaina (Bélgica) y conocía de cerca las renovaciones eclesiásticas y sociales del Concilio Vaticano II. De esta manera creó un nuevo equipo docente con otros clérigos como Jesús Equiza, Patxi Larrainzar o Javier Osés, y renovaron completamente los contenidos del seminario. Los testimonios dicen que la llegada de Lezaun «abrió las puertas y ventanas», en contraste al ambiente cerrado y rígido anterior. Pronto el seminario se convirtió en algo más que un centro de estudio eclesiástico, y se multiplicaron los debates, conferencias y encuentros. Aquellas charlas inspiraron a los seminaristas de entonces, que se empezaron a acercar a las corrientes de izquierda y empezaron a participar en las reuniones de los grupos de apostolado obrero. En poco tiempo, el seminario se convirtió en un foco de subversión, y pasó a formar parte de la infraestructura del naciente movimiento obrero pamplonés. Por ejemplo, según Jesús Urra, la primera multicopista de CC. OO., que se utilizaba para elaborar la propaganda que se repartía en las fábricas, se escondía en la cruz del Seminario[29]. Asimismo, en la redada de 1971 contra CC. OO., como veremos más adelante, fueron detenidos varios seminaristas.

---

29. Entrevista TDIS: J.U.B. (30/10/2018); entrevista FDMHN: M.B.Z. (10/12/2020).

Las consecuencias de esta nueva manera de entender la religión católica, inspirada por el Concilio Vaticano II, no gustaron ni a las autoridades eclesiásticas ni a las autoridades políticas. Por lo tanto, surgieron conflictos tanto con el gobernador civil como con el arzobispado. Ante el auge de la contestación en el seminario, para evitar males mayores, en 1967 Jesús Lezaun fue fulminantemente destituido del cargo de rector, y aunque fue sustituido por Javier Osés, que era de su misma cuerda, aquel también duró poco en el cargo: hasta la primavera de 1968. Tras lo cual, el seminario permaneció varios meses cerrado. El impacto de aquella experiencia fue breve pero irreversible. El Seminario de Pamplona nunca más volvió a ser lo que había sido. Según Edurne Yániz, las matriculaciones cayeron en picado, y pasaron de ser 702 en el curso 1959-1960 a ser solamente nueve en el curso 1971-1972[30].

Aquella experiencia influyó a los seminaristas de manera definitiva. Muchos no pudieron acabar sus estudios y tuvieron que irse fuera, a París o a Lovaina. Muchos otros tomaron conciencia social durante ese periodo, y así se creó una generación de cuadros dirigentes que participó en la formación de las organizaciones y partidos de izquierda en Navarra. Como veremos más adelante, en el MCE (origen del posterior EMK) una parte de la dirección en Navarra procedía de un grupo de amigos que se había conocido en el seminario. En Tudela, asimismo, el exseminarista Martín Landa fue uno de los fundadores de CC. OO. y a su vez de los primeros militantes de MCE en la ciudad. Algo parecido pasó con otro grupo de amigos que entró en el PCE (i). En aquella época, se solía decir que casi todos los partidos de izquierda en Navarra tenían miembros que habían pasado por el seminario o por los grupos apostólicos. Sin embargo, más allá de la exa-

---

30. Yániz, 2014, 131.

geración, la influencia de la Iglesia fue menor en los partidos trotskistas, y prácticamente nula en el PCE (m-l).

Por último, las influencias del Concilio Vaticano II también afectaron al sacerdocio. Algunos curas y párrocos con inquietudes sociales, sobre todo los más jóvenes, trataron de acercarse a la clase obrera, *fundirse* con ella. Para ello solicitaron ser trasladados a parroquias situadas en barrios humildes y así poder conocer las necesidades de la clase obrera desde cerca, o incluso, algunos de ellos compaginaron sus labores pastorales con empleos en fábricas. Con el tiempo, algunos se comprometerían definitivamente con la oposición antifranquista. Los menos lo hicieron de manera partidaria y entraron a formar parte de partidos obreros, como Ángel Oliver, Javier Ayesa y Antonio San Vicente (párrocos coadjutores que formaron parte de la ORT y actuaron en diversos pueblos de la Ribera) o Ángel Portillo (que fue líder sindical de CC. OO. y del Sindicato Unitario en la fábrica de Onena en Villava).

Sin embargo, salvo en casos excepcionales, la mayoría de los sacerdotes que colaboraron de con la oposición antifranquista y el movimiento obrero lo hicieron sin identificarse con ningún partido o sindicato concreto. Prestaban ayuda a todo aquel que lo solicitara, sin entrar en la competencia entre partidos. Para ello, pusieron los recursos y espacios de los que disponía la Iglesia a disposición de las organizaciones obreras. Las casas parroquiales y los templos se convirtieron en lugares de encuentro para el movimiento obrero o las asociaciones políticas radicales, ya que podían aprovecharse para la celebración de reuniones. En Pamplona se utilizaban, entre otros lugares, el Verbo Divino, las Canosianas de la Txantrea, el Salvador de la Rotxapea o el propio seminario; mientras que en Tudela se utilizaban los Huerfanicos, la parroquia de la Magdalena o el antiguo seminario. En Estella-Lizarra, por su parte, en la iglesia de San Juan, destacaron los párrocos Carlos Armendáriz y Esteban Irigoien, que tenían un talante progresista y vasquista. Colaboraron activamente con la oposición antifranquista e incluso sufrieron la represión en sus carnes, al ser detenidos en febrero de 1975[31].

Además, durante las huelgas, los sacerdotes permitieron realizar colectas en misa, para poder engrosar las cajas de resistencia. Asimismo, los sacerdotes, por su posición, contaban con algunos privilegios ya que el concordato con la Santa Sede los protegía y, en comparación con los ciudadanos de a pie, la represión no se cebaba tanto con ellos. Por lo tanto, contaban con más eco y más libertad a la hora de expresarse desde los púlpitos y las hojas parroquiales. Aprovechando esta circunstancia las homilías dominicales se convirtieron en altavoces de las reivindicaciones populares. Los domingos mucha gente solía acudir a misa, especialmente a El Salvador de la Rotxapea, donde predicaba Patxi Larrainzar, para escuchar dichas reivindicaciones. Por algunas de estas homilías, varios párrocos sufrieron la represión: fueron censurados, detenidos y multados, y en algunos casos, incluso fueron recluidos temporalmente en el Monasterio de la Oliva. En Pamplona, aquellos párrocos comprometidos decidieron coordinarse y crearon un grupo pastoral. Se juntaban en la parroquia de Nuestra Señora la Virgen del Río de la Rotxapea, y, por lo tanto, el grupo adquirió el nombre de Grupo de Curas del Río.

Por todo ello, pese a no estar comprometidos de manera partidista, los llamados curas obreros o curas rojos configuraron una importante red de apoyo para el movimiento obrero y la oposición antifranquista, dotándole de cierta infraestructura indispensable. Con el paso de los años, muchos de estos sacerdotes (Lino Otano, Patxi Larrainzar, Jesús Equiza, Patxi Erdozain, Juanjo San Martín...) continuaron vinculados a diversos movimientos y reivindicaciones sociales.

---

31. «Estella: Cerrada una parroquia por huelga de los sacerdotes», 07/02/1975, ALTE.

En definitiva, el tejido asociativo cristiano fue una de las rendijas donde germinó y fue floreciendo la oposición antifranquista en Navarra. Una de las primeras acciones contestatarias ocurridas en Pamplona fue protagonizada por seminaristas y militantes cristianos, cuando en marzo de 1968 organizaron un boicot contra Blas Piñar. El líder ultraderechista iba a impartir una conferencia en el Teatro Gayarre con motivo del Año de la Fe y un grupo de cristianos decidió mostrar su rechazo. La oposición antifranquista todavía estaba en situación embrionaria y la acción fue muy modesta: cuando Piñar tomó la palabra algunos de los oyentes abandonaron sus asientos, interrumpiendo el discurso y provocando inquietud y rumores en el teatro. Era un gesto modesto y tímido, pero que abría una brecha anunciando lo que vendría después. En los días siguientes, los autores de aquel boicot enviaron una carta al *Diario de Navarra* explicando las razones de su protesta. Entre los firmantes de aquella misiva se encontraban numerosas personas que en los próximos años formarían parte de la izquierda social de la ciudad, como José Antonio Sola, Martín Arbizu, Jesús Aos, José Miguel Ibarrola, Celia Oiz, Alfredo Caparroso, Isaac Alzate (todos de la ORT), Jesús Urra, Ángel Goñi, Manuel Burguete (del MCE), Miguel Ángel Muez, José Antonio López Cristóbal, Francisco Eguiluz, Miguel Echaniz, Jesús Velasco Iriarte, Juan Manuel Pérez Balda (concejales sociales del Ayuntamiento de Pamplona) o Bernardo Maisterra (párroco cercano a la izquierda abertzale)[32].

Otro de los puntos de origen de la izquierda revolucionaria en Navarra, al igual que en el resto de las provincias vascas, fueron las escisiones obreristas de ETA. Tanto es así, que esa organización abertzale fue considerada como un «semillero» de comunistas[33]. Hasta mediados del siglo XX, el

32. *Diario de Navarra,* 02/03/1968, 9; *Diario de Navarra,* 03/03/1968, 11.

33. Jiménez de Aberasturi & López Adán, 1989, 176.

nacionalismo vasco había sido, salvo alguna excepción como ANV, una cultura política principalmente conservadora. Sin embargo, a partir de los profundos cambios sociales que acarreó el desarrollo industrial y a través de la influencia de las luchas anticolonialistas del Tercer Mundo, se fue articulando en torno a ETA un nuevo paradigma del nacionalismo vasco. Este nuevo nacionalismo revolucionario, según Elixabete Ansa, sintetizó las ideas de la patria y la izquierda, y dejó atrás el nacionalismo «anclado en postulados esencialistas y católicos». Así, acabó por crearse un nuevo nacionalismo «dialéctico», dotado de un horizonte socialista. Asimismo, tal y como lo ha explicado Adrián Almeida, ETA sintetizó los sujetos opuestos a la modernidad capitalista, es decir aunó «todo lo que no cabía en el franquismo» bajo el nombre Pueblo Trabajador Vasco, quedando a partir de entonces la lucha por la liberación nacional estrechamente unida a la lucha por la liberación social[34].

Sin embargo, como bien es sabido, el proceso de dotar al nacionalismo vasco de una ideología revolucionaria y de izquierdas fue muy complejo. La síntesis entre la cuestión nacional y la social no fue fácil y las nuevas ideas y perspectivas provocaron acalorados debates, que produjeron profundas rupturas en el seno de ETA. Fue a consecuencia de esos debates, precisamente, como surgieron algunos de los partidos revolucionarios que tuvieron incidencia en Navarra. Primero, de la expulsión acaecida en la V Asamblea de ETA (1966-1967) surgió ETA Berri, que daría lugar al MC-EMK. Posteriormente, a consecuencia de las rupturas producidas a consecuencia de la VI asamblea (1970), la mayoría de la asamblea se decantó por la creación de un partido obrero, lo que permitió la creación de LCR-ETA VI, y que muchos otros

34. Ansa, 2014; Almeida, 2022. Consultar, asimismo, Letamendia (1994) y Jaureguiberry (2007).

militantes pasaran a engrosar las filas de LC, OIC, ORT u otras organizaciones revolucionarias.

A pesar de que ETA se creó en 1958, los primeros pasos de la nueva izquierda abertzale en Navarra fueron hacia mediados de la década de 1960. Por aquel entonces, ETA empezó a implantarse en Navarra y realizó sus primeras acciones, principalmente algunas pintadas y labores de propaganda. Al mismo tiempo, surgió Iratxe, una organización nacionalista navarra dinamizada por Jokin Garate, José Antonio Mugertza Lasa, Julián Larunbe López y José María Eskubi *Bruno*. Iratxe fue un grupo efímero y de difícil filiación. Según algunos autores fue una *marca blanca* de ETA, ideada para introducirse en un territorio con poca implantación. Mikel Bueno, sin embargo, afirma que fue una organización autónoma, sin tutelas, pero en la que varios de sus miembros formaban parte al mismo tiempo de ETA, actuando como militantes dobles[35]. En diciembre de 1964, Iratxe colocó un artefacto explosivo en el Monumento a los Caídos de Pamplona, y poco después, en enero del año siguiente, sufrió una caída importante. Jokin Garate fue identificado por un policía en la avenida Carlos III de Pamplona y tras un tiroteo, resultó herido de bala. A continuación, fue detenido y torturado. En consecuencia, varios miembros de Iratxe cayeron en cadena. Los que pudieron librarse tuvieron que marchar al exilio. Al poco tiempo, Iratxe anunció su incorporación a ETA y sus miembros pasaron a formar parte de esa organización.

Por aquel entonces, el nacionalismo vasco seguía teniendo muy poca influencia en Navarra. Sin embargo, en los próximos años ETA mantuvo ciertos contactos con la naciente oposición antifranquista y trató de implantarse en el territorio, donde contó con los esfuerzos de uno de sus más caris-

35. Bueno, 2022a.

máticos líderes: el ya mencionado José María Eskubi. Sin embargo, las sucesivas redadas y caídas, así como las escisiones mentadas anteriormente, interrumpieron el contacto y la trasmisión entre las diferentes generaciones e impidieron que ETA se implantara de manera efectiva. La izquierda abertzale por aquel entonces contaba con poco arraigo, y por eso, las protestas ocurridas tras la muerte de Txabi Etxebarrieta (1968) o a consecuencia del Proceso de Burgos (1970) tuvieron un eco limitado en Navarra. Las corrientes militaristas afines a la V asamblea de ETA no se recuperaron hasta 1971-1972, con la incorporación de militantes procedentes de EGI y del movimiento estudiantil de la Universidad de Navarra (UN), entre los que se encontraba Bixente Serrano Izko. Sería esta generación quien perpetraría la principal acción armada de ETA en Navarra durante el franquismo: el secuestro de Felipe Huarte durante la huelga de Torfinasa (enero de 1973)[36].

Otro espacio que se radicalizó a partir de mediados de la década de 1960 fue el movimiento estudiantil. Uno de los prejuicios más extendidos sobre la izquierda revolucionaria ha sido que esta estaba conformada por jóvenes burgueses, estudiantes e intelectuales en su mayoría, que se rebelaban contra las costumbres conservadoras de sus padres, pero sin un ánimo real de transformar la sociedad. Además, se les ha reprochado habitualmente estar alejados de la clase obrera y no participar realmente en el movimiento obrero. Pero nada más lejos de la realidad. Estas afirmaciones tienen cierto sentido porque la izquierda revolucionaria tuvo una gran repercusión entre los estudiantes, y, en algunos casos, porque hubo una presencia estudiantil destacada en los orígenes de los partidos radicales. Sin embargo, si bien hasta entonces las universidades habían acogido a los privilegiados hijos de

36. Entrevista FDMHN: B.S.I. (04/07/2016); Escribano, 2021.

las élites franquistas, poco a poco, algunos hijos e hijas de las clases medias y de la clase trabajadora empezaron a acceder a la enseñanza superior. A partir de los años cincuenta, se produciría una ruptura importante en el mundo estudiantil, el cual empezó a alejarse del franquismo. Este hecho acabaría perjudicando gravemente al franquismo, puesto que lo privaría de una importante cantera de cuadros dirigentes que diera continuación al propio régimen.

Por aquel entonces, el principal centro universitario era la Universidad de Navarra, regida por el Opus Dei, de carácter conservador y elitista. Normalmente atraía a un gran número de estudiantes foráneos y muy pocos de sus alumnos eran navarros. También existían algunos centros y facultades ligadas a la Universidad de Zaragoza, como la Escuela de Magisterio. Pero estos centros eran menores y no tenían tantos alumnos.

Los primeros pasos del movimiento estudiantil en Navarra fueron hacia 1964 o 1965. Por aquella época, en la Universidad de Navarra se fundó la UED (Unión de Estudiantes Demócratas), para luchar, a través de reformas parciales, por la democratización del SEU (Sindicato Español Universitario), la organización estudiantil franquista. En la UED se organizó gente muy diversa: estudiantes cristianos, hijos de los vencedores de la Guerra Civil, izquierdistas o nacionalistas. Aquella primera organización estudiantil sufrió varias detenciones en 1966, pero la experiencia valió para abrir la brecha por la que pudo transitar la siguiente generación del movimiento estudiantil[37].

Pero el salto definitivo del movimiento estudiantil en la UN fue en el curso 1968-1969. Aquel año el movimiento estudiantil presentó candidatos a las elecciones de delegados de facultad. Una de las candidaturas la lideraba el aber-

37. Estornés, 2013, 164-167; Perez Ibarrola, 2017, 106-108.

tzale Javier Escalada Navaridas, que para entonces era un militante muy activo y conocido. Pero, además de aquella, se presentó otra candidatura, en un principio desconocida para el alumnado y la dirección. Esta última estaba formada por estudiantes provenientes de los Padres Blancos (la sociedad conocida como los Misioneros de África) y sus líderes eran Arcadio Rojo y Miguel Vázquez. Esta candidatura carecía en principio de adscripción ideológica manifiesta y no eran rostros conocidos del movimiento estudiantil. Pero en el debate previo a las votaciones, Rojo quiso comenzar su intervención parafraseando al conocido líder del Mayo francés Daniel Cohn-Bendit (alias Dani *el Rojo*): «La Universidad de Navarra es una fábrica de idiotas especializados fieles y acríticos al sistema que nos gobierna». Gracias a aquella irreverente intervención, Rojo recibió los votos de sus compañeros de estudio y fue elegido delegado. En los siguientes meses se extendió la lucha por conseguir un sindicato estudiantil democrático, basado en asambleas y sin el control del rectorado.

Aquella tendencia creciente del movimiento estudiantil se interrumpió, sin embargo, a principios de 1969. El Gobierno declaró el estado de excepción y la policía aprovechó la ocasión para intentar cortar de raíz aquella lucha. Los líderes del movimiento estudiantil (Arcadio Rojo, Xabier Escalada, Bixente Serrano Izko...) fueron detenidos y confinados fuera de Pamplona. Sin embargo, al finalizar el estado de excepción, los estudiantes más comprometidos regresaron y retomaron las movilizaciones. A partir de entonces la lucha se radicalizó. La tarde del 20 de junio de 1969, los alumnos realizaron una sentada en el rectorado para exigir el cumplimiento de sus reivindicaciones. Según el *El Pensamiento Navarro,* los allí reunidos hicieron una colecta para comprar bocadillos, asimismo, para pasar el tiempo «estuvieron interpretando canciones de folk americano y vasco». La dirección de la universidad, sin embargo, lejos de negociar, llamó a la policía y aquel encierro terminó a medianoche con más de cien detenidos[38].

Ese sería el momento álgido del movimiento estudiantil antifranquista en la UN, pero aquellos incidentes apenas sobrepasaron el estrecho marco de la universidad. El Opus Dei expedientó y expulsó a los líderes de la protesta, cortando de raíz todo posible desarrollo del movimiento estudiantil. A partir de entonces, la Universidad de Navarra aplicó una dura política de represión e instauró estrictos controles de acceso a la universidad (con test y entrevistas) para filtrar los posibles elementos subversivos que se matriculaban a sus cursos. El Opus Dei no podía permitir que la UN se convirtiera en un foco de protesta[39]. Sin embargo, algunos de los estudiantes que participaron en aquellas movilizaciones sí continuaron su compromiso fuera del ámbito universitario. Arcadio Rojo y Miguel Vázquez, por ejemplo, formaron la primera célula de LCR en Pamplona, y poco después, Bixente Serrano, junto a otros, se incorporó a ETA.

Pese a aquellas movilizaciones, probablemente, la vía principal a través de la cual el movimiento estudiantil influyó en la formación de la izquierda revolucionaria en Navarra fue a través de los navarros y navarras que estudiaron fuera. Muchos de ellos entraron en contacto con organizaciones de izquierda cuando fueron a estudiar a Bilbao, Barcelona, Madrid o Zaragoza. Tomaron conciencia, se organizaron y participaron en movilizaciones. En ocasiones, tras la consiguiente represión algunos fueron expulsados o expedientados, pero al volver a su lugar de origen trajeron consigo el encargo de extender o reforzar el partido en Navarra. Algunos de ellos se *proletarizaron*, es decir, trata-

---

38. *Diario de Navarra,* 21/06/1969, 28; *El Pensamiento Navarro,* 21/06/1969, 1-4; *El Pensamiento Navarro,* 22/06/1969, 1.

39. Entrevista TDIS: A.R.A. (27/09/2019); Entrevistas FDMHN: A.R.A. (10/12/2020); J.C.I. (19/04/2022); B.S.I. (04/07/2016).

ron de ser contratados en fábricas para estar en más estrecho contacto con la clase obrera y de esta manera lograron influencia en el movimiento obrero. A Estella-Lizarra, por ejemplo, el partido trotskista LC llegó a través del contacto de estudiantes estellicas en Bilbao. El PTE en Pamplona, como veremos más adelante, recaló a través de varios exseminaristas que estudiaban en Málaga. En el caso de Tudela, en cambio, un grupo de estudiantes de la Universidad de Zaragoza trajo a la capital de la Ribera el partido Larga Marcha Hacia la Revolución Socialista[40]; tras acabar los estudios, hacia 1973-1974 montaron un despacho laboralista, gracias al cual consiguieron atraer a un grupo importante de trabajadores.

Tras la represión del año 1969, el movimiento estudiantil vivió un periodo de reflujo. Para hacerle frente a esa situación se cambió el foco de atención y se crearon nuevas herramientas organizativas. A finales de 1971 se constituyeron los CEN (Comités de Estudiantes de Navarra). Esta nueva generación, con su nuevo modelo organizativo, amplió el movimiento estudiantil a los centros de enseñanza media (institutos, formación profesional, etc.). En adelante, la dinámica del movimiento estudiantil, en lugar de limitarse al ámbito académico y a la reivindicación de un sindicato democrático, se pondrían al servicio del movimiento obrero y del movimiento antifranquista general, entre otras razones, gracias al liderazgo de los miembros de la izquierda revolucionaria. La organización con mayor influencia en el seno de los CEN fue la Liga Comunista, pero otras corrientes como el MCE, LCR-ETA VI, ORT o los carlistas de izquierda también tuvieron presencia destacada. Con el tiempo, los Comités de Estudiantes llegaron a agrupar a cerca de mil alumnos. Finalmente, ya a las puertas de la Transición, la

40. Pérez Ochoa, 1999, 30; Entrevista TDIS: P.S.J.C. y J.L.A.A. (23/08/2019).

ORT consiguió imponerse sobre el resto de las corrientes y se convirtió en la organización mayoritaria de los CEN[41].

Como vemos, la aportación del movimiento estudiantil a la lucha antifranquista fue importante. Pero tal y como ya hemos adelantado, en Navarra el corazón de la lucha siempre estuvo en el movimiento obrero. La izquierda revolucionaria tuvo una extracción principalmente obrera y el movimiento estudiantil casi siempre corrió a la zaga del frente de lucha principal. Por eso podemos decir que al menos en Navarra la izquierda revolucionaria tuvo mucho de *asalto proletario* y poco de *contracultura juvenil*.

Organización Revolucionaria de Trabajadores

El principal partido de la izquierda radical en Navarra fue la Organización Revolucionaria de Trabajadores (ORT), que se adscribía a la exótica corriente del pensamiento Mao Zedong. A mediados de los años sesenta, un grupo de trabajadores de las Vanguardias jesuitas, consciente de la necesidad de dar un paso en la lucha, decidió crear en Madrid un sindicato llamado Acción Sindical de Trabajadores (AST). Aquella organización, como ya hemos dicho, comenzó a dar sus primeros en Pamplona en torno al Padre Goñi y al Centro Mariano de la Calle Mayor. En los primeros años, la AST tuvo una actividad modesta. Se limitó a crecer lentamente utilizando las redes de las Vanguardias, además de tejer alianzas y atraer a otros miembros entre su círculo de confianza. Esta organización sería una de las impulsoras de las primeras Comisiones Obreras de Pamplona, y sería, al mismo tiempo, el germen de lo que posteriormente sería la ORT.

Entre 1969 y 1971 AST vivió un proceso de radicalización. Dio el salto a convertirse en un partido marxista-leninista y

---

41. Iriarte Areso, 1981; Entrevista FDMHN: J.C.I. (19/04/2022).

adoptó el nombre de ORT, no sin antes sufrir algunas rupturas internas, principalmente en Madrid y Barcelona. Sin embargo, en Pamplona, en este proceso no se vivió ninguna escisión. Participó desde finales de la década de los sesenta en la creación de las CC. OO. y consiguió gran implantación en el movimiento obrero, por ejemplo, en empresas de la Comarca de Pamplona como la mina de Potasas, Eaton Ibérica, Authi, Torfinasa, Imenasa y Papelera de Navarra. En los próximos años su crecimiento fue paulatino y solo se vio interrumpido a consecuencia de la redada contra el movimiento obrero de primavera de 1971. Tras el periodo de reflujo, la ORT se recuperó y volvió a coger impulso a partir de la huelga general de Motor Ibérica de junio de 1973. Además, en otoño de ese mismo año recibió un pequeño grupo de militantes procedentes de ETA Minos, una corriente surgida de las divisiones de la VI asamblea de ETA[42].

En los últimos años del franquismo, la ORT fue, sin duda alguna, el partido más influyente y dinámico de la oposición antifranquista en la Cuenca de Pamplona. También tuvo células en diversos pueblos de la Ribera (donde participó en las luchas de los campesinos contra los bajos precios que se les imponían al vender sus productos), en Leitza (en la fábrica de Sarrió Papel) o en Viana. Asimismo, tenía una implantación importante en Gipuzkoa (sobre todo en las comarcas de Tolosaldea y Goierri), en Bizkaia (donde contaba con unos cuarenta militantes en diversas fábricas) y en Álava[43]. El momento de mayor afiliación coincidió con las elecciones generales del año 1977, cuando llegó a contar con más de cuatrocientos miembros en Navarra, además de un importante grupo de juventudes (UJM, Unión de Juventudes

42. Laiz Castro, 1995; Treglia, 2013; De Miguel Sáenz, 1986 & 1992; Entrevistas TDIS: J.I.E. (25/07/2018 y 09/08/2018); JM.S.A. (15/11/2018); Entrevista FDMHN: A.O.S. (23/11/2018 y 01/2019).

43. Mintegiaga & Saizar, 2011; VV. AA., 2015.

Maoístas) y un número nada despreciable de simpatizantes. Asimismo, el sindicato ligado a la ORT, el Sindicato Unitario (SU), llegó a tener 9 800 afiliados en Navarra.

Euskadiko Mugimendu Komunista

Otra de las organizaciones importantes de la izquierda radical navarra fue el Movimiento Comunista de Euskadi (MCE o EMK). Este partido fue creado entre 1966 y 1967, cuando varios miembros de la Oficina Política de ETA fueron expulsados durante la primera parte de la V Asamblea. Los expulsados, capitaneados por Patxi Iturrioz y Eugenio del Rio, crearon el grupo ETA Berri y, tras fusionarse con varias organizaciones comunistas españolas de tipo local, dieron lugar a la formación del MCE[44]. En un principio, el nombre oficial de dicho partido fue Movimiento Comunista de España (MCE). Pero en 1976 para mostrar su solidaridad y compromiso con la liberación de las nacionalidades periféricas decidió retirar la E de España de su nombre para pasar a denominarse MC, y en cada lugar adquirió un nombre local específico: en Vasconia Sur fue Euskadiko Mugimendu Komunista (EMK).

En sus primeros pasos tan solo estaba implantada en Gipuzkoa, y tenía cierta influencia en Bizkaia. Sin embargo, pocos meses después, a consecuencia del estado de excepción de 1968, algunos miembros *quemados* (fichados o vigilados) por la policía tuvieron que abandonar Gipuzkoa y se instalaron en Navarra y empezaron a tomar contacto con militantes del naciente movimiento obrero. Al mismo tiempo, varias personas que habían pasado por el seminario de Pamplona en la época de Jesús Lezaun contactaron con otros exiliados de ETA Berri en el extranjero, principalmente,

44. Fernández Rincón, 2016; Kortazar Billelabeitia, 2012a; Kortazar Billelabeitia, 2012b; Díaz Macías, 2022; Satrustegi, 2018.

en París y Lovaina (Bélgica). En este grupo de amistades del seminario se encontraban, entre otros, algunos de los que posteriormente serían dirigentes del EMK en Navarra: Jesús Urra, Ángel Goñi, Manuel Burguete (secretario general de CC. OO. de Navarra entre 1977 y 1979) o Víctor Oroz. Varios meses más tarde, casi sin tiempo para terminar sus estudios, algunos de aquellos militantes regresaron a Pamplona e intentaron contactar con los militantes guipuzcoanos que ya trabajaban sobre el terreno. Debido a las dificultades de la clandestinidad, el contacto no se estableció de forma inmediata. Se realizaron tres o cuatro intentos, que fueron interrumpidos en varias ocasiones, hasta que a partir de 1971 ya se estableció la conexión definitiva y el partido se empezó a estabilizar en Pamplona. Para septiembre del año siguiente, el MCE ya participó, junto con la ORT, en la reconstrucción y reorganización de CC. OO. Pronto se convertiría en uno de los impulsores más importantes de las CC. OO., ya que contaba con militantes significativos y bien ubicados en varias fábricas importantes. También consiguió arraigo en Estella-Lizarra, Tudela, Lumbier (fábrica de Argal) y otros lugares[45]. En Navarra, en torno a 1977, el partido contaba con 140 militantes, ochenta adherentes y unos cuatrocientos simpatizantes.

El MCE fue también el primer partido de la izquierda radical que logró implantarse en Tudela. Esa ventaja le valió el liderazgo del movimiento obrero y de la oposición antifranquista en la ciudad. Martín Landa, exseminarista que había sido detenido en 1971, abandonó la carrera religiosa, y en 1973 volvió a su ciudad natal. Al poco tiempo, consiguió entrar en la fábrica de SKF y, junto a otras tres personas, creó la primera Comisión Obrera de Tudela. Poco después, consiguieron crear otras dos comisiones en Piher y Sanyo. A

45. Entrevista TDIS: J.U.B. (30/10/2018); Entrevista FDMHN: M.B.Z. (10/12/2020).

partir de ahí, a través de diversos contactos con Pamplona, el MCE estableció relación con el propio Martín Landa, quien se incorporó al partido y también se encargó de desarrollarlo en la capital ribera[46].

A Estella-Lizarra, por su parte, el partido llegó a través de varios universitarios estelleses que estudiaban en Bilbao (entre los que se encontraba Txema Berasain), los cuales montaron el partido en la ciudad del Ega hacia 1971 o 1972. El MCE consiguió presencia en varias fábricas (Agni, Salvat, Renolit...) y, a partir de 1976, desempeñó un importante papel en el movimiento vecinal[47].

Además de en la Alta Navarra, el MCE fue uno de los principales partidos de la izquierda revolucionaria en Euskal Herria, no en vano esta era la tierra que le había visto nacer. En Gipuzkoa controló y dinamizó, junto a la ORT, la corriente mayoritaria de las CC. OO., frente al sector minoritario del PCE, denominado *Biltzar*. En Bizkaia, también contaba con gran implantación, especialmente en las fábricas de la Margen Derecha y el Duranguesado. En un censo de 1979, se afirmaba que a nivel estatal el partido contaba con 2 601 militantes, 893 de los cuales (es decir, cerca de un 44 %) formaban parte de la sección vasca del partido, repartidos de la siguiente manera: 338 militantes en Bizkaia, 375 en Gipuzkoa, 48 en Araba, 126 en Navarra y ocho sin ubicar[48].

Partido del Trabajo de España

Este fue el principal partido de la izquierda revolucionaria española, puesto que tuvo gran arraigo en Cataluña, así como

46. Pérez Ochoa, 1999; Entrevistas TDIS: M.L.M; M.R.S. (05/03/2019).

47. Entrevistas FDMHN: A.L.O. (03/06/2024); P.A.S. (03/06/2024); R.P.L. (05/06/2024); J.B.G. (05/06/2024).

48. Díaz Macías, 2022, 272.

en el campo andaluz, en Aragón y en otras zonas. En Euskal Herria, en cambio, tuvo menos importancia frente a las escisiones de ETA y la ORT. Surgió entre 1966 y 1967, a partir de una escisión del PSUC (sección catalana del PCE) e inicialmente se denominó PCE (i) (Partido Comunista de España –internacional–), hasta que en 1975 pasó a llamarse Partido del Trabajo de España (PTE)[49]. El partido se proclamó nominalmente partidario del campo prochino; en ese sentido se posicionó en contra de la URSS y a favor de los países del Tercer Mundo, pero algunos autores lo han definido como «marxista-leninista y estalinista», afirmando que su adscripción maoísta fue más bien una maniobra para marcar distancias con el PCE que una filiación real[50].

En Pamplona y Tudela, este partido se implantó por dos vías diferentes. En Pamplona, por una parte, César Osanz, un trabajador de Authi que participaba en las incipientes CC. OO., entró en contacto con un militante del PCE (i) proveniente de Barcelona. A través de él, se incorporó al partido y empezó a estructurarlo en Pamplona. A su vez, dos estudiantes de origen navarro, que previamente habían pasado por el seminario en la época de Lezaun, entraron en el PCE (i) en Málaga. Allí, fueron detenidos y, tras una breve estancia en la cárcel, como estaban *quemados*, el partido los envió a ampliar la organización en otras regiones. José Luis Muruzabal, fue enviado a Galicia, donde con el tiempo se convirtió en un reconocido militante antifranquista y destacado líder sindical. Juan Manuel Sarasibar, en cambio, fue enviado a Pamplona, donde convenció a sus amigos del seminario para que se incorporaran al partido en bloque; en total unos ocho-diez jóvenes, algunos de los cuales (Pablo Ibáñez y José María Compains, por ejemplo) eran estudiantes de Derecho

---

49. Martín Ramos, 2011; Díaz Macías, 2021.

50. Wilhelmi, 2016, 99; Laiz Castro, 1995, 123.

en la Universidad de Navarra. Estos contactaron con el grupo de Osanz y Authi, y a partir de ahí el partido fue creciendo en la Cuenca de Pamplona[51].

En Tudela, por otra parte, el PTE tuvo su origen en el grupo Larga Marcha Hacia la Revolución Socialista. Larga Marcha era una organización antifranquista zaragozana, constituida principalmente por estudiantes de la universidad. Algunos tudelanos que estudiaban allí se implicaron en el movimiento estudiantil y se incorporaron al partido. Poco después, hacia 1974, tras acabar los estudios, crearon un despacho laboralista en Tudela, a través del cual contactaron con el naciente movimiento obrero tudelano. Larga Marcha fue, principalmente, una organización zaragozana y tudelana, pero sabemos que llegó a haber una pequeña célula también en Pamplona[52]. Sin embargo, esta organización pronto amplió sus horizontes. En 1975, se agrupó junto a otras organizaciones comunistas de pequeña entidad de Madrid, Cataluña, Galicia y otros lugares para formar el Partido Comunista de Unificación (PCU), que a su vez se incorporó al PTE al año siguiente. A consecuencia de estas fusiones, Ricardo Guelbenzu, miembro navarro del PCU, pasó a formar parte del Secretariado Político del PTE.

Con todo, el PTE en Navarra llegó a tener unos doscientos militantes, siendo sus principales feudos la planta de Authi-Seat, la construcción y Super Ser, en la Cuenca de Pamplona. En la merindad de Tudela, en cambio, tuvieron mucha implantación en varias fábricas importantes de la zona, así como en sectores como el vidrio, la cerámica y el alabastro. Su sindicato de referencia, la Confederación de

---

51. Entrevista TDIS: P.I.O. e I.N.V. (11/03/2019); Entrevistas FDMHN: C.O.C. (17/06/2022); JM.C.R. (12/11/2021).

52. Entrevista TDIS: P.SJ.C. y J.L.A.A. (23/08/2019); Entrevistas FDMHN: E.M.G. (09/11/2021); L.E.S. (05/01/2023); Pérez Ochoa, 1999.

Sindicatos Unitarios de Trabajadores (CSUT), llegó a tener 6 000 afiliados.

Las organizaciones trotskistas: LCR-ETA VI y LC

Para el lector ajeno a estas cuestiones, el mundo de la izquierda revolucionaria puede resultar complejo con sus escisiones y fusiones. Pero las rupturas ocurridas concretamente en el ámbito trotskista pueden resultar todavía más incomprensibles. En este caso trataremos las organizaciones simpatizantes del Secretariado Unificado de la Cuarta Internacional (SUCI) que eran las que tenían más presencia en Navarra.

Estas organizaciones tuvieron un doble origen. Por una parte, se encontraba la Liga Comunista Revolucionaria (LCR), surgida a finales de 1970 a partir de la radicalización de una parte del heterogéneo Frente de Liberación Popular (FLP). El también conocido como *Felipe* contaba con gran implantación en ámbitos estudiantiles de Barcelona (bajo el nombre de Front Obrer de Cataluña) y en Madrid. Tras la agitación de los años de 1967-1970 y maravillados por el papel que cumplieron las Juventudes Comunistas Revolucionarias (JCR) en el Mayo francés, algunos de sus miembros decidieron crear la revista *Comunismo*, de la cual surgió la LCR.

De manera paralela, en Euskal Herria se creó ETA VI. Tras la gran redada de 1968-1969, la estructura de ETA quedó desmantelada. Fueron militantes del Frente Obrero de ETA quienes cogieron las riendas de la organización, para sustituir a los cuadros medios y superiores encarcelados o exiliados. Esta nueva dirección tomó un nuevo rumbo, dándole una nueva orientación a la organización: querían alejarse del activismo armado y convertir a ETA en un partido obrero. Pese a que esta postura fue mayoritaria en la VI asamblea de ETA, una minoría militarista y nacionalista decidió no reconocer los resultados de la asamblea y se escindió. Los escindidos reivindicaron la legitimidad de la anterior asamblea y pasaron a llamarse ETA V; los partidarios de la que *a priori* fue la opción mayoritaria pasaron a llamarse ETA VI.

Pese a ser organizaciones muy jóvenes, tanto en LCR como en ETA VI no tardaron en surgir las diferencias. Entre 1971 y 1972, debido a cuestiones tácticas y organizativas (sobre el modo de intervención en el movimiento obrero o el uso de la violencia en los piquetes de autodefensa), se produjo una escisión en LCR entre la corriente mayoritaria, apoyada por el Comité Central, y el Comité de Barcelona, liderado por Juan Colomar. Este segundo sector, a finales de 1972, constituyó Liga Comunista (LC).

Mientras tanto, pese a que sus propuestas habían salido teóricamente victoriosas de la VI asamblea, en los próximos años ETA VI se sumergió en un profundo debate teórico. En teoría todos los sectores eran favorables a convertir ETA en un partido obrero de corte marxista, pero las diferencias estribaban en el ritmo y el método de llevar a cabo dicha tarea. Para hacer frente a la falta de coherencia interna, se convocó la segunda parte de la VI asamblea para finales de 1972. Esta culminó en la ruptura en dos de la organización: los *mayos* (de mayoritarios) y los *minos* (de minoritarios). Los *mayos,* a través de los contactos en Francia, se aproximaron a la Cuarta Internacional y convergieron con el sector mayoritario de LCR para dar lugar a LCR-ETA VI. Los miembros de los *minos,* en cambio, no adoptaron una postura coherente y sus cuadros se dispersaron en diversas direcciones: PCE, ORT, ETA V, OIC o Comités Obreros de Gipuzkoa. Algunos de ellos también recalaron en LC.

De esta manera fue como se constituyeron los dos partidos españoles que simpatizaban con el SUCI. Por una parte, LC bebía de la tradición más trotskista y formaba parte de la Fracción Leninista Trotskista de la SUCI, que estaba liderada por las secciones estadounidense (Socialist Workers Party) y argentina (Partido Socialista de los Trabajadores); LCR-ETA VI, en cambio, era marxista-revolucionaria y formaba parte de la Tendencia Mayoritaria Internacional, liderada por el belga Ernest Mandel y el francés Alain Krivine[53].

A nivel estatal, LCR-ETA VI contaba con más militantes que LC. Sin embargo, en Navarra LC tenía más músculo militante. Esta última llegó a Pamplona a consecuencia del contacto que Arcadio Rojo, un antiguo miembro del movimiento estudiantil de la Universidad de Navarra, trabó durante el servicio militar en Valencia con el Grupo Comunismo. Junto a él, Miguel Vázquez y otras tres personas crearon el primer núcleo de lo que posteriormente sería LCR (y después LC) en Navarra. Esta organización sufrió una importante redada en septiembre de 1972 cuando el Comité Nacional de Euskadi y parte del Comité Central *cayeron* mientras mantenían una reunión en un piso de la Milagrosa. Esta organización también tuvo gran implantación en Estella-Lizarra (unos doce-catorce militantes hacia 1977), a donde llegó a través de Andrés Valentín, un universitario que estudiaba en Bilbao[54].

ETA VI, en cambio, se implantó en Pamplona a partir de 1970, gracias a Jesús María Recalde. Entró en contacto con aquella organización mientras estudiaba en Bilbao, concretamente con la facción favorable a la VI asamblea, que entonces se estaba planteando dejar las armas. Tras un breve paso por la cárcel, a finales de 1970 fue enviado por la organización de vuelta a Pamplona para organizar el partido en Navarra. A través de contactos, consiguieron atraer a numerosos militantes que se movían en torno a la JOC y a las juventudes de San Antonio. También lograron influen-

---

53. Caussa & Martínez, 2014; Bensaïd, 2007.

54. Entrevista TDIS: A.R.A. (27/09/2019); Entrevista FDMHN: A.R.A. (10/12/2020); Entrevista FDMHN: F.P. E. (14/09/2021); Entrevista FDMHN: J.C.I. (19/04/2022).

cia en el grupo de montaña Hemen eta Han, donde empezó a militar Germán Rodríguez, el joven asesinado por la policía en los Sanfermines de 1978. En total, llegaron a organizar a «unos 200 chavales». Además, se implantaron en el movimiento obrero, sobre todo en Imenasa, donde estaban José Mari Solchaga (quien posteriormente sería secretario provincial de CC. OO. y miembro de EE), Iñaki Behorlegui y Félix Jiménez, entre otros. Por otra parte, fueron creando grupos fuera de Pamplona, en ocasiones, atrayendo a gente del entorno de Herri Gaztedi. Así llegaron a Sakana, Leitza (donde crearon un grupo obrero en la Papelera Sarrió, formado por, entre otros, Amparo Arangoa, conocida por haber sido salvajemente torturada en 1976) o Estella-Lizarra. Sin embargo, a raíz de la desbandada ocurrida a consecuencia de la división entre *mayos* y *minos,* todo el espacio que ETA VI había conseguido articular se disgregó. La gran mayoría constituyeron LCR-ETA VI (recién surgida tras la fusión), pero muchos otros entraron a otras organizaciones como LC u ORT[55].

Como decíamos, en Navarra LC fue mayor que LCR-ETA VI. La primera, en torno a marzo de 1976, contaba con unos cuarenta-cincuenta militantes, y en su punto álgido llegó a tener cerca de doscientos militantes. La segunda, en cambio, rondó los 150 militantes. Ambas organizaciones caminaron de manera paralela hasta que a finales 1977 se reunificaron. Poco antes, LCR-ETA VI cambió su nombre: la sección española pasó a ser únicamente LCR, y la sección vasca Liga Komunista Iraultzailea (LKI). Este fue el nombre que adquirió el partido tras la unificación de las dos organizaciones simpatizantes de la SUCI, que en un primer momento en Navarra agrupó a cerca de trescientos militantes y simpatizantes.

---

55. Entrevista TDIS: F.J.M. (23/07/2019); Entrevista FDMHN: J.R.B. (23/12/2020); Entrevista FDMHN: M.V.F. (26/04/2022).

Partido Comunista de España (marxista-leninista) y el Frente Revolucionario Antifascista y Patriota

El PCE (m-l) (Partido Comunista de España marxista-leninista) y el FRAP (Frente Revolucionario Antifascista y Patriota) también estuvieron presentes en Navarra. El PCE (m-l) fue el primer partido maoísta español, puesto que se fundó en 1964 fruto de la fusión de distintas formaciones comunistas disidentes del PCE, la mayoría de ellas situadas en el exilio. Desde el principio, tuvo sólidos lazos diplomáticos con la Albania socialista y recibió ayuda del PPSH (Partido del Trabajo Albanés), por lo tanto, durante sus primeros años de existencia se posicionó a favor de China y en contra del revisionismo soviético. Pero, a lo largo de los años setenta, debido a los cambios de gobierno acaecidos en China y la apuesta de la Albania de Enver Hoxha por una política internacional independiente, el PCE (m-l) abandonó su postura prochina inicial y pasó a formar parte de la corriente proalbanesa o hoxhaísta.

Inspirado por la guerra popular prolongada china y la guerra de liberación albanesa, el PCE (m-l) impulsó la creación del FRAP como un frente amplio e interclasista que agrupara a todas las fuerzas antifascistas. Esta sigla, finalmente, se hizo conocida por los atentados que cometieron sus *grupos de acción* y por la pertenencia a ellos de tres de los cinco últimos fusilados por el franquismo: José Humberto Baena, José Luis Sánchez Bravo y Ramón García Sanz[56].

El PCE (m-l) tuvo gran arraigo entre la emigración española en Europa y llegó a Navarra en 1972 gracias a trabajadores emigrantes, que tomaron contacto con el partido en París. Sin embargo, en Navarra el PCE (m-l) y el FRAP apenas llegaron a contar con una treintena de militantes, y tuvieron

---

56. Catalán Deus, 2020; Laiz Castro, 1995, 155-164; Wilhelmi, 2016; Amores Bonilla & Sánchiz Torres, 2018.

poca capacidad de influencia en los movimientos sociales y la oposición antifranquista. En junio de 1973, con ocasión de la huelga general en solidaridad con Motor Ibérica, el PCE (m-l) organizó piquetes de autodefensa. En un enfrentamiento con la policía, se apropiaron de un jersey de uno de los militantes, y a partir del DNI guardado en un bolsillo, los agentes consiguieron identificar a alguno de los presentes. En consecuencia, se precipitó una redada en la que prácticamente toda la estructura del PCE (m-l) en Pamplona fue desmantelada. Los detenidos sufrieron graves torturas y finalmente ocho personas fueron juzgadas por el Tribunal de Orden Público[57].

Organización de Izquierda Comunista-Ezker Komunist Erakundea

La OIC fue «la principal organización consejista del Estado español», que defendió una línea ideológica «sincrética», «combinando consejismo, leninismo» y abundantes referencias a distintos autores del «marxismo heterodoxo»[58]. Sus principales baluartes estaban en Barcelona y Gipuzkoa. En esta provincia se constituyó a partir de sectores radicalizados de la organización juvenil católica Herri Gaztedi, así como de militantes provenientes de ETA VI. Tenía especial incidencia en la comarca de Oarsoaldea y participaba en el movimiento obrero a través de la plataforma denominada Comités Obreros. En Vitoria-Gasteiz, asimismo, fue una de las organizaciones que dinamizó, junto al espacio de la autonomía obrera, el ciclo de luchas de enero a marzo de 1976, sobre todo gracias a la presencia del líder obrero Tomás Etxabe.

---

57. Entrevista TDIS: A.Z.J. (23/12/2019); Entrevistas FDMHN: G.B.E. (16/05/2016); A.Z.J. (27/12/2022); Zaratiegui, 2019; *Notas informativas sobre detenidos en Navarra*, IDD (03)107.002, Caja 42/9113, 10, AGA, TOP Sentencias (05/12/1974), n.º 522/74.

58. Sans, 2017, 650.

En Navarra OIC recaló relativamente tarde, en torno a 1976, cuando varios militantes *quemados* de Gipuzkoa se trasladaron a Pamplona para desarrollar la organización. No contaban con muchos efectivos, como mucho entre diez y quince militantes, más algún simpatizante. En Urdiain estaban presentes en la fábrica de Magotteaux. También contaban con presencia importante en la comarca de Cinco Villas (Bortziriak), en la empresa de Laminaciones de Lesaka, aunque estos estaban más relacionados con Gipuzkoa[59].

Otros procesos de radicalización

Estos fueron los principales partidos de la izquierda revolucionaria en Navarra. Pero también hubo otros, más minoritarios. A través de algunas fuentes se ha identificado la implantación tardía en Navarra de la Organización Comunista de España (Bandera Roja) y Partido Obrero de Unificación Marxista (POUM).

El espacio de la autonomía obrera, por su parte, se articuló entre 1975 y 1977, de la mano de miembros de las Comisiones Obreras, cuando estas perdieron su carácter asambleario. La autonomía obrera rechazaba el papel vanguardista de los partidos y defendía la autoorganización asamblearia del proletariado. Asimismo, rechazaba la división entre reivindicaciones económicas o parciales y los objetivos políticos, y consideraba que la lucha debía ser «global». Para ello se creó la Asamblea Navarra por la Autonomía de Clase (ANAC), que tuvo influencia en la huelga de la construcción de 1976, en Renolit de Estella-Lizarra y en Laminaciones de Lesaka, donde crearon una caja de resistencia que duró muchos años[60].

---

59. Entrevista TDIS: A.A.C. y F.O. (25/11/2019); Entrevistas FDMHN: P.L.I. (09/11/2021); p.a.g. (12/11/2021).

60. Entrevista FDMHN: S.G.M. (12/04/2022); P.U.N. (17/12/2024); «Asamblea Obrera de Navarra por la Autonomia de Clase: Ante las elecciones: Boicot a la refor-

Asimismo, en Tafalla, que contaba con fábricas como la fundición de Victoriano Luzuriaga y Armendáriz –del sector del calzado–, desde finales de la década de 1960 se venían celebrando reuniones y charlas formativas, impartidas por José María Aranbarri y Jokin Navascués. Aquellas reuniones se hacían sin siglas, pero muchos años después se sabría que sus dinamizadores eran miembros de ELA. Poco a poco, la conciencia fue despertando y en noviembre de 1970 se produjo la primera huelga en la fundición de Victorio Luzuriaga. No fue hasta 1974 cuando se constituyó la comisión obrera de Tafalla. Estuvo formada por cuatro hombres y una mujer que habían estado asistiendo a las reuniones de Aranbarri y Navascués. Al contrario que en Pamplona, las CC. OO. de Tafalla se desarrollaron sin la intervención directa de los partidos obreros de la oposición antifranquista. Pese a que ORT, MC-EMK u otros partidos enviaron repetidamente a diversos cuadros para tratar de dinamizar las movilizaciones de dicha ciudad, nunca consiguieron el arraigo que esperaban y las CC. OO. de la ciudad casi siempre actuaron de manera autónoma, unitaria y asamblearia[61].

Además de las ya mencionadas, no debemos olvidar la presencia de otras fuerzas políticas y sociales en los diferentes ámbitos de la lucha antifranquista. Organizaciones del ámbito cristiano, como la HOAC y el sindicato Unión Sindical Obrera (USO), tuvieron un peso importante, por ejemplo, en la fábrica de Pamplonica de la Avenida Zaragoza. Además, otro elemento de gran importancia de la oposición antifranquista que provenía del tejido asociativo cristiano fue el de los *concejales sociales* de los ayuntamientos (principalmen-

---

ma burguesa», 04/06/1977; «Asamblea Obrera de Navarra por la Autonomia de Clase: Estado actual de los debates en la asamblea», 05/1977; «EG: Informe sobre la Asamblea de colectivos por la Autonomía obrera», 19/11/1977.

61. CU-LAB, 1995. Entrevistas FDMHN: JM.E.Z. (22/10/2021); MP.A.R. (05/10/2024); M.O.A. (25/11/2024).

te en Estella-Lizarra y Pamplona). Este grupo de militantes cristianos aprovechó los resquicios de la legalidad franquista para vehicular las reivindicaciones de los vecinos de los barrios, principalmente las urbanísticas, y acabó articulando una suerte de oposición al franquismo desde sus propias instituciones. En diciembre de 1973, por ejemplo, fueron suspendidos de su cargo durante dos meses por no acudir al funeral en honor a Carrero Blanco, celebrado en la catedral[62].

El carlismo, por su parte, se fue alejando progresivamente del régimen, especialmente tras la designación de Juan Carlos como heredero de Franco a título de Rey (1969). Asimismo, la influencia del Concilio Vaticano II viró hacia posiciones ideológicas de izquierda, adoptando el socialismo autogestionario. El nuevo pretendiente, Don Carlos Hugo de Borbón-Parma (apodado el *príncipe minero*), tomó las riendas del movimiento carlista y, tras la celebración del Congreso del Pueblo Carlista (1970-1972), la Comunión Tradicionalista se convirtió en el Partido Carlista. Numerosos miembros del carlismo participaron en la lucha antifranquista, y la anual romería de Montejurra, desde 1969, se convirtió en un acto de oposición al franquismo. Además, participaron en el movimiento obrero, tanto en CC. OO. como a través de la Federación Obrera Socialista (FOS). Algunos sectores, incluso, propiciaron el surgimiento de los Grupos de Acción Carlista (GAC), que perpetraron algunas acciones violentas contra el régimen, y los sectores juveniles más cercanos al marxismo impulsaron las Fuerzas Activas Revolucionarias Carlistas (FARC)[63].

La izquierda abertzale, en cambio, más allá de alguna aparición espectacular como la del secuestro de Huarte en 1973, tuvo dificultades para arraigar en la oposición anti-

---

62. Caspistegui & Larraza, 2006; Pescador, 2011; Pascual Sainz, 2008 & 2017.

63. Cubero, 1990; Mc Clancy, 2000; Onrubia, 2000; Senent, 2024; Entrevistas FDMHN: M.M.P. (08/06/2022); J.L.I.C. (12/12/2023).

franquista. Al tener a la propia ETA como principal referente, el activismo armado y la represión impidieron que pudiera conectar con la sociedad civil. En 1974 se constituyó el partido Eusko Alderdi Sozialista (EAS), antecedente de Euskal Herriko Alderdi Sozialista (EHAS), al que pertenecía, por ejemplo, Patxi Zabaleta[64]. Pero, pese a los intentos, no fue hasta bien entrada la Transición cuando empezó a construir sus estructuras civiles y pudo desarrollar cierta capacidad de organizar movilizaciones de masas.

Por otra parte, otras expresiones del nacionalismo (PNV o ELA, por ejemplo) tuvieron una presencia relativamente modesta. En el año 1966, el PNV decidió dar un impulso a las juventudes del partido nacionalista en Navarra. Para ello se creó una asociación juvenil llamada Eusko Bazterra. Esta asociación agrupaba a jóvenes nacionalistas y solía realizar actividades lúdicas o culturales, pero, ante la presión de sus militantes más jóvenes y movilizados, algunos de sus miembros decidieron dar el paso y realizar acciones armadas, como la explosión que interrumpió una etapa de la Vuelta Ciclista a España a su paso por Urbasa en mayo de 1968. Sin embargo, dos de sus miembros, Joaquín Artajo y Alberto Asurmendi, fallecieron en abril de 1969 al explotarles la bomba que manipulaban. La represión fue dura: hubo varias detenciones y torturas, y algunos tuvieron que marchar al exilio. El PNV vio con preocupación la radicalidad y la independencia con la que actuaban sus juventudes. En consecuencia, decidieron disolver Eusko Bazterra y vaciar el local que ocupaban en la Plazuela San José. Al parecer, los líderes jelkides se llevaron una gran sorpresa al encontrar posters de Mao y el Che, así como publicaciones de ETA en su interior[65].

64. Entrevistas FDMHN: P.Z.Z. (22/08/2024 y 29/08/2024).

65. Giménez, 2012; Díaz Monreal, 2009; *ABC*, 27/06/1969, 51. *ABC*, 26/06/1969, 47; *Gara*, 10/04/2020; Entrevistas FDMHN: J.A.T. (23/06/2016).

En lo que respecta al PSOE, su implantación fue tardía. El partido socialista se empezó a reconstruir, tal y como ha investigado Mikel Bueno, a partir de 1974, y su capacidad de influir en los últimos años del franquismo fue limitada. Sin embargo, y gracias al peso de sus históricas siglas, en poco tiempo consiguió desarrollarse hasta convertirse en el segundo partido de Navarra en las elecciones de 1977; no sin antes haber padecido un intenso proceso de depuración interna, en el que fueron eliminadas las corrientes revolucionarias y marxistas que habitaban en su seno[66].

Así pues, como ya hemos comentado, la oposición antifranquista navarra estaba bastante más escorada a la izquierda que en España. A lo largo de la última década de la dictadura, se fue conformando una amplia base social rupturista compuesta por diversos sectores del antifranquismo, que incluía principalmente a las organizaciones de la izquierda revolucionaria y al movimiento obrero, así como a otras corrientes políticas y movimientos sociales. El antifranquismo vasco, y en particular el navarro, no concebía la democracia parlamentaria de tipo liberal como un objetivo en sí mismo, sino que aspiraba a transformaciones sociales más profundas. Estas aspiraciones se manifestaban en distintas interpretaciones de la idea de socialismo, así como en la demanda de mayor soberanía para el pueblo vasco. Esta base social rupturista ha sido denominada por algunos autores como el *movimiento vasco radical de masas*[67]. Este movimiento, diverso y heterogéneo, mostró una tendencia general hacia la convergencia y, aunque de manera difusa, constituyó una alternativa rupturista al régimen.

Por último, cabe mencionar también que, durante los últimos diez años de la dictadura, se fueron forjando diver-

---

66. Bueno, 2022b.

67. Majuelo, 2020, 292.

sos espacios de socialización alternativa que trascendían de la militancia estrictamente política. Estos espacios conformaron una extensa red que incluía, entre otros, clubes de montaña, asociaciones culturales, grupos de danza y locales vecinales y parroquiales. A través de ellos, se construyeron nuevos imaginarios, diferentes a los del franquismo: nuevas formas de ver el mundo, de relacionarse y de pensar, que alejaron a la ciudadanía del marco mental impuesto por el régimen. Muchos militantes antifranquistas iniciaron su lucha en estas organizaciones e iniciativas culturales. Sin embargo, estos espacios no solo acogieron a militantes, sino también a amplios sectores de la sociedad que, sin estar políticamente comprometidos, formaron parte del movimiento vasco radical de masas. Dicho de otra manera, compartían una forma de pensar y relacionarse que se distanciaba tanto del franquismo como de las élites, lo que les permitió difundir valores opuestos a los oficiales.

Los primeros pasos del movimiento obrero

En Navarra el nuevo movimiento obrero eclosionó a finales de la década de 1960. Debido al carácter de clase de la dictadura y a la identificación de la patronal con esta, cualquier reivindicación laboral o económica, por pequeña que fuera, se oponía al modelo vertical de relaciones laborales y podía ser objeto de represión. Por ello, el movimiento obrero se convertiría en la columna vertebral de la oposición antifranquista.

En 1964 por primera vez desde la Guerra Civil, la manifestación del Primero de Mayo se volvió a celebrar en Pamplona. Hasta entonces, las organizaciones apostólicas solían celebrar una serie de charlas, así como un mitin en el Frontón Labrit. Sin embargo, aquel año, tras el acto, algunos militantes cristianos se acercaron a la plaza del Castillo y marcharon en círculos alrededor del quiosco mientras daban palmas. La protesta fue muy modesta y finalizó cuando fue disuelta por la policía. Asimismo, la primera huelga del nuevo ciclo de movilización en Navarra fue en otoño de 1965: en la fábrica Frenos Iruña de la avenida Villava se vivió una huelga de varias semanas de duración, que fue liderada por el trabajador Martín Arbizu, miembro de AST. Poco después, en 1968, se daría a conocer la existencia de las Comisiones Obreras (CC. OO.)[68]. Aquella organización poco tenía que ver con un sindicato clásico. Empezó como una simple agrupación de los trabajadores más comprometidos de cada fábrica, y poco a poco, se fue articulando hasta convertirse en un movimiento sociopolítico asambleario y unitario, en el que participaban y colaboraban distintas fuerzas políticas y sociales.

A nivel estatal, el PCE era el principal dinamizador de CC. OO. y controlaba las comisiones y las coordinadoras de la mayoría de las regiones de España. Pero en Navarra la situación fue diferente desde el principio. Los primeros pasos para constituir las Comisiones Obreras en Navarra los dio la AST, en colaboración con el PCE, que contaba con un reducido grupo de simpatizantes en Pamplona articulado en torno a Francisco Sánchez Cortázar, trabajador de Perfil en Frío. Aquellos militantes cristianos y los comunistas fueron dando pequeños pasos: crearon comisiones en diferentes fábricas y mantuvieron contactos con ETA y con la HOAC.

En aquellas primeras comisiones, AST siempre estuvo en mayoría frente al PCE; y es que las organizaciones cristianas contaban con ciertas ventajas frente a la oposición clandestina. La sociedad navarra era una sociedad de gran tradición católica, que veía con naturalidad relacionarse en los espacios de sociabilidad cristianos, y, además, las organizaciones

68. Existe cierta confusión sobre estas fechas, pero Nerea Perez Ibarrola (2017, 276 y 315), ha confirmado que la primera manifestación del Primero de Mayo fue en 1964 y la primera huelga en otoño de 1965.

apostólicas vinculadas a la Iglesia contaban con algo más de tolerancia legal por parte del régimen.

Aquella colaboración pudo haber tenido cierto desarrollo, pero un golpe represivo ocurrido a finales de octubre 1967 castró definitivamente el potencial crecimiento que pudiera tener el partido de Santiago Carrillo. El PCE y la coordinadora estatal de CC. OO. habían convocado una movilización con reivindicaciones sociales y salariales para el 27 de aquel mes, haciéndola coincidir el aniversario de la revolución bolchevique. En Pamplona, sin embargo, AST decidió no apoyar aquella convocatoria. La movilización fue un fracaso de participación y la represión se cebó con el partido. Sánchez Cortázar, el principal hombre del PCE en Navarra, fue detenido y juzgado, y junto a él, los pocos colaboradores que tenía en Navarra, cortando así todos los contactos que tanto había costado crear. Fue condenado a cuatro años, dos meses y un día de prisión y una multa de 25 000 pesetas. Sánchez Cortázar estuvo en prisión hasta 1970. Por lo tanto, a partir de aquella fecha, la franja más amplia del movimiento obrero quedó bajo control de la AST, que pudo planificar su desarrollo[69].

Poco a poco, las comisiones se fueron extendiendo a distintas fábricas y los conflictos laborales se fueron multiplicando, hasta que en 1971 llegó el punto de inflexión. Hubo varios conflictos largos, de más de cuarenta días de duración, en las fábricas de Eaton Ibérica, Potasas de Navarra e Imenasa. A consecuencia de ello, Navarra entró por primera vez entre las seis provincias más conflictivas de todo el Estado español. Ante el aumento de las luchas obreras, el Gobierno envió al comisario Creix a Pamplona, y este, en abril, detuvo a cerca de veinte militantes de CC. OO., entre ellos varios seminaristas. El régimen todavía no había identificado lo que

69. Herrera Feligreras, 2007; De Miguel, 1986; *Diario de Navarra*, 28/10/1967, 5; *Diario de Navarra*, 05/06/1968, 4; TOP Sentencias (07/06/1968), n.º sentencia 121/68.

era la ORT, pero, a raíz de aquella redada, cinco de los detenidos, todos ellos del partido, fueron condenados a penas de prisión. Aquel golpe represivo ralentizó el crecimiento movimiento obrero: el año 1972 fue de reflujo, y las CC. OO. no se recuperaron hasta la huelga general de 1973[70].

70. Iriarte, 1995; De Miguel, 1986.

3
La lucha bajo el franquismo: la cultura militante

COMPROMETERSE Y MILITAR EN UN PARTIDO de la izquierda radical durante la última década del franquismo era mucho más que una cuestión política; iba mucho más allá. Ingresar a un partido revolucionario, además de implicar compromiso y responsabilidades, conllevaba, según Joel Sans, la adopción de una serie de «identidades, códigos, lenguajes, modos de actuación, actitudes, visiones del mundo, símbolos, representaciones, mitos, referencias y formas de emocionarse». En consecuencia, aquella militancia política significaba asumir todo un nuevo sistema de valores que afectaba directamente en el ámbito personal y privado. Podríamos decir, por lo tanto, que los miembros de la izquierda radical compartían una *cultura militante,* formada por toda una serie de prácticas, ritos y actitudes concretas.

Analizar diferentes aspectos de la militancia política resulta interesante, porque permite entender la ligazón que había entre el individuo (el militante) y el colectivo (el partido, el sindicato, la clase), yendo más allá de la ideología o de la doctrina política del partido. En lo que respecta a la cultura militante de la izquierda radical, David Beorlegui y Joel Sans han sido quienes más han tratado el tema. Beorlegui ha trabajado la «dimensión subjetiva de la militancia» y Sans, en cambio, ha relacionado la cultura militante con el concepto de cultura política[71].

El método más enriquecedor para obtener información sobre las características de la cultura militante de la izquierda radical es, sin duda, el de las fuentes orales. Los testimonios recabados en las entrevistas con antiguos luchadores antifranquistas son fundamentales para conocer aspectos que no aparecen en los documentos: la cotidianidad de la lucha antifranquista y el día a día de la clandestinidad.

Estímulos épicos: ¿por qué militar?

Militar en la izquierda revolucionaria de los años setenta no se *elegía*. Los partidos radicales eran completamente clandestinos: tenían que permanecer ocultos y no podían actuar de manera pública. Además, los partidos y organizaciones antifranquistas debían ser extremadamente cautelosas a la hora de incorporar nuevos miembros para evitar que entraran *topos* o delatores de ningún tipo. Los partidos no tenían vías de contacto públicas o sedes donde los interesados pudieran inscribirse. Por eso mismo, la mayoría de los militantes se incorporaban desde el entorno inmediato de los miembros del partido, gracias a la confianza que permitían las afinidades personales y amistades. Normalmente, los militantes comprometidos observaban quiénes tenían más inquietudes sociales, y, tras un proceso de preparación o formación, les proponían colaborar con el partido u organización, para, posteriormente, tras un periodo de prueba, pasar a ser miembros de pleno derecho. Por consiguiente, la incorporación a un partido no era consecuencia de un pausado proceso de reflexión y de comparación entre distintas líneas ideológicas,

---

71. Sans Molas, 2017, 62 y 66; Beorlegui, 2017.

sino, más bien, un trayecto que se daba a través de amistades o de compañeros de trabajo o estudio[72].

La decisión de comprometerse en un partido revolucionario clandestino no era baladí. Suponía exponerse a grandes peligros y asumir riesgos, porque, entre otras cosas, la represión era dura. Los militantes, con gran generosidad, se arriesgaban a ser multados, despedidos, detenidos o encarcelados y exponían su cuerpo a los porrazos, las palizas, la tortura e incluso a la muerte.

Además, el modelo de militancia demandaba una dedicación y entrega total, por lo que se exigían grandes sacrificios. Así pues, entre el compromiso político que requería la militancia y que la oferta cultural del régimen era escasa, en los tiempos más activos los militantes antifranquistas apenas podían dedicarle tiempo a disfrutar del ocio y del tiempo libre. Álvaro Zaratiegi, uno de los impulsores del PCE (m-l) en Pamplona, lo describió claramente, afirmando que «la revolución pasó a ser el centro absoluto» de su vida[73]. Asimismo, Julia Munarriz (activista de la LCR-ETA VI, de las CC. OO. del comercio y del movimiento feminista) recordaba que «[...] todo el tiempo libre que te quedaba del trabajo lo dedicabas a eso. Hubo unos años que ni iba al cine, y las discotecas ni las conocía». Pero, al mismo tiempo, la lucha era el «acicate de cada día, era la emoción de cada día. Pero no era nada duro [...] [Resultaba] muy excitante y motivador»[74]. La implicación en la militancia revolucionaria era total y la experiencia de lucha era apasionante y exigente a la vez.

Como ya hemos dicho, los riesgos estaban muy presentes, pero la esperanza de cambiar el mundo pesaba más que la amenaza de la represión y todos los sacrificios. La épica

---

72. Perez Ibarrola, 2017, 385-388.

73. Entrevistas FDMHN: A.Z.J. (27/12/2022).

74. Entrevista TDIS: J.M.G. (21/12/2018).

de la militancia era más fuerte que el miedo. La situación de injusticia y represión política era tan fuerte y la situación social «tan rígida, tan constreñida, tan autoritaria, tan falta de libertad» que muchos militantes creían con firmeza que «había que rebelarse contra aquello, no había más narices»[75]. En palabras de Blanca Fernández Viguera, de LC, la militancia de aquella época suponía «un miedo y un subidón» al mismo tiempo[76].

En ese sentido, en el caso de algunos de los entrevistados y entrevistadas, el ambiente militante es recordado como algo positivo. Para muchos fue una experiencia nueva y liberadora. Comparado con la atmosfera represiva y cerrada de la sociedad franquista, el entorno de la izquierda revolucionaria les resultaba «más agradable y no tan gris». Los militantes recuerdan el ambiente del franquismo como «cerrado» y «rígido», y sintieron que implicarse en la lucha antifranquista era «como salir del túnel»[77]. Así lo recuerda Javier Iturbe, de la ORT:

> Entonces, era una Pamplona oscura, triste, [...] Bueno, pues en esa situación, ¿qué supone la política? ¡Joder! Ver una salida, ver una salida, a toda esta situación, ¿no? Bueno, pues eso supone un aire fresco, decir «hombre, se puede cambiar esto, se puede cambiar»[78].

Ana Arillo y Feli Otegi, del EMK, a consecuencia de la militancia, se dieron cuenta de que «había otra manera de vivir» y que ese estilo de vida era más «amable» y «real». Les pareció que la militancia era «otro mundo» y traía consigo «otra

---

75. Entrevista TDIS: A.A.C. y F.O. (25/11/2019).

76. Entrevista FDMHN: B.F.V. (22/12/2022).

77. Entrevista TDIS: A.A.C. y F.O. (25/11/2019); F.R.B. (25/06/2018).

78. Entrevista TDIS: J.I.E. (25/07/2018 y 09/08/2018).

manera de relacionarse»: «Esperábamos que se transformase mucho la sociedad. De hecho, se transformó mucho en poco tiempo. [...] Claro que esperábamos más. Esperábamos ponerlo patas arriba»[79].

Sin embargo, en algunas familias de los jóvenes militantes de izquierda no veían con buenos ojos que sus hijos e hijas se metieran en política. Normalmente solía ser por miedo. Los peligros represivos que podía acarrear la militancia inquietaban a sus familias y no saber en qué andaba metido su joven hijo o hija era preocupante. Ocasionalmente sucedía que los progenitores eran conservadores y por lo tanto se creaban conflictos en casa, puesto que estos no comulgaban con las ideas revolucionarias.

En algunos casos, la valoración que hacen los antiguos militantes no es tan positiva. La dura represión, los sacrificios personales y la derrota política durante la Transición les marcaron profundamente; a consecuencia de las experiencias negativas que tuvieron, recuerdan la época con cierta tristeza o melancolía[80]. Es en esos casos en los que los informantes se muestran más reticentes a aportar su testimonio a los investigadores.

Sin embargo, son muchos los que recuerdan positivamente la experiencia de la militancia revolucionaria. Así lo creen José Luis Arellano y Pachi San Juan, del PTE de Tudela: «Fuimos necesarios e hicimos lo que había que hacer». La izquierda revolucionaria y el movimiento obrero con sus anhelos de transformación radical erosionaron al franquismo y ayudaron a profundizar en la democratización y en la creación de una sociedad más justa: «Fue bueno que estuviéramos allí, para que aquello no fuera escorándose demasiado a la derecha», opinan San Juan y Arellano. Por eso muchos

---

79. Entrevista TDIS: A.A.C. y F.O. (25/11/2019).

80. Entrevista TDIS: A.Z.J. (23/12/2019).

militantes no se han arrepentido para nada y afirman que si hubiera que volver a pelear lo harían de igual manera[81].

Disciplina y organización

La unidad organizativa de base de los partidos revolucionarios de los años setenta era la célula, que tenía la función ser «el vínculo entre el partido y las masas»[82]. Normalmente cada célula la formaban muy pocos miembros, tres o cuatro en las más pequeñas, aunque podían llegar a ser hasta a diez personas[83]. En cada una de ellas solía haber un *responsable de célula* que se encargaba de establecer contacto con los cargos y órganos inmediatamente superiores a través de los *responsables políticos*. Las células eran estancas, es decir, no solía haber relación entre células. Esta característica era muy útil en caso de una *caída* (un arresto o detención), puesto que ayudaba a evitar las detenciones en cadena. Además, la estructura estanca era compatible, como veremos más adelante, con el centralismo democrático[84].

En los partidos revolucionarios se le daba gran importancia a la ideología: para formar parte de alguno de los partidos revolucionarios había que completar un periodo de formación previo. En las «células de premilitancia», se debía superar una fase de prueba (normalmente entre tres meses y un año) que incluía una rigurosa formación. Pachi San Juan (militante del PTE en Tudela, que posteriormente formó par-

---

81. Entrevista TDIS: P.S.J.C. y J.L.A.A. (23/08/2019); F.R.B. (25/06/2018); J.G.M. (21/12/2018).

82. *Estatutos de la Organizacion Revolucionaria de Trabajadores (ORT)*, 12-20/08/1977, 14.

83. II Congreso de la LCR, «Estatutos de la LCR (organización simpatizante de la IV Internacional)», *Publicación especial*, 12/1972, 27-28.

84. Entrevista TDIS: J.U.B. (30/10/2018).

te de la ejecutiva nacional de la UGT) recuerda irónicamente que, «para ser captado en un partido había que pasar poco menos que oposiciones»[85]. A partir de la Transición, el proceso de incorporación se fue flexibilizando y se limitó a asistir a unas charlas. Una vez incorporados al partido, la formación era continua y no se detenía. No obstante, a pesar de utilizar textos y vocabulario muy ideologizado, en general, el conocimiento que tenían del marxismo era superficial y dogmático. La premura de la lucha suponía que no había mucho tiempo para profundizar o matizar lo estudiado. Además, en la época de la clandestinidad, debido a la censura, no había muchos textos. Normalmente había que traerlos del exterior o producirlos de manera artesanal, y a menudo, las traducciones no eran muy buenas. Por ello, los materiales que llegaban eran deficientes y resultaban intelectualmente rudimentarios. Uno de los más habituales era el clásico Fundamentos del Materialismo Histórico de Marta Harnecker. Asimismo, también fue muy importante la editorial ZYX, fundada por militantes cristianos de la HOAC, que publicaba títulos sobre el movimiento obrero, a menudo desde una perspectiva libertaria cercana al anarquismo.

Tras pasar a formar parte como militante de pleno derecho, se adquiría un compromiso político estricto y exigente con la causa. Semanalmente se celebraban varias reuniones, sin falta: por una parte, las de la célula a la que se pertenecía, y por otra parte, además, se participaba en las asambleas o reuniones del frente de lucha correspondiente. En cada una de las reuniones de célula había varios quehaceres. Por una parte, estaba la formación continua. Los militantes tenían que leer a los clásicos del marxismo, así como los textos formativos del partido que definían la línea ideológica de la organización. Tras leerlos, aquellos textos se debatían en la

85. Entrevista TDIS: P.S.J.C. y J.L.A.A. (23/08/2019).

célula. Además, se recibía formación de la coyuntura política del momento y se debatía en la reunión, así como los textos aparecidos en la prensa del partido. Por otra parte, se debatían y planificaban las tareas del frente de lucha de cada una de las células. Las reuniones de las células solían ser largas y a veces se prolongaban hasta altas horas de la madrugada. En ocasiones, a la mañana siguiente había que ir a trabajar y muchos militantes acudían al centro de trabajo habiendo dormido apenas unas pocas horas, y, además, ahí tenían que desarrollar las tareas que les correspondieran (repartir panfletos, convocar o participar en asambleas, preparar movilizaciones...). La lucha era continua y «todos los días había algo por lo que salir a la calle»[86].

Las células normalmente no se organizaban de manera geográfica en función de la residencia de cada uno, sino en función de los distintos frentes de lucha[87]. Los principales eran el movimiento obrero, el estudiantil y el vecinal (sobre todo el primero de estos), aunque posteriormente se fueron desarrollando otros frentes: el femenino, el juvenil, el de soldados y el de profesionales, por ejemplo. Sin embargo, si en algún frente de lucha había poca gente, sí que se podían organizar por sectores o zonas, por ejemplo, agrupando a varios trabajadores de fábricas cercanas.

Durante la Transición, sin embargo, la organización sobre frentes de lucha sufrió cambios. En parte, porque algunos de ellos perdieron dinamismo, pero, además, por los cambios institucionales que se produjeron, que llevaron a la legalización y profesionalización de los sindicatos. Además, para adaptarse mejor al nuevo terreno de juego de las elecciones, algunos partidos priorizaron una organización geográfica *territorializada,* más útil desde el punto de vista

---

86. Entrevista TDIS: P.S.J.C. y J.L.A.A. (23/08/2019); J.I.E. (25/07/2018 y 09/08/2018).

87. *Estatutos de la Organización Revolucionaria...*, 14.

electoral. Sin embargo, no todos llegaron a adaptarse exitosamente y el cambio les perjudicó, en parte, porque con la nueva organización perdieron contacto con la sociedad civil y se alejaron de los movimientos sociales. El historiador Juan Andrade, por ejemplo, ha relatado el malestar que mostraron los intelectuales del PCE ante el nuevo esquema organizativo, puesto que perdieron capacidad de plantear iniciativas en su ámbito. El PTE también adoptó este tipo de organización *territorializada*, pero poco antes de fusionarse con la ORT, en la II Conferencia Nacional de Euskadi, hicieron una valoración negativa de la experiencia[88].

Por encima de las células estaba el comité *provincial* o *local*, que marcaba las directrices y ordenaba el trabajo político que había que hacer en cada frente de lucha. En ellos participaban los *cuadros*, es decir aquellos militantes que tenían más formación y experiencia política[89]. Los cuadros eran los dirigentes de la organización que, frente a los miembros de base, tenían más responsabilidades que cumplir. Entre las células y el comité provincial las consignas y las órdenes se pasaban a través de los *responsables políticos*. Se reunían con el *responsable de célula* y les mandaba lo que había que hacer. Normalmente, el *responsable de célula* era el único que conocía al r*esponsable político* (de vista y con pseudónimo, por supuesto), así, si caía alguien de la célula se podía limitar el impacto de las delaciones o *cantadas*. Por encima del comité provincial estaban el nacional (de Euskadi) y el central (de España).

Siguiendo a la tradición de la mayoría de los partidos comunistas, el órgano superior de la mayoría de los partidos era el congreso. En los congresos, primero el secretario

---

88. *Documento Extrardinario. II Conferencia*, PTE, 05/1979, 28-32, FDMHN; Andrade, 2015.

89. Entrevista TDIS: M.R.S (05/03/2019).

general leía un informe valorando y evaluando el periodo anterior y a continuación, los participantes en el congreso (que representaban a la militancia) debían aceptar o rechazar el informe en una votación. Después el Comité Central y el secretario general dimitían de sus cargos. Durante la duración del congreso la dirección quedaba vacante y eran los militantes quienes tomaban las decisiones, mientras la mesa del congreso moderaba el debate. Tras discutir y votar las diferentes ponencias y posturas, antes de acabar el congreso los participantes debían elegir a los miembros del nuevo Comité Central, así como al secretario general[90]. Durante los años de la clandestinidad era difícil organizar los congresos y se tenían que celebrar en el exilio o en lugares ocultos. Por ejemplo, un chalé de Madrid albergó el congreso constituyente del PCE (i) en 1973. La ORT, en cambio, no pudo celebrar su primer congreso hasta agosto de 1977, cuando se legalizó el partido[91].

En el periodo entre congresos, el Comité Central era el principal órgano de autoridad del partido. Este era la versión amplia de la dirección, y realizaba reuniones plenarias o plenos varias veces al año, aproximadamente cada tres meses. Sin embargo, para llevar a cabo las tareas cotidianas y tomar las decisiones del día a día, existía una versión más reducida de la dirección que se elegía entre los miembros del Comité Central. Dependiendo del partido, podía adquirir diferentes denominaciones: Oficina Política (LCR y LC), Secretariado Político o Comité de Dirección Permanente (ORT), Biltzar Ttipia (ETA VI) o Comité Ejecutivo (PTE). En el caso del PCE (m-l), por ejemplo, el Secretariado estaba formado por tres personas y casi siempre la pareja formada por

90. *Estatutos de la Organización...*, 11-13; *Estatuts del Partit del Treball d'Espanya*, 1975, 26-28; Galante, 2014, 183.

91. Martín Ramos, 2011; Treglia, 2013b; *En Lucha*, n.º 16, 08/08/1977.

Elena Odena y Raúl Marco tuvo una posición dominante en dicho organismo, ya que en la mayoría de las votaciones el resultado era de dos votos contra uno[92].

Algunos de estos partidos, además, ostentaron la figura del secretario general. Los más conocidos fueron Eugenio del Rio Gabarain en el MC, José Sanroma Aldea (apodado como *Camarada Intxausti*) en la ORT, Eladio García Castro (que en la clandestinidad firmaba como *Ramón Lobato*) en el PTE o Didac Fabregas (*Pajaroloco*) en la OIC. LC, en principio, no tenía ningún cargo oficial de este tipo, pero Joan Colomar asumía el liderazgo *de facto* del partido. Tras el III Congreso (1976), sin embargo, la línea de Juan Colomar resultó derrotada y Juan Zurriarain fue elegido para el recién creado cargo de «secretario político»[93]. En el caso de la LCR-ETA VI, sin embargo, la dirección siempre fue colectiva y no contaron con figuras equiparables a la de secretario general[94].

Además de los congresos, los partidos de la izquierda revolucionaria también celebraban conferencias locales y nacionales, sobre todo a partir de la legalización. La función de estas conferencias era debatir la formación específica sobre algún tema concreto (feminismo y opresión de la mujer, cuestión nacional, estrategia sindical, etc.) o mantener una posición conjunta y cohesionada en torno a la coyuntura política o las movilizaciones del momento.

En general, la organización interna de los partidos de la izquierda radical era vertical y rígida. Esto se debía en gran parte a las necesidades de la clandestinidad. Pero su ideología tampoco ayudaba. Algunos partidos seguían el principio leninista del *centralismo democrático*. El objetivo de este principio era conciliar la libertad para el debate y la crítica en

---

92. Catalán, 2020, 115.

93. Contreras, 2014, 85.

94. Caussà, 2014a, 29.

el seno del partido (*democracia*) con la unidad de acción y la efectividad práctica hacia fuera (*centralismo*). Sin embargo, en la mayoría de las ocasiones se daba más importancia a la necesidad de unidad que a la democracia interna. Por eso, bajo el pretexto de la unidad, la dirección solía imponer las decisiones de forma vertical. Aquella rigidez y autoritarismo a veces se expresaba de forma muy explícita en los estatutos: «El militante debe someterse a la organización, la minoría a la mayoría, y el nivel inferior al superior y a la integridad del Partido»[95].

Los partidos trotskistas y la OIC, sin embargo, eran una excepción. Por lo general, los partidos de tradición trotskista tenían más democracia interna, ya que dentro del partido existía el *derecho a tendencia* para que el debate fuera democrático. Una tendencia era una agrupación de militantes que compartía una posición política. Estas se creaban generalmente antes de los congresos. La dirección estaba obligada a recoger sus ponencias y hacérselas llegar a toda la militancia para que las células pudieran debatir sus propuestas de manera limpia y democrática[96]. En los partidos de tradición estalinista la formación de tendencias internas se consideraba la antesala de una escisión y por eso estaban terminantemente prohibidas. Si bien la vida interna de las organizaciones trotskistas era más democrática, al mismo tiempo tenían la fama de ser poco eficaces y operativas, porque supuestamente solían perder el tiempo en interminables discusiones estériles, lo que les restaba capacidad de dar respuestas ágiles frente la coyuntura política del momento.

La OIC, por su parte, tuvo un desarrollo particular. Por su origen, las células y las estructuras de base gozaron de una gran autonomía, especialmente al principio, pero a medida

---

95. *Estatutos de la Organización...*, 10.

96. Galante, 2014.

que se desarrolló, el partido aceptó el centralismo democrático. Sea como fuere, el centralismo de la OIC siempre fue mucho más flexible que en los partidos estalinistas[97].

La militancia en las comisiones obreras y en los partidos en ocasiones se combinaba con los cargos del Sindicato Vertical, como los *enlaces* y *jurados*. A pesar de ser puestos del sindicato controlado por el Estado, en ocasiones las organizaciones del movimiento obrero optaron por presentarse a estos cargos para que fueran elegidos por sus propios compañeros, con el fin de utilizarlos en la labor sindical. Cuando estos cargos eran cercanos a la comisión obrera, solían rendir cuentas ante la asamblea. Sin embargo, dependiendo de la coyuntura, algunas organizaciones decidieron boicotear el sindicato corporativo franquista, buscando que la patronal reconociera una comisión representativa y revocable, elegida democráticamente por la asamblea. El PCE y las organizaciones cristianas como la USO priorizaron la participación en el Vertical. En cambio, organizaciones como el MCE y la ORT boicotearon las elecciones sindicales en 1971, aunque en 1975 trataron de copar los puestos del Vertical.

Todo lo mencionado hasta ahora hace referencia a la organización interna de los partidos, pero los movimientos sociales en los que participaban los militantes revolucionarios tenían otras formas de organizarse. En el movimiento obrero, cada fábrica o centro de trabajo tenía su comisión obrera, que en un principio estaba formada por muy poca gente; en los años sesenta, a lo sumo dos o tres. Esa era la *vanguardia*. La comisión, cuando lo necesitaba, convocaba y organizaba las *ampliadas,* que eran reuniones que servían para contar con gente de confianza.

En la Cuenca de Pamplona, cada comisión obrera elegía un representante para las reuniones de zona o ramo, y estas

97. Sans, 2017.

elegían, a su vez, a otro representante para el *secretariado* de CC. OO. Existían cuatro zonas principales: la de la Avenida Zaragoza (que incluía empresas como Motor Ibérica, Super Ser, Papelera y Potasas, entre otras), la del polígono del Landaben (que abarcaba fábricas como Authi, Eaton, Torfinasa o AP Ibérica), la del polígono Areta (con empresas como Onena y Mina) y la del Centro (principalmente enfocada en el comercio)[98]. En Gipuzkoa, en cambio, el movimiento obrero estaba dividido y había varias coordinadoras: la mayoritaria (que coordinaba a las comisiones afines a ORT, MCE y LCR-ETA VI), la denominada *Biltzar* (minoritaria y afín a PCE) y los Comités Obreros (en los que OICE tenía presencia mayoritaria, con mucha fuerza en algunas zonas).

Pero la clave de todo el movimiento obrero de la época eran las asambleas, que trataban de agrupar a toda la plantilla. El movimiento obrero de aquella época era unitario y las decisiones se tomaban de manera colectiva. Además, la agrupación de toda la plantilla servía para imprimir valentía a la clase obrera y amedrentar a la patronal y los esquiroles. Tal y como nos contaba José Vicente Azpilicueta, de la ORT, «las asambleas lo eran todo»[99].

Al principio, durante los primeros pasos del movimiento obrero, estas se realizaban en los descansos, durante la pausa del bocadillo o al finalizar el turno, en los vestuarios o en algún espacio similar. En otras ocasiones, si se necesitaban zonas más amplias, era conveniente alejarse de los núcleos urbanos, y los participantes en la asamblea se desplazaban a montes o campos cercanos. Las laderas del monte Ezkaba, los bosquetes tras el cementerio de Beritxitos, las canteras de Ilurdoz, las riberas de la zona de Arazuri o los senderos del Perdón fueron testigos de numerosas reuniones clandesti-

98. Turrillas, et al., 2023.

99. Entrevista FDMHN: JV.A.C. (17/05/2022).

nas. En las huertas cercanas a Tudela también se celebraron muchas reuniones y asambleas.

Ante un conflicto, cada uno de los partidos tomaba una decisión o consigna, se la comunicaba a las células y estas tenían que tratar que la asamblea de la fábrica, o del ámbito de lucha donde estuvieran, la aceptara. Los partidos obreros preparaban las asambleas a conciencia: la minoría militante tenía que convencer al resto de los participantes de que era necesario movilizarse. Pero, claro, podría ocurrir que en una misma fábrica hubiera varios partidos obreros con líneas estratégicas diferentes. Ahí es donde se producía la competencia entre los distintos partidos. Se debatían las diferentes propuestas y se votaba, normalmente a mano alzada. Para ello, se preparaban bien los argumentos, e incluso se distribuía a los oradores de un mismo partido por diferentes zonas de la asamblea, para que pareciera que determinada idea o consigna era apoyada espontáneamente por distintos participantes en la misma reunión. También se trataba de incluir en el debate las consignas de cada uno de los partidos, aunque fuera con calzador. Por ejemplo, Mentxu Velasco, militante de Liga Comunista, relata que siempre trataba de incluir la consigna «por un gobierno de los trabajadores» en todas las asambleas y reuniones públicas que podía[100]. A veces, algunos partidos acordaban y pactaban medidas o consignas conjuntas en el secretariado, y luego era más fácil aprobarlas en las asambleas. Pero todo dependía de la correlación de fuerzas o de los simpatizantes que se tuviera.

La propia organización del movimiento obrero fue cambiando, ya que no era lo mismo a mediados de los sesenta, cuando todo estaba empezando, o en 1976, momento álgido en el que se realizaban grandes asambleas. Dependía mucho

---

100. Entrevista FDMHN: M.V.F. (26/04/2022).

también del centro de trabajo; no era lo mismo un pequeño taller con una docena de empleados o una gran fábrica.

A medida que fue ganando legitimidad, el movimiento obrero consiguió espacios de libertad para celebrar reuniones, especialmente en el interior de las fábricas. A partir de entonces, la interrupción de la producción para celebrar asambleas o reuniones informativas se convirtió en algo habitual, incluso por razones extralaborales o políticas: en solidaridad con las luchas de otros centros de trabajo o en respuesta a ataques represivos, entre otros.

En vísperas del Primero de Mayo de 1976, cuando todavía persistía la clandestinidad pero el régimen ya estaba en una gran crisis, la ORT y el PTE convocaron una gran asamblea popular, ilegal pero semipública, en los dominicos de Villava. La policía abortó aquella reunión y cientos de asistentes salieron en tromba del templo. Para escaparse algunos tuvieron que saltar la tapia trasera. Fueron más de doscientos los detenidos y eran tantos que muchos pasaron la noche en el acuartelamiento de la Policía Nacional de Beloso Alto[101].

Asimismo, el movimiento vecinal –también conocido como movimiento ciudadano– tuvo gran importancia en la lucha antifranquista: el movimiento vecinal articuló las numerosas reivindicaciones que tenía la clase obrera más allá del centro de trabajo, enfrentándose de esta manera a las instituciones municipales franquistas. Sin duda, aportó su granito de arena en la erosión de la dictadura y fue, junto al movimiento obrero, uno de los movimientos sociopolíticos más importantes de la época. En la Comarca de Pamplona, el movimiento vecinal primero surgió a través de las Comisiones de Pueblos y Barrios (como extensión de las Comisiones Obreras) y posteriormente se organizó en torno a las dis-

---

101. *Punto y hora de Euskal Herria*, 16/05/1976, 6; *El Correo del Pueblo*, 04/05/1976, 6; Entrevista FDMHN: K.A.S. (22/10/2021).

tintas asociaciones de vecinos, aprovechando los resquicios legales que permitía la Ley de Asociaciones de 1964. Asimismo, a menudo contaron con la complicidad o ayuda de las organizaciones seglares de apostolado obrero y de las parroquias de los barrios donde predicaban los curas rojos. Una de las movilizaciones más sonadas del movimiento vecinal en Pamplona fue la que activó al vecindario de San Jorge contra la construcción de la variante, ya que opinaban que esta obra iba a provocar que el barrio quedara partido en cuatro partes por infranqueables carreteras. Durante más de seis meses mantuvieron la variante cortada con barricadas, hasta que consiguieron el compromiso para construir pasos subterráneos para los peatones. Estella-Lizarra, en cambio, albergó una lucha importante en contra de la urbanización de Los Llanos. El ayuntamiento había proyectado la construcción de viviendas en las riberas del río Ega, pero el vecindario se opuso y finalmente se creó el parque actual.

Además, para las grandes movilizaciones unitarias, como las huelgas generales o el Aberri Eguna, en Pamplona se convocaban las llamadas *unidades de acción*. Estas reuniones contaban con la participación de representantes de todos los partidos y organizaciones de la oposición, con el objetivo de coordinar y unificar criterios para organizar dichas movilizaciones[102]. Aunque solían ser encuentros complejos, debido a que cada partido intentaba defender sus propias consignas e ideas, normalmente el espíritu unitario prevalecía.

En lo que respecta a los diversos grados de compromiso, existían diferentes formas de participar en los partidos revolucionarios. Los militantes de pleno derecho conocían y defendían las principales líneas políticas del partido, pagaban cuotas y participaban en sus principales tareas políticas. Pero, además de los militantes, en torno a ellos había un grupo de seguido-

102. Entrevista TDIS: J.U.B. (30/10/2018).

res que constituía su ámbito de influencia, llamadas *simpatizantes.* Estos compartían más o menos las líneas políticas del partido, pero debido a alguna razón –miedo a la represión, compromisos familiares u otros– no eran miembros de pleno derecho. Pese a ello, estaban dispuestos a colaborar y ofrecían su apoyo al partido: participando en las tareas de algún frente de lucha, ocultando materiales, aportando dinero, leyendo con frecuencia la prensa del partido, dejando casas o locales para celebrar reuniones, etc. Cada militante se encargaba de mantener el contacto con varios simpatizantes. La mayoría de los militantes habían sido simpatizantes de antemano.

Periódicamente se podían celebrar reuniones o charlas con estos simpatizantes para dar a conocer las líneas políticas del partido o preparar el trabajo político en algún frente de lucha concreto. Los partidos trotskistas aprovechaban sus contactos y simpatizantes para crear *tendencias* o *fracciones.* Estas eran agrupaciones de gente afín que, pese a no ser militante, compartía las líneas y consignas del partido. Estas tendencias se utilizaban para llevar a cabo una acción más conjunta y ganar influencia en los diferentes frentes de lucha.

El MCE, además de militantes y simpatizantes, tenía un grado de compromiso intermedio que no existía en otros partidos: eran los *adherentes,* ubicados en un escalón intermedio entre militantes y simpatizantes, que formaban parte del partido, pero tenían un nivel de compromiso más bajo que los militantes. El MC fue casi la única organización que tuvo esta figura. La OIC-EKE tampoco la tuvo en un principio, pero cuando inició su aproximación al MC, en su II Congreso (1978), incluyó en sus estatutos la figura del *afiliado,* muy similar a la del adherente[103].

Cada militante (además del enorme trabajo político) también tenía que hacer aportaciones económicas al partido. Una

103. Ruiz & Romero, 1977, 206-207; Entrevista TDIS: J.U.B. (30/10/2018).

parte importante del salario, así como la paga extraordinaria de verano y navidad (a veces en su totalidad), se pagaba en cuotas. Además, se solían realizar colectas entre los simpatizantes y se les vendía prensa y el material del partido. Algunas organizaciones, sobre todo las que contaban con brazos armados, realizaron robos, atracos o requisas para conseguir fuentes de financiación o el material necesario para la lucha, como las ciclostiles para imprimir propaganda. Asimismo, el PTE trató de financiarse través de la falsificación de billetes y, a finales de los años setenta, varios militantes navarros fueron descubiertos y juzgados por ello[104].

A medida que se fueron conquistando las libertades, se fueron buscando nuevas fuentes de financiación. Por ejemplo, se convirtió en costumbre instalar mesas informativas en lugares concurridos donde además de repartir propaganda se vendía la prensa del partido, libros y otros materiales. Con la conquista de libertades y la legalización, surgieron nuevos métodos de financiación. Fue entonces cuando se popularizaron las pegatinas, como nuevo método para realizar propaganda. Todo tipo de lemas y colores adornaron los torsos de los militantes de aquella época. Asimismo, durante las fiestas de los pueblos y barrios proliferaron las *barracas políticas*. La primera txosna que hubo en Pamplona fue la «Barraca de los Parados» impulsada por la ORT en 1976[105].

Cómo ampliar el partido

Los partidos y organizaciones de la oposición trataban continuamente de crecer, ya fuera atrayendo a nuevos militan-

---

104. Comité Ejecutivo de ELP, 05/09/1979, ORT-53; *El País*, 1981/01/21; FDMHN; Entrevista TDIS: P.I.O. e I.N.V. (11/03/2019); J.I.E. (25/07/2018 y 09/08/2018).

105. *En Lucha*, 10/07/1976, 3.

tes o llegando a más lugares, ampliándose geográficamente. Solían hacerlo de manera planificada y cautelosa. Primero se analizaba bien cuáles eran las fortalezas y lagunas del partido. Los lugares con más interés para implantarse solían ser los centros de trabajo, los barrios obreros y los centros de estudio, así como otras zonas o comarcas donde todavía no se contaba con presencia.

Para la izquierda radical, la clase obrera industrial estaba llamada a ser el sujeto histórico que lideraría la revolución. Por ello, el principal frente de lucha y el que más esfuerzos requería era el movimiento obrero, especialmente las grandes fábricas. En consecuencia, se solían priorizar los grandes centros de trabajo con gran número de trabajadores. Los militantes revolucionarios se esforzaban en ser contratados en ellas, para así poder organizar y dinamizar el movimiento obrero desde dentro. A ese método de implantación, que era uno de los más utilizados, se le conocía como *proletarizarse*. En aquella época, la industria crecía y en muchas plantas se requería de mano de obra, por lo que en principio no era difícil incorporarse a la plantilla de alguna fábrica. En Papelera de Navarra se proletarizaron Jesús Urra del MCE y Javier Iturbe de la ORT. Entre los dos montaron la comisión obrera y empezaron a dar los primeros pasos: «Yo entré a trabajar en papelera el 20 de agosto del 69; y en el otoño ya habíamos parado la fábrica, ya estábamos en huelga. Que, por cierto, nos despidieron, y a Jesús también», cuenta Iturbe.

Al proletarizarse, los militantes debían disimular bien, ya que, si los empleadores sospechaban de sus intenciones, no los contratarían. En ocasiones, ocurría que los militantes con estudios (como los que habían sido seminaristas o universitarios) eran identificados fácilmente y se detectaba enseguida para qué querían ser contratados. Los delataban su manera más cuidada y formal de hablar y la falta de costumbre para realizar duros trabajos físicos. Por eso, tenían que fingir durante las entrevistas de trabajo. Por ejemplo, cuando Patxi Urrutia (por aquel entonces militante de LC) se proletarizó en la fábrica de embutidos Pamplonica, en la entrevista ocultó que tenía estudios universitarios, imitando un acento vasco muy cerrado. Los responsables de la planta, debido a sus prejuicios, pensaron que ni siquiera había estado escolarizado[106].

Las proletarizaciones, muy frecuentes en los partidos de izquierdas de toda Europa, han sido explicadas como el resultado de un encuentro entre la tradición de las misiones evangélicas de los curas y la *línea de masas* del maoísmo. En Francia, por ejemplo, esta práctica se denominó *établissment*, y a los militantes que eran contratados en las fábricas se les denominaba *établis*, porque se *establecían* entre la clase obrera. A veces, los militantes de origen intelectual idealizaban y romantizaban el mundo obrero –creyendo que la clase obrera era combativa y revolucionaria–, pero luego, tras proletarizarse, se producían choques culturales entre los trabajadores y los intelectuales[107]. Todo ello se ha llegado a utilizar como argumento para remarcar el carácter burgués, intelectual y no-proletario de los militantes de la izquierda revolucionaria. Pero, aunque en alguna ocasión pudieron ocurrir este tipo de choques culturales, en general la mayoría de los miembros de los partidos radicales navarros tuvo un origen social humilde.

Las necesidades organizativas del partido podían llegar a condicionar completamente la vida personal de los militantes. Por ejemplo, si alguna organización tenía algún interés en implantarse en determinado movimiento vecinal, se recomendaba a los militantes que compraran sus casas en barrios obreros para poder incidir en la zona. Otro método eficaz para extender el partido, como ya hemos visto, fue a través

---

106. Entrevista TDIS: P.U.J. (20/12/2018).

107. Dressen, 2000; Linhart, 1978; Entrevista TDIS: A.R.A. (27/09/2019).

de los estudiantes universitarios que volvían a su lugar de origen o cambiaban de universidad. También era habitual solicitar a los militantes que cambiaran su residencia de una ciudad a otra, con el mismo objetivo. Para ello se utilizaba habitualmente a los militantes *quemados* por la represión, que en el lenguaje militante eran aquellas personas que había sido detenidas o estaban fichadas y controladas por las fuerzas represivas. En consecuencia, esa persona podía poner en riesgo al resto de la organización y perdía capacidad de acción. Por ello, el traslado de los miembros *quemados* a otros territorios o ciudades era habitual, ya que servía para librarse del control policial y recuperar el anonimato, y al mismo tiempo, era un método adecuado para extender la implantación del partido.

La implantación de los partidos de la izquierda revolucionaria, a menudo, funcionaba como *nichos ecológicos*. El primer partido u organización que se implantaba en una ciudad, zona o fábrica solía atraer a una parte importante de los potenciales militantes. Así, si algún otro partido llegaba más tarde, normalmente, no podía atraer a tanta gente como el primero. El mapa de la izquierda revolucionaria, tanto en Euskal Herria como en España, a menudo se asemeja al de un puzle incompleto donde cada organización controla una zona o región. Al producirse las fusiones entre las distintas organizaciones, las piezas del puzle se complementaban[108].

Como ya hemos mencionado anteriormente, la gran capacidad de arraigo que tenía la izquierda revolucionaria en Euskal Herria era excepcional. Para algunas organizaciones españolas la situación que se vivía en Navarra y el conjunto de Euskal Herria era un ejemplo a seguir. El MCE, por ejemplo, con motivo de la huelga general de enero de 1975, tituló así la portada de la revista *Servir al Pueblo*: «Pamplona: Nue-

---

108. Sans, 2017, 269-270; Franquesa, 2011, 299.

va huelga general. Un ejemplo para toda España». El *Combate* de LCR-ETA VI, por su parte, en junio del mismo año publicó el elocuente titular de «Euskadi es la respuesta»[109].

Al contar con muchos militantes, las organizaciones navarras a menudo sostenían económica y organizativamente a otras zonas del Estado español. Por ejemplo, el PTE logró expandirse en Galicia y Álava gracias a la participación de militantes navarros. La ORT también exportó a numerosos militantes navarros, tanto a la dirección estatal como a frentes de lucha de distintos lugares. Javier Urroz, minero despedido de Potasas, fue enviado a Madrid a organizar la Marcha de los Parados en 1978. Ángel Oliver y Jesús Mari San Martín estuvieron organizando a los jornaleros del sur de España. José Miguel Ibarrola, en cambio, fue secretario general del Sindicato Unitario.

A pesar de la notable capacidad de lucha que la izquierda revolucionaria demostró en Navarra, los militantes de aquella época eran plenamente conscientes de las limitaciones que implicaba operar en una región relativamente pequeña como el viejo reino. Sabían que, aunque su compromiso y esfuerzo eran admirables, su acción política se desarrollaba en un contexto que, en ocasiones, podía parecer periférico en comparación con los grandes centros de poder. En opinión de Pablo Ibáñez (abogado laboralista y miembro del PTE), eran conscientes de que llevaban a cabo una «política de provincias»[110]. Sin embargo, a pesar de estas limitaciones geográficas y demográficas, los militantes navarros veían su lucha como parte integral de un proyecto político más amplio. Su contribución, aunque localizada, formaba parte de una estrategia global que tenía como objetivo la transformación profunda de la sociedad. Así, aunque las decisiones

---

109. *Servir al pueblo*, 36, 02/1975; *Combate*, 34, 06/1975.

110. Entrevista TDIS: P.I.O. e I.N.V. (11/03/2019).

más importantes no se tomaran en Navarra, los militantes no perdían de vista que su esfuerzo era una pieza esencial en un mosaico mucho más grande.

Rectificación de las ideas erróneas

Los referentes ideológicos de la mayoría de los partidos de la izquierda revolucionaria, especialmente aquellos de tradición comunista, eran notablemente similares. En su mayoría, compartían una base común que incluía a figuras como Marx, Engels y Lenin. Sin embargo, dependiendo del matiz o la corriente específica, también se recurría a otras influencias, tales como León Trotsky, Mao Zedong, Iosif Stalin, Antonio Gramsci, Frantz Fanon, Rosa Luxemburgo, André Gorz, Ernest Mandel o Louis Althusser, entre otros. Los únicos que se distanciaban de estos referentes eran las organizaciones del ámbito autónomo y libertario, que presentaba diferencias significativas.

A pesar de tener fundamentos similares, dentro de este estrecho y reducido espacio político existían una variedad significativa de puntos de vista. La intensa rivalidad entre estos partidos les atribuía la reputación de ser sectarios y partidistas. No obstante, esta rivalidad estaba arraigada en gran medida en su ADN, ya que sus bases teóricas e identidad política se fundamentaban en la coherencia revolucionaria y la crítica al reformismo. Estos partidos consideraban que tanto el PCE como el PSOE habían abandonado sus raíces revolucionarias, por lo que optaban por seguir sus propias corrientes ideológicas y líneas políticas. La confianza en sus respectivas líneas políticas se traducía en desprecio hacia los demás y en una competencia constante, a pesar de que todos compartían bases políticas similares.

El *Pensamiento Mao Zedong* fue una de las corrientes ideológicas más en boga de la época, y por eso, las citas y aforismos del *Libro Rojo de Mao* se convirtieron en una guía para muchos de los revolucionarios. El cantante francés Claude Channes, en la banda sonora que preparó para la película *La Chinoise* de Jean-Luc Godard (1967), cantaba que era «el pequeño libro rojo que hace que al fin todo se mueva».

Uno de los rasgos más característicos de esta corriente fue la fijación por salvaguardar el carácter revolucionario. En un contexto de descrédito de la URSS y del reformismo de los partidos comunistas occidentales, los partidos prochinos importaron las herramientas y doctrinas inspiradas en la Revolución Cultural, la cual era percibida como «una revolución dentro de la revolución», que planteaba la lucha ideológica contra las actitudes aburguesadas, reformistas o revisionistas. La llamada *revolucionarización ideológica* era considerada el «eslabón central» de la lucha ideológica contra el revisionismo. Esta doctrina consistía en que los miembros del partido y las masas interiorizaran y asumieran la «concepción proletaria del mundo», lo que implicaba renunciar a actuar por intereses personales y que los militantes y el partido pasaran a regirse por valores y no por intereses individuales. Había que impedir que las ideas burguesas e individualistas (en sus diferentes formas: arrogancia, vanidad, espíritu de independencia individual, menosprecio hacia las masas, egoísmo, metafísica, idealismo...) penetraran en el partido y el movimiento obrero. Cada miembro del partido debía vigilar sus acciones, corrigiendo sus actitudes burguesas, y mantenerse en un estado de vigilancia permanente. Esta política de corrección ética y moral se utilizó como método para conseguir unidad ideológica y homogeneidad dentro del partido. La *línea de masas*, por otra parte, era la doctrina maoísta que propugnaba que el partido y sus miembros no debían alejarse nunca del pueblo, y así, emplearse plena y firmemente en defender sus intereses. Tenían que fundirse con las masas y nunca mostrarse por encima de ellas, sino con ellas. Por último, se defendía la utilización de la crítica y la autocrítica como herramientas para resolver las contradicciones, tanto en el seno del partido, como las que surgieran entre el partido y las masas. De esta manera, se pretendía hacer ver los errores a los aliados (los miembros del partido, las organizaciones consecuentemente revolucionarias y las masas sin partido), e intentar corregir su conducta. A través de este método se planteaba la lucha ideológica y se trataba de conseguir la corrección de las ideas erróneas[111].

Los partidos trotskistas, por su parte, bebían de la tradición revolucionaria de la Cuarta Internacional. Al contrario que los maoístas, rechazaban la política de los Frentes Populares surgida en la década de los treinta, tan en boga en los países del Tercer Mundo. Defendían que la lucha por la democracia debía estar indisolublemente ligada a la lucha por el socialismo, y por lo tanto, se oponían tanto a la revolución por etapas como a las estrategias interclasistas. Por todo ello, criticaban a las fuerzas reformistas y maoístas porque para acabar con la dictadura trataban de entablar lazos con la «burguesía democrática», que a ojos de los trotskistas o bien era inexistente o bien vacilante y poco comprometida con la lucha antifranquista. Asimismo, los trotskistas ponían un énfasis particular en la importancia de la democracia interna. Se oponían firmemente a las posturas burocráticas y autoritarias que, según ellos, adoptaban algunas organizaciones obreras, por lo que exigían medidas para respetar la democracia y la diversidad de opiniones, no solo dentro del partido, sino en todo el movimiento obrero. Las organizaciones de tradición estalinista, por su parte, mantenían grandes prejuicios hacia los partidos trotskistas y los demonizaban tomándolos por intransigentes y alborotadores.

Como ya se ha mencionado anteriormente, el conocimiento de la doctrina marxista que tenía la mayoría de los

---

111. Satrustegi, 2022a; Laiz Castro, 1995, 140-143.

militantes era rudimentario. Pero la formación ideológica resultaba útil y necesaria. Este saber permitía a los militantes entender su papel dentro de un marco más amplio de lucha revolucionaria, y los dotaba de una perspectiva global que trascendía las acciones locales y las reivindicaciones cotidianas. Las directrices políticas y estratégicas de los diferentes partidos se establecían en base a las diferentes corrientes ideológicas, lo que ayudaba a definir su carácter y sus objetivos. Además, cumplía una función identitaria. Por ejemplo, los maoístas navarros probablemente desconocían lo que estaba ocurriendo en el lejano oriente. Pero el pensamiento Mao Zedong, al igual que las otras corrientes revolucionarias como el trotskismo, el consejismo o la autonomía obrera, servía para desmarcarse instintivamente de las estrategias reformistas del PCE, y así, reforzar su compromiso con una línea de acción más radical y revolucionaria, aunque fuera repitiendo consignas dogmáticas que no se entendían. La adopción de una ideología revolucionaria específica, a pesar de que hoy en día pueda parecer exótico, era tanto una declaración de principios como una estrategia para consolidar una identidad política clara y diferenciada dentro del movimiento obrero.

El género y la revolución

El franquismo, como ya hemos dicho, tuvo un marcado carácter machista y misógino y pretendió cortar de raíz los avances políticos y sociales conseguidos por las mujeres durante la República. Es cierto que la sociedad patriarcal no la creó el franquismo, pero la acentuó. Para ello era necesario garantizar legalmente la subordinación de la mujer, a través de toda una serie de leyes que tenían por objetivo ligar a las mujeres a la familia y al trabajo doméstico. En la legislación franquista la mayoría de edad en España estaba fijada en 21 años, pero en el caso de las mujeres –a no ser que se casaran– la edad mínima para abandonar el hogar de los padres era de 25 años y hasta entonces no podían escapar del control parental. Por lo tanto, para realizar ciertos trámites (solicitar un puesto de trabajo o abrir una cuenta corriente, por ejemplo) tenían que contar con el visto bueno del cabeza de familia, que podía ser el padre, el hermano o el marido. Además, también existían delitos exclusivos de la mujer como el aborto, la prostitución, el adulterio o el de abandono del hogar.

En el ámbito laboral, además, existían normas específicas para limitar la autonomía de las mujeres. Cuando se casaban, los empresarios podían cesar los contratos de sus empleadas a cambio de la compensación económica conocida como *dote* y los maridos podían solicitar controlar el sueldo de sus esposas. De esta manera se buscaba arrinconar a las mujeres en el trabajo doméstico y discriminarlas profesionalmente. Sin embargo, a pesar de que la legalidad franquista pretendía relegarlas al ámbito del hogar, en muchas familias obreras las mujeres tuvieron que trabajar para complementar los escasos ingresos familiares. En la mayoría de los casos se trataba de empleos ligados al cuidado o al ámbito doméstico (sirvientas, maestras o dependientas) o subempleos compatibles con las labores diarias, como la costura y la reparación de ropa desde casa o la limpieza y el cuidado de otros hogares. Estos trabajos estaban infravalorados y, por su carácter sumergido, no aparecían en las estadísticas oficiales. Además de todas esas prohibiciones y normas, existían una gran cantidad de discriminaciones no escritas que imponían un «control informal» sobre la vida de las mujeres[112].

Con el tiempo, a pesar de los intentos del franquismo por mantener ciertos roles tradicionales de género, las necesidades de mano de obra generadas por el desarrollo industrial

---

112. Zabala, 2018, 46-47; Bravo, 2012.

llevaron a numerosas mujeres a incorporarse al mercado laboral. Esta tendencia contribuyó a incrementar su autonomía económica y personal, lo que generó cambios mentales y culturales que las introdujeron a nuevas realidades.

Estas mujeres no solo participaron activamente en el movimiento obrero junto a sus compañeros, sino que también comenzaron a expresar sus opiniones en reuniones y asambleas. Muchas de ellas se involucraron en organizaciones de la izquierda radical, asumiendo compromisos y alcanzando roles de responsabilidad. En respuesta a las evidentes formas de discriminación machista promovidas por la dictadura, la lucha antifranquista también incluyó la búsqueda de emancipación de las mujeres. Por todo ello, los partidos de la izquierda revolucionaria y las organizaciones del movimiento obrero se convirtieron en espacios cruciales para la politización y empoderamiento de cientos de mujeres, que les permitieron acceder por primera vez al ámbito público.

Fueron muchas las mujeres que participaron en el movimiento obrero, no solo en los sectores feminizados de la economía, ya que también estaban presentes en otros sectores a priori masculinizados, como la industria del metal[113]. Pero hubo algunos casos en los que la movilización femenina fue especialmente relevante. En el sector del textil, por ejemplo, Hifransa en la Txantrea y Matesa en la Rotxapea eran dos empresas muy combativas que empleaban principalmente a mano de obra femenina[114].

En el Hospital de Navarra, por su parte, en 1971 unas cincuenta o sesenta empleadas realizaron una huelga de dos semanas, para solicitar la mejora de las condiciones laborales a las que les sometía la Diputación Foral. Realizaron un

113. Entrevista TDIS: J.M.G. (21/12/2018); Entrevistas FDMHN: M.B.Z. (29/03/2022); P.A.S. (29/03/2022); MT.G.R. y MJ.V.V. (28/11/2023).

114. Entrevistas FDMHN: G.R.M. (03/05/2022); A.O.B. (24/05/2022).

encierro y consiguieron que se cumplieran todas sus reivindicaciones[115].

En Pamplona, el sector del comercio también fue muy combativo. Las plantillas de varias tiendas del centro, cuya mano de obra era principalmente femenina, se organizaron en comisiones obreras. Según Inma Bezunartea, de la ORT, las consideraban «las niñas bonitas del movimiento obrero»[116]. Donde más fuerza tenían era en las tiendas grandes, como en Unzu –donde la ORT tenía un buen grupo de militantes–, en Orbaiceta –que vendía electrodomésticos producidos en Super Ser–, en Erro y en Inda. En las tiendas más pequeñas, en cambio, era más difícil organizarse, pero contaban con el apoyo de las más grandes y ese respaldo les permitía sumarse a las movilizaciones[117]. Este sector, además, cumplía un papel fundamental en las huelgas generales: cuando se producían grandes movilizaciones, los trabajadores de las fábricas de la periferia tenían la capacidad de parar la producción, pero para extender el paro al centro de la ciudad y que la huelga fuera un éxito, los piquetes organizados por las trabajadoras del comercio eran imprescindibles[118].

Asimismo, en las empresas conserveras de la Ribera, como Napal de Valtierra y Conserna de Falces, se produjeron intensas luchas obreras que aún no han sido investigadas en profundidad. En estas fábricas el trabajo era estacional, porque dependía de la cosecha, y por ello, una gran parte de la mano de obra que se empleaba era femenina. Las empresas solían traer en autobuses a muchas mujeres del sur de España, aunque también empleaban a trabajadoras de la

115. Entrevista FDMHN: C.B.S. (14/06/2022).

116. Entrevista FDMHN: I.B.L. (14/06/2022).

117. Entrevista TDIS: J.M.G. (21/12/2018); Entrevistas FDMHN: M.V.F. (26/04/2022); S.I.B. (09/05/2022); I.B.L. (14/06/2022).

118. Entrevista FDMHN: MR.L.O. (12/04/2022).

zona. Marine Pueyo, que trabajaba en Conserna, relata que allí trabajaban 1 500 mujeres que venían de fuera y las condiciones laborales eran de «semiesclavitud». Durante la temporada de la alcachofa, por ejemplo, hacían turnos de 23 horas seguidas. Además, el autoritarismo era patente dentro de la empresa y el encargado insultaba a las empleadas. En aquella situación, pequeños gestos, como no realizar horas extras durante la temporada del guisante, eran todo un desafío. En los últimos años de la dictadura, aquellas mujeres se organizaron y lucharon por sus condiciones de vida y de trabajo. Contaron con la colaboración de las organizaciones políticas clandestinas y de algunos curas obreros, entre ellos el joven párroco de Valtierra, Ángel Oliver, que era de la ORT[119].

Aparte de en el movimiento obrero, las mujeres también tuvieron una destacada presencia en los frentes de lucha relacionados con la educación (universidades e institutos), el movimiento vecinal y, posteriormente, también en el movimiento feminista.

Pero, además de las militantes de primera línea, muchas otras mujeres contribuyeron de manera indirecta, formando redes de apoyo. Estas redes subterráneas e informales crearon una infraestructura fundamental sobre la que se constituyó el movimiento obrero y la lucha antifranquista, y por ello, han quedado invisibilizadas. Aquellas mujeres, a menudo esposas, hermanas, hijas o vecinas de militantes antifranquistas, realizaban todo tipo de labores para colaborar. Entre otras cosas, podían proporcionaban mantas y alimentos durante los encierros, organizaban colectas para las cajas de resistencia y buscaban recursos para sostener las huelgas. A veces, eran pequeños gestos que tenían gran significado, como aplaudir al paso de una manifestación, avisar de que se acercaba la policía o esconder a unos manifestantes en un

119. Entrevistas FDMHN: A.O.S. (23/11/2018 y 01/2019); M.P.D. (24/01/2023).

portal durante una carga. Todas estas experiencias contribuyeron a despertar la conciencia de las mujeres, y generaron en ocasiones cambios significativos en sus familias[120].

Sin embargo, pese a todos los avances, las de la izquierda revolucionaria siguieron siendo organizaciones principalmente masculinas. Por ejemplo, cuando LCR-ETA VI celebró su primer congreso, en 1976, solamente el 32 % de sus militantes eran mujeres[121]. Asimismo, a pesar de la participación femenina, la influencia machista persistía en estos partidos y las mujeres seguían estando subrepresentadas en los órganos de dirección, los cuales estaban mayoritariamente ocupados por hombres. Javier De Miguel fue el último secretario provincial de la ORT, posteriormente perteneció a EE e IU, y, además, ha realizado varios estudios sobre la historia de la ORT en Navarra. En sus investigaciones, afirma que en 1974 el 20 % de la militancia en el ORT eran mujeres; sin embargo, seis años más tarde (1980) el Comité Provincial del Partido de los Trabajadores de Euskadi (surgido de la unión de PTE y ORT) tenía 53 miembros, de los que solo 8 eran mujeres (15 %)[122]. Además, a nivel local, las mujeres solían ocupar puestos de menor responsabilidad en comparación con sus colegas masculinos; era más habitual que fueran simpatizantes y no se implicaran tanto. Un ejemplo concreto de esto se observa en el caso del EMK de Tudela, donde entre los cuadros del comité local, solo había una mujer[123].

Pese a que los espacios de militancia eran más amables e igualitarios que otros espacios de la sociedad franquista, las diferencias entre hombres y mujeres también se notaban entre los y las militantes. En ocasiones, persistían algunas

---

120. Turrillas, 2023b; Entrevista TDIS: M.R.S. (05/03/2019).

121. *Combate*, 57, 01/09/1975.

122. De Miguel, 1986; Acta del Comité Provincial, Fondo Imanol Satrustegi, FDMHN.

123. Entrevista TDIS: M.R.S. (05/03/2019).

actitudes machistas. Los hombres normalmente ocupaban una posición más destacada y visible que las mujeres. Por lo general, ellos estaban en primera línea, hablaban más en público y se valoraba más su palabra y su actuación. Ellas, en cambio, a menudo eran relegadas a una segunda línea y su posición era más encubierta. En las reuniones y asambleas los turnos de palabra de los hombres solían ser más largos y muchas mujeres, en cambio, no se atrevían a hablar en público «por la vergüenza a decir algo poco interesante»[124].

Historiadoras como Mónica Moreno Seco han defendido que existía una «división sexual del trabajo militante»: por lo general, los hombres realizaban tareas con mayor reconocimiento social (hablar en público, piquetes...) y las mujeres, por su parte, se centraban más en tareas secundarias relacionadas con la organización y la infraestructura del partido, como «labores de secretaría, tareas organizativas, confección de pancartas y banderas o preparación de comidas»[125]. Sin embargo, las necesidades de la lucha impulsaron a muchas mujeres militantes a colocarse en primera línea de las tareas revolucionarias.

Por otra parte, el alto nivel de exigencia de la militancia dificultaba la conciliación de las tareas domésticas o de los cuidados. En una pareja, si era el chico el que estaba implicado en una organización revolucionaria clandestina, la responsabilidad de las tareas domésticas casi siempre recaía sobre la novia o esposa. El hombre seguramente dedicaría muchísimo más tiempo que ella a las tareas militantes y no volvería a casa hasta las tantas. Pero si ambos estaban comprometidos (era muy habitual que se formaran parejas entre militantes) era más frecuente compartir tareas domésticas y de cuidado. Si el equilibrio en la pareja era el adecuado, se

124. Entrevista TDIS: J.M.G. (21/12/2018).

125. Moreno-Seco, 2017, 61.

podía hacer. Pero el reto era enorme y había que dosificar los compromisos de la militancia y ralentizar el ritmo combativo. Sin embargo, que la mujer o chica fuera la única que militara no solía ser tan habitual; las mujeres militantes casi siempre tenían parejas del ambiente comprometido[126].

La llegada del feminismo de la segunda ola afectó de lleno a la izquierda revolucionaria. Las reivindicaciones por la emancipación total de las mujeres fueron insertándose en los partidos marxistas, gracias a las militantes que pertenecían a dichas organizaciones. Pero proclamar la liberación total de la clase obrera y al mismo tiempo entender que lo personal y privado era político no fue fácil. Tal y como afirma Mónica Moreno: «La prioridad de la lucha política en los primeros años setenta dejaba a un lado otras demandas de igualdad, que eran supeditadas al fin de la dictadura, la llegada de la democracia o el triunfo de la revolución»[127]. Las militantes de la izquierda revolucionaria apostaron por el feminismo de raíz socialista y el «feminismo de la igualdad», y en los encuentros feministas (como las Primeras Jornadas de la Mujer de Euskadi, celebradas en Leioa en 1977) defendieron la «doble militancia» (es decir, la posibilidad de formar parte de partidos o sindicatos y al mismo tiempo del movimiento feminista). Por ello, mantuvieron fuertes discusiones con las feministas «radicales» o «autónomas» que defendían el «feminismo de la diferencia» y la «militancia única»[128].

A consecuencia de los cambios sociales y de la irrupción del feminismo, se fueron creando nuevas formas de relacionarse. La generación de jóvenes que alcanzó la madurez en la Transición fue la generación de la revolución sexual. La sexualidad se separó del mero hecho reproductivo y comen-

---

126. Entrevista TDIS: A.A.C. y F.O. (25/11/2019); P.Z.A. (18/07/2019).

127. Moreno-Seco, 2017.

128. Bravo, 2012; Chirivella, 2020.

zó a ser considerada como fuente de placer. Las relaciones prematrimoniales, aunque ya existían anteriormente, dejaron de ser tabú y se fueron generalizando y normalizando. Asimismo, el uso de los distintos métodos anticonceptivos se extendió; en un principio de manera oculta, porque eran ilegales, y a partir de 1978 de forma más visible y general. Gracias a ello, las mujeres ganaron control sobre su cuerpo y pudieron controlar su sexualidad. Muchas de las mujeres de la izquierda revolucionaria descubrieron la sexualidad liberadora gracias a la militancia»[129].

Sin embargo, la liberación sexual no se vivía igual en todos los partidos de la izquierda revolucionaria. Por ejemplo, existía cierto prejuicio hacia los partidos maoístas, sobre todo los de origen cristiano. Se creía que estos tenían estilos de vida más tradicionales, en parte por su origen, pero también por su ideología y la imagen que querían trasmitir. La línea de masas del maoísmo exigía que había que estar comprometidos con el conjunto de la clase obrera y en estrecho contacto con ella. Por lo tanto, consideraban que debían vivir como clase obrera, es decir, imitando su estilo de vida, aunque este fuera más tradicional o clásico. En la ORT, por ejemplo, la mayoría eran heterosexuales, se casaban antes y tenían hijos más temprano. En el EMK, asimismo, al igual que en otras organizaciones maoístas de la época, en ocasiones conminaban a las jóvenes parejas de militantes a casarse, para dar una «buena imagen». Así le pasó, por ejemplo, a Tere Sáez, que por aquel entonces era militante del EMK y una de las responsables de sus juventudes, Euskadiko Gazteria Gorria (posteriormente ha tenido una larga trayectoria en diferentes formaciones políticas, pero especialmente en el movimiento feminista)[130].

---

129. Moreno-Seco, 2017, 49.

130. Entrevista FDMHN: T.S.B. (14/09/2021).

En cuanto a los partidos de tradición trotskista, en cambio, se afirmaba que tenían una moral sexual más liberal y relajada y que tenían estilos de vida más innovadores. Por eso, sus formas de relacionarse con novios o novias eran más flexibles y era más habitual encontrarse a gais o lesbianas en sus filas. Asimismo, se rumoreaba que tenían experiencias sexuales innovadoras y que realizaban «camas redondas» entre los camaradas. Para explicar estos prejuicios se solía decir, que la extracción social de los partidos trotskistas era menos obrera que en otros partidos ya que se suponía que tenían más militantes de ámbitos intelectuales, estudiantiles o profesionales. Asimismo, el hecho de que tanto LCR-ETA VI como LC fueran simpatizantes de la Cuarta Internacional también habría influido, porque tenían estrechos lazos en el extranjero, y, en consecuencia, eran más receptivos a las corrientes de pensamiento que circulaban fuera, por lo que salieron antes de la influencia de la moralidad retrógrada del franquismo.

Con todo, una parte importante del movimiento feminista surgió impulsado por las organizaciones revolucionarias y sus militantes. Fueron las militantes de la izquierda revolucionaria quienes, por primera vez, promovieron debates feministas en sus partidos, en los que se crearon secciones femeninas. La ORT creó la Unión para la Liberación de la Mujer (ULM) y el PTE la Asociación Democrática de la Mujer (ADM). El MC, por su parte, tras el II Congreso, se dotó en 1978 de una «estructura autónoma de mujeres». Asimismo, participaron en la creación y dinamizaron algunas de las primeras organizaciones feministas, como Emakumeak Askatzeko Mugimendua (EAM) y la Coordinadora Feminista. El 8 de marzo se celebró por primera vez en Bilbao en 1977, y en Pamplona, un año después.

Asimismo, fue de igual importancia el papel del movimiento vecinal. En las asociaciones de vecinos, que luchaban por mejorar la vida en los barrios obreros, se fueron creando grupos de trabajo o vocalías sobre diferentes temas (urbanismo, cultura...). En consecuencia, en muchos barrios se crearon asambleas de amas de casa o vocalías de mujeres. Estas organizaciones al principio no contenían conciencia feminista muy desarrollada, eran en muy primitivas, pero sirvieron de punto de encuentro para muchas mujeres.

La aparición del movimiento feminista y las reivindicaciones por la emancipación de las mujeres también afectaron a los hombres. Por lo general los partidos de la izquierda revolucionaria aceptaron las consignas feministas que fueron surgiendo y las incorporaron en sus programas. Sin embargo, algunos camaradas no llegaron a comprender la necesidad de combinar las reivindicaciones feministas con la lucha por la revolución socialista. Dichas reivindicaciones, a veces, fueron percibidas como ataques y en algunos casos hubo resistencias. Pero no siempre fue así, muchos hombres aceptaron las críticas, modificaron su comportamiento y se configuraron nuevos modelos de masculinidad, según cuenta el historiador Carlos Adán[131].

Fue también la época en que muchas mujeres se replantearon la maternidad obligatoria. De las mujeres de aquella época se esperaba que se casaran y tuvieran hijos, y negarse a hacerlo era una forma de rebelarse. Ya fuera por su trayectoria profesional, por la generalización de los anticonceptivos o por el deseo de independencia femenina, algunas se negaron a tener descendencia, mientras que otras decidieron posponer la maternidad o tomar la decisión de tener menos hijos. En el caso de las mujeres militantes de la izquierda, a menudo algunas rechazaron la maternidad debido a las exigencias del compromiso social y partidista. La revolución y las transformaciones sociales eran un objetivo tan importante, que organizaron su proyecto de vida según las necesida-

---

131. Adán, 2019.

des de la lucha. Tener hijos podía ser un impedimento porque el partido exigía un compromiso pleno. En otros casos, algunas parejas esperaron a que la situación política se estabilizara, y solo dieron el paso de tener hijos cuando mitigó el riesgo de sufrir represión[132].

Burlando a la represión

Como ya hemos visto antes, la lucha antifranquista conllevaba grandes riesgos. La represión era dura y cualquier acción opositora era susceptible de ser castigada. Los quehaceres habituales de la militancia antifranquista podían constituir delitos graves, como *propaganda ilegal* o *asociación ilícita*, y ser condenadas por el Tribunal de Orden Público a duras penas de prisión. A ocho de los mineros de Potasas que en enero de 1975 se encerraron en la mina, por ejemplo, los quisieron juzgar por un delito de sedición[133]. Afortunadamente, a consecuencia de la amnistía y la desaparición del TOP, evitaron ser juzgados, al contrario que los más de 250 navarros que fueron juzgados por aquel tribunal. Asimismo, gracias un informe del Instituto Vasco de Criminología, encargado por el Gobierno de Navarra, sabemos que en Navarra entre 1960 y 1978 hubo al menos 169 casos de tortura[134].

Por todo ello, para burlar la represión era necesario adoptar estrictas medidas de seguridad. Como se ha dicho anteriormente, las células de los partidos eran estancas. Cada militante solo conocía a los miembros de su célula, y a lo sumo, quizá al responsable político que hacía de enlace con

132. Entrevista TDIS: P.Z.A. (18/07/2019); Entrevistas FDMHN: F.J.M. (21/06/2022); M.P. (24/01/2023).

133. Entrevista FDMHN: J.S.R. (24/05/2022).

134. IVAC-KREI, 2019.

los órganos superiores. El centralismo democrático, además, facilitaba esta medida de seguridad. A consecuencia de estas medidas de seguridad era habitual no conocer al conjunto de la militancia y a partir de 1977, cuando legalización flexibilizó las medidas de seguridad, muchos se llevaron una sorpresa al ver a conocidos militar en el mismo partido u organización.

Para preservar el anonimato de los militantes era habitual utilizar apodos o *nombres de guerra*, tanto para firmar los documentos internos del partido como para referirse mutuamente en las reuniones. En algunos casos, aquellos nombres de lucha de la década de los setenta han llegado hasta nuestros días y todavía es común entre muchos exmilitantes que se les reconozca por el alias de entonces. A veces, sin embargo, los apodos que utilizaban eran tan evidentes que no servían para mucho, por tratarse de abreviaturas del nombre y el apellido o de caracteres físicos. En alguna ocasión, las mujeres recibían sobrenombres sexistas, como *la Tetas* (porque tenía el pecho voluminoso) o *la Maci* (diminutivo de *Macizorra*).

Por otra parte, la persecución a la que era sometida la oposición dificultaba la celebración de reuniones, encuentros y asambleas, por lo que había que buscar otras formas. Juntarse más de tres personas en la calle se consideraba sospechoso y la policía podía impedir que la gente caminara en grupos por la calle. Los agentes podían preguntarles si tenían motivos justificables para estar juntos e incluso los podía detener o castigar si no contaban con una coartada o excusa razonable. En ocasiones, algunas reuniones se podían celebrar en la calle, fingiendo estar paseando, siempre que fueran grupos pequeños y que contaran con alguna coartada clara. En ocasiones también podían celebrarse en el interior de coches particulares.

Si había que agrupar a más gente –para una reunión del comité provincial, por ejemplo– había que buscar otras opciones. Para este tipo de citas, se podía solicitar a algún simpatizante o colaborador que les dejara temporalmente un piso o una vivienda particular, así como los locales de la iglesia cedidos por los sacerdotes progresistas. En estos casos comunicaban la cita y el lugar de reunión a los asistentes, así como la contraseña que debían decir al tocar el timbre. La puntualidad era imprescindible: si alguien se demoraba un poco, aunque fuera unos minutos, podía tratarse de una operación policial y se suspendía la reunión de inmediato. Si se llegaba puntual, sin embargo, antes de entrar al lugar era obligatorio cubrirse la cabeza con un pasamontañas y no retirárselo hasta después de finalizar. Se mantenía así el anonimato de los miembros del partido y si caían en las garras de la policía se evitaba denunciar a los camaradas.

Por otra parte, en las citas o encuentros que se debían celebrar en la calle o en algún bar, podía ocurrir que los que habían quedado no se conocieran. En estos casos, se pasaba el aviso de que los asistentes a la reunión llevarían bajo el brazo alguna revista o periódico concreto (*El Doblón, Triunfo* o *Cambio 16*), y así, sin tener que preguntar directamente, se podrían reconocer mutuamente.

En ocasiones, los partidos tenían *pisos francos*, es decir, conseguían o alquilaban pisos vacíos para almacenar material, celebrar reuniones o guardar el aparato de propaganda. Estos pisos, en teoría, estaban fuera del control policial, pero aun así había que tomar medidas para que la policía no los encontrara. Entre otras cosas, se colocaba un papelito en la rendija de la puerta de la casa a modo de testigo, para ver si alguien había entrado. Si al llegar a la casa encontraban ese papelito en el suelo, significaba que alguien (probablemente la policía) había entrado sin permiso y podía estar esperando en el interior. Tras la Transición, al legalizarse los partidos, estos dejaron de emplear los pisos francos, ya que pudieron adquirir sedes de manera legal. La ORT, por ejemplo, tenía la suya en un piso de la plaza del Alcázar (actual Blanca de Navarra); LKI, en cambio, en un piso de la calle Zapatería.

También había que tomar precauciones cuando se realizaban acciones en la calle: pintadas, *siembras* de panfletos, manifestaciones relámpago, etc. Para empezar, mientras unos realizaban la acción, otros tres o cuatro compañeros se situaban en las calles adyacentes para asegurarse de que ningún policía se acercaba. En caso de escuchar sirenas o ver agentes de policía, daban la voz de alarma y el grupo se dispersaba. Terminada la acción, generalmente todo el grupo se separaba. A continuación, se establecían *citas de seguridad* para asegurar que todos estaban sanos y salvos y que no había habido detenidos. Es decir, una vez dispersados, había que acudir a algún lugar convenido, como un bar o una plaza, para asegurarse de que todos estaban bien, según Ana Arillo y Feli Otegi, «ni siquiera había que saludar, con pasar ya era suficiente»[135]. En caso de que faltara alguien podía ser una señal de que se había producido una detención, por lo que antes de la llegada de la policía había que tomar medidas de seguridad: ir al piso del detenido para limpiarlo de material comprometido, conseguir un escondite para la gente que pudiera estar en peligro, etc.

Muchas de estas medidas de seguridad se siguieron utilizando tras el fin de la dictadura, ya que la represión seguía estando muy presente, a pesar de que se habían ido conquistado algunas libertades. Asimismo, tras el intento de golpe de Estado del 23 de febrero de 1981, algunas organizaciones decidieron recuperar algunas de estas técnicas.

Un hervidero de luchas

En aquella época el ambiente sociopolítico parecía hervir. En todas partes afloraban la protestas y movilizaciones. Al principio, a finales de la década de los sesenta, organizarse era

135. Entrevista TDIS: A.A.C. y F.O. (25/11/2019).

difícil y complicado. Aunque la población tenía necesidades y la falta de libertades era evidente, no era fácil movilizar a la gente; el miedo a la represión seguía pesando demasiado. Así que cada pequeño paso exigía un gran trabajo político y militante: hacer reuniones, hablar con unos y otros para convencerlos, organizar asambleas, medir el estado de ánimo de las masas, etc.

Pero con el paso de los años y a medida que el movimiento fue conquistando espacios de libertad, aumentó la probabilidad de victoria en las diferentes luchas y movilizaciones. A mediados de la década de 1970 parecía que se podía conseguir cualquier reivindicación teniendo las razones adecuadas y agitando un poco el ambiente. Con unos pocos militantes, además, se podían conseguir movilizaciones multitudinarias. En algunas fábricas no eran muchos los trabajadores organizados, pero como tenían mucho carisma y buen nombre, se les reconocía el liderazgo y sus compañeros confiaban en ellos. Un militante disciplinado podía hacer salir a la lucha a cientos de personas. Sin embargo, muchas veces las movilizaciones tenían un carácter espontáneo y desbordaban a los partidos. Jesús Urra, uno de los dirigentes del EMK, comentaba que «organizaban» el movimiento, pero no llegaban a controlarlo[136].

A partir del otoño de 1974 hubo luchas casi continuas en las que se mezclaban convocatorias de todo tipo: desde las reivindicaciones de cada frente de lucha (vecinales, escolares o laborales), pasando por los paros solidarios con otros centros de trabajo y hasta los que tenían un carácter explícitamente político o antirrepresivo. En consecuencia, en las fábricas había una actividad constante. Tanto, que se suele decir que «no hubo un mes en el que cobráramos el sueldo en su totalidad».

---

136. Entrevista TDIS: J.U.B. (30/10/2018).

Difundir la palabra negada

La prensa oficial estaba en manos del régimen y la censura era habitual, por lo que las fuerzas opositoras no tenían ninguna posibilidad de comunicarse con la sociedad a través de ellas. Por ello, todos los partidos y organizaciones clandestinas se dotaron de un aparato de propaganda, es decir una sección del partido que se dedicaba exclusivamente a producir y difundir sus textos y comunicados para que estos llegaran a la sociedad. A través de estos documentos se difundían las convocatorias de movilizaciones, los motivos y porqués de la lucha, y las líneas, lemas y consignas de las diferentes organizaciones o partidos políticos.

El aparato de propaganda estaba formado por el material necesario para la producción e impresión de los textos. Este, a menudo, se situaba en un piso franco, a recaudo de la represión, aunque también podía esconderse en el monte o en algún otro lugar. Además, a menudo se situaba separado de la estructura del partido y muy poca gente lo conocía. El PCE (i) tenía un piso en la Milagrosa donde se preparaba la propaganda y se imprimían obras marxistas. Posteriormente, también contaron con la secreta colaboración de la librería Prieto[137].

Existían diversos métodos para elaborar los diferentes panfletos y revistas. La vietnamita, por ejemplo, consistía en dos marcos de madera unidos con bisagras y una tela permeable. El mecanismo era bastante rudimentario y se podía elaborar con materiales caseros. En las CC. OO. de Tafalla utilizaron un velo de novia para elaborarla. Era una tarea ardua y laboriosa, y era fácil mancharse de tinta. En unas dos o tres horas se podían elaborar cerca de doscientas hojas[138]. Las

137. Entrevista TDIS: P.I.O. e I.N.V. (11/03/2019).

138. Entrevista FDMHN: J.C.I. (19/04/2022); J.M.E.Z. (22/10/2021).

multicopistas o ciclostiles, en cambio, eran más cómodas y efectivas. Eran máquinas profesionales, muy habituales en colegios o empresas, que con una manivela y unos rodillos imprimían la tinta en los papeles. Sin embargo, su compra y adquisición estaba muy controlada por el Estado, por lo que a veces se recurría a otros métodos para conseguir una, como el robo. Para órganos de expresión de cada una de las organizaciones, en ocasiones se traían los ejemplares de impresos desde el exterior, pero otras veces se enviaban los clichés y se imprimían en el interior.

Todos los partidos de la izquierda revolucionaria sin excepción tenían sus revistas. Al menos una de nivel estatal, donde se expresaba la línea política del partido y la toma de postura en torno a diferentes temas teóricos o de coyuntura política. Asimismo, divulgaban noticias de conflictos sociales o laborales que no aparecían en la prensa convencional legal. Los militantes las vendían entre los simpatizantes más cércanos y en las células se leían y discutían al detalle. En los partidos que tenían referentes en otros países también se hablaba de los logros internacionales de los partidos hermanados y de los regímenes comunistas que los protegían, ya fueran la China maoísta, la Albania hoxhaísta o la Cuarta Internacional. También existían revistas de ámbito local o regional. Liga Comunista, por ejemplo, publicaba *Proletario* para la Cuenca de Pamplona. Para el ámbito nacional de Euskal Herria, en cambio, la ORT publicaba el *Abenduak 11,* el PTE tenía *Jeiki,* el EMK publicaba *Zer Egin?* y LCR-ETA VI *Zutik!*

Los aparatos de propaganda también se encargaban de confeccionar los panfletos, denominados a menudo como octavillas, porque la medida más común era la octava parte de un folio. Para distribuir este género de propaganda había que tener mucho cuidado, mediante las *siembras* explicadas anteriormente. Se solían hacer a la entrada de las fábricas antes de que empezara el turno, en los centros de estudio o en zonas concurridas donde se juntara mucha gente. En ocasiones se inventaban mecanismos y trucos especiales para tirar en moto o en coche y se conseguía llenar zonas y espacios más amplios. A veces, dejaban el taco de hojas sobre alguna furgoneta aparcada en la calle, para que, al arrancar y coger velocidad, lanzara las hojas al viento[139].

Otro modo de difundir propaganda era a través de pintadas, que se hacían con cubo y brocha. Cuando se realizaban, era importante que el nombre de la organización quedara bien visible. Los militantes de LCR-ETA VI, así como los de Larga Marcha Hacia la Revolución Socialista, se quejaban de que el nombre de su partido era demasiado largo, por lo que perdían demasiado tiempo y necesitaban paredes muy amplias.

Tomar las calles y las fábricas

En las instituciones franquistas no existían mecanismos de participación para la ciudadanía, y, por lo tanto, la principal vía que tenían los partidos revolucionarios era a través de los movimientos sociales. Sin embargo, en ocasiones, los ambiciosos programas de los partidos no se ajustaban a la realidad de los movimientos sociales en los que intervenían. Estos últimos respondían a las necesidades cotidianas de la ciudadanía, es decir, planteaban reivindicaciones cercanas y factibles vinculadas al día a día. Pero, para los partidos revolucionarios, estas reivindicaciones cotidianas y los logros materiales no eran un fin en sí mismo. Por lo general, utilizaban estos movimientos como palanca para un fin superior, para *algo más*; ya que su objetivo final no era alcanzar esas victorias parciales, sino hacer una revolución socialista que transformara a la sociedad desde sus raíces hasta la cima. En

139. Entrevista FDMHN: M.A.A. (17/12/2024).

ocasiones eso provocaba contradicciones entre los militantes organizados y las masas. Sin embargo, el aliciente y el estímulo esperanzador de una revolución era lo que los animaba a impulsar todas aquellas protestas, y, en consecuencia, eso mismo era lo que precipitó todas aquellas conquistas[140].

Al principio, fue difícil salir a la calle ya que el miedo a la represión pesaba mucho y costaba ocupar las calles. Como mencionamos anteriormente, la primera huelga en Pamplona tuvo lugar en 1965 y fue la de Frenos Iruña. Se celebró una manifestación de apoyo que discurrió desde la sede del Vertical y la plaza del Castillo pasando por el Gobierno Civil y la Avenida Carlos III. Todavía era tal el temor, que los manifestantes recorrieron el trayecto «en orden, en silencio y por las aceras»[141]. Pero, poco a poco, fueron ganando confianza y ocupando el espacio público.

Algunas manifestaciones surgían espontáneamente al acabar el turno en Landaben. Se evitaba que salieran los autocares que trasladaban a los trabajadores a sus hogares y se agrupaba a todos los trabajadores para salir en manifestación hacia el centro, pero rara vez llegaban, ya que tras pasar por San Jorge era habitual que la policía los disolviera en Cuatro Vientos. Este era uno de esos lugares donde solía haber *jaleo* con la policía, como ocurrió en septiembre de 1971 durante la huelga de Imenasa. Se produjeron graves altercados en la zona de Cuatro Vientos, los manifestantes hicieron frente a la policía y, finalmente, varios años después diez vecinos de Pamplona fueron juzgados ante el TOP[142].

LCR-ETA VI sostenía que en las manifestaciones era necesario organizar piquetes de autodefensa que se enfrentaran a

---

140. Entrevistas TDIS: J.U.B. (30/10/2018); V.D.A. (12/5/2019).

141. ORT, 1975, 27-28.

142. TOP Sentencias (17/03/1975), n.º 135/75; *Diario de Navarra*, 18/05/1975, 32; *Diario de Navarra*, 15/03/1975, 20; *Diario de Navarra*, 26/09/1971, 13.

la policía, con el fin de demostrar a los trabajadores que era posible combatir la dictadura, y así con el tiempo desencadenar la violencia revolucionaria. LC, sin embargo, consideraba que la creación de piquetes especializados era demasiado vanguardista, ya que demostraba falta de confianza en las masas y en el movimiento obrero. Para LC, las masas siempre precedían a las vanguardias, aunque a veces de manera encubierta, y por ello consideraban innecesarios los piquetes de autodefensa, que calificaban como «gamberradas simbólicas»[143]. El PCE (m-l), por su parte, teorizó que la *guerra popular prolongada* preconizada por el maoísmo debía iniciarse con comandos de autodefensa que protegieran las manifestaciones. Posteriormente, el FRAP aumentaría gradualmente el nivel de confrontación de las masas hasta que se convirtiera en un levantamiento popular.

En Navarra, hubo intentos de organizar la autodefensa en algunas manifestaciones, utilizando armas blancas y objetos similares. Asimismo, a principios de 1974, varias cafeterías y la sede del *Diario de Navarra* fueron atacadas con artefactos explosivos. Aquellas acciones fueron atribuidas al FRAP. Dos personas fueron detenidas y alegaron que colocaron las bombas en aquellas cafeterías «porque los obreros no pueden acceder a ellas por ser muy caras». Sin embargo, debido a la debilidad organizativa del PCE (m-l) en Navarra, la lucha armada impulsada por el PCE (m-l) y el FRAP no tuvo un desarrollo significativo en el territorio[144].

Asimismo, algunas mujeres empleaban estrategias para defenderse en las manifestaciones. Cuando se esperaba que pudieran ocurrir altercados, algunas preferían asistir a las manifestaciones bien vestidas. Maquilladas y arregladas, con-

---

143. *Boletín*, 3, 11/1973, BAP; Contreras, 2014, 77-79.

144. TOP Sentencias (19/06/1976), n.º 153/76; *Diario de Navarra*, 24/07/1976, 24; *La Vanguardia*, 24/07/1976, 7; *La Vanguardia*, 06/07/1976, 8; *Notas informativas y recortes de prensa* 42/09099, 24. IDD (03)107.002. AGA.

fiaban en que, si la policía cargaba, las confundirían con transeúntes que estaban allí por casualidad, lo que les permitiría pasar desapercibidas y evitar los golpes[145].

Otra manera de tomar la calle, además de las manifestaciones, eran los *saltos*. Estos se podrían definir como cortes de carretera o manifestaciones relámpago. Se solía acordar acudir a algún lugar céntrico o concurrido en alguna hora en concreto, y a la señal convenida se empezaba a gritar consignas, lanzar octavillas y ocupar la calle. En ocasiones, se podía incluso utilizar cócteles molotov o montar barricadas. Tras unos minutos, en cuanto sonaban las sirenas de la policía, el grupo se disolvía. A menudo, este tipo de acciones públicas se hacía a la salida de grandes espectáculos como el fútbol. En algunos casos, incluso se llegó a entrar en bares y salas de cine e interrumpir al personal presente para dar un rápido discurso. Partidos como la ORT realizaron mítines exprés en lugares como la salida del cine o la parada de la villavesa. Una escalera, un megáfono y un pequeño grupo de colaboradores bastaban[146].

En 1975, el MCE publicó en la revista *Liberación*, uno de sus órganos de expresión, un artículo con varias recomendaciones para el movimiento obrero. A partir de la experiencia de algunos obreros navarros, relataban los diferentes métodos de lucha que habían empleado en los últimos meses, con el fin de que sirvieran de ejemplo en otros lugares. Proponían que, cuando la policía realizara detenciones, los trabajadores organizaran paros para exigir la liberación de los compañeros detenidos. Afirmaban que era muy efectivo, ya que «los jefes se movían que daba gusto, acudiendo al Gobierno Civil, llamando por teléfono repetidamente, [...] para que los solta-

---

145. Entrevista TDIS: J.M.G. (21/12/2018); Entrevistas FDMHN: S.I.B. (09/05/2022); J.M.G. (31/05/2022); I.B. (14/06/2022).

146. Entrevista TDIS: J.I.E. (25/07/2018 y 09/08/2018); Entrevista FDMHN: J.M.S. (12/04/2022).

ran cuanto antes». En alguna ocasión, incluso, fue la propia empresa quien costeó el taxi que esperaba a los detenidos en la puerta de la comisaría[147].

Para las huelgas y los conflictos laborales, en cambio, planteaban diversos métodos. En caso de que la patronal no respondiera a las reivindicaciones, por ejemplo, proponían retener a los jefes en las oficinas. Ponían como ejemplo a Super Ser y Eaton, donde decidieron subir todos a las oficinas y quedarse allí, reteniendo a la dirección. Asimismo, para poder prolongar los conflictos laborales, también recomendaban organizar almacenes de comida y colectas de dinero en los barrios, para abastecer a las familias de los huelguistas. Para tomar decisiones y difundir la información durante los conflictos, por un lado, recomendaban realizar las asambleas en espacios públicos alejados del centro, como el monte; y por otro, «para mantenerse unidos y al tanto de lo que hay que hacer durante el día», recomendaban realizar reuniones rápidas en las paradas de los autobuses, todos los días antes de ir a trabajar. En ese artículo, por último, también informaban de los diversos enfrentamientos que había habido con los grises y de las palizas que se habían propinado a varios agentes de paisano: «Han cobrado parte de lo que les espera».

Por otra parte, cuando se decidía que se iba a celebrar un paro o una huelga, otras herramientas fundamentales para su éxito eran las culebras y los piquetes. Las culebras eran, por decirlo de alguna manera, los piquetes en el interior de la fábrica. Cuando se acordaba un paro, los que habían dejado de trabajar recorrían uno a uno todos los puestos de trabajo, hasta paralizar toda la planta. Algunos lo hacían de buena gana y en cuanto veían acercarse a la culebra dejaban de trabajar. Pero a otros había que convencerlos, ya fuera verbal

---

147. *Liberación*, 3, 02/1978, 21-26.

o físicamente. En ocasiones, bastaba con pulsar el botón de apagado de la máquina sin previo aviso[148].

Los piquetes, en cambio, servían para extender la huelga de un centro de trabajo a otro. Se solían hacer durante las huelgas generales o de carácter solidario. Era normal que los empleados de una fábrica en paro se acercaran a otras e interrumpieran la jornada laboral para dar a conocer su situación. Tras las explicaciones, la plantilla de esa planta discutía qué hacer, si sumarse al paro de manera solidaria o no. Fue gracias a los piquetes de extensión como el conflicto de Motor Ibérica se convirtió en huelga general en junio de 1973.

148. Entrevista FDMHN: M.J.V. y M.G. (28/11/2023).

4
Los colores de la oposición: el vasquismo antifranquista

A pesar de que tras el trabajo le quedaba muy poco tiempo, Esther acudía encantada a la *gau eskola* de Tafalla.

Casi toda su familia era de la merindad y, aunque sin saberlo empleaban un sinfín de palabras vascas –*ciquiñoso, muga, langarra, ciriquiar...*–, el mundo vasco les era completamente ajeno. Así le ocurría también a Esther, quien, en realidad, hasta entonces nunca se había sentido vasca. Pero un par de años antes, una amiga la animó a entrar en el grupo de danzas. Le atrajo el ambiente que se creaba allí, ya que se sentía a gusto con la gente que estaba conociendo.

Dedicaban mucho tiempo al grupo: ensayos, recitales, viajes, excursiones al monte y, sobre todo, cenas y parrandas. Gracias a ello, entre *kaikus, txistus* y *zortzikos,* fueron conociendo mejor la historia y la cultura del país. Charlaban mucho entre ellos, y a raíz de ello, tuvieron conocimiento del Reino de Navarra, de las guerras carlistas, o los fueros, e incluso se empezó a hablar de la Guerra Civil. Lo poco que sabían eran breves comentarios oídos a sus padres. También conocieron a *dantzaris* mayores, de otro grupo que había existido cuando la República y que no se perdían ni un recital. Con el paso del tiempo, fueron comprendiendo que el pueblo vasco estaba oprimido y su lengua y su cultura no se podían expresar.

Cada vez más comprometidos y decididos a aprender la lengua de Axular, decidieron crear una *gau eskola* en Tafalla. Para ello consiguieron que les dejaran un aula en un local parroquial. También tuvieron que buscar a alguien que les enseñara, un *irakasle*. Alguien conocía a un euskaldun en Pamplona. Era Mattin, un chaval de Leitza. Consiguieron convencerle para que bajara una vez a la semana. Era muy simpático y lo hacía sin cobrar nada, pero le pagaban el autobús entre todos y le invitaban a cenar. Mattin no supo ni una palabra de castellano hasta que empezó a ir a la escuela, con seis años. En una ocasión, les contó lo mucho que sufrió cuando su familia se trasladó a Pamplona. Su pronunciación le delataba: las zetas y las erres tan fuertes provocaban carcajadas a su alrededor, y le llamaban «casero y burro». Durante mucho tiempo se avergonzó, pero ahora estaba orgulloso y enseñar su lengua a otros era una manera de resarcirse de aquellos agravios. Por eso se desvivía por hacerles entender la lección, aunque algunos sufrían bastante con el *nor-nori-nork*, los verbos y el vocabulario.

A la gau eskola también solía ir Julia. La abuela de Julia era de Mezkiritz, del Valle de Erro, y en su casa sí que se debió hablar euskera. Pero su padre y sus tíos no llegaron a aprenderlo nunca, aunque entendían algo. La vergüenza, las prohibiciones y el convencimiento de su falta de utilidad acabaron por romper la trasmisión familiar. Para desgracia de Julia, ella no llegó a conocer a su abuela: falleció antes de que naciera y no tuvo la oportunidad de aprender la lengua de sus antepasados, lo que le provocaba una rabia enorme.

En el primer grupico de la gau eskola al principio solo había dantzaris, pero pronto empezaron a acudir otros jóvenes de la zona. La familia de alguno de ellos había venido de fuera y ni siquiera eran navarros. Pero les parecía que era lo más consecuente. Estaban ahí por compromiso. Todo aquello tenía una cierta aura de morbo contestatario.

La gente más animada de la gau eskola tenía ganas de conocer más sobre la historia y la lengua de Euskal Herria.

Para ello, contactaron con José María Jimeno Jurío, que impartió una charla sobre la historia de Navarra, que suscitó gran interés. La sala se llenó, pero la conferencia fue muy polémica y no fue del agrado de todos. Se montó un revuelo enorme. A los pocos días los echaron del local parroquial. Pero ya era tarde, ya estaban convencidos.

Otro elemento clave en la crisis del franquismo, que no podríamos dejar sin tratar, fue la cuestión nacional. El vasquismo fue un rasgo fundamental de la oposición, ya que formó parte indispensable del ADN del antifranquismo navarro y fue una de sus señas de identidad. Por eso podemos hablar de la existencia de un *vasquismo antifranquista* que se fue articulando durante la última década de la dictadura[149].

Se ha estimado que, a principios de la Edad Moderna, en el siglo XVI, cerca del 80 % de la población navarra era vascoparlante, analfabeta y monolingüe. Tras las guerras carlistas, en el siglo XIX, el euskera vivió un gran retroceso debido al avance de la economía de mercado, el desarrollo del Estado moderno y los prejuicios y la discriminación hacia la lengua vasca. Este proceso de aculturación provocó la castellanización de la mayoría de las poblaciones de la Zona Media –entre ellas la capital–, e hizo que se conservara tan solo en el tercio norte, en la llamada Montaña[150].

Tras el breve florecimiento cultural de la época de la República, el régimen de Franco trató de imponer una determinada idea de España basada en un «proceso de renaciona-

149. Sobre el vasquismo, el navarrismo y su relación con el españolismo y el abertzalismo, consúltense las siguientes obras: García-Sanz Marcotegui & Mikelarena Peña, 1999; García-Sanz Marcotegui, Iriarte López, & Mikelarena Peña, 2002.

150. García-Sanz Marcotegui, 2021; Sánchez Carrión, 1972; Erize Etxegarai, 1997; Monteano, 2017.

lización forzosa y un centralismo feroz», acompañado de un relato nacional basado en el nacional-catolicismo y la «nostalgia imperial»[151]. Durante la Guerra Civil el Bando Nacional utilizó un discurso dicotómico, en el que ellos trataron de monopolizar la idea de *España*, frente a la *antiespaña* que representaba el bando republicano. Con el tiempo, esta identificación hizo que la idea de España acabara ligada con la dictadura y adquiriera una connotación negativa[152]. Así pues, el nacionalismo centralista español impulsado por el franquismo era incompatible con las diversas lenguas y culturas del Estado. Esto condujo a una política de represión hacia el euskera y la cultura vasca. Si bien la pérdida de la lengua no puede atribuirse únicamente al franquismo, ya que esta ya se encontraba en retroceso al menos desde el siglo XIX, las políticas represivas del régimen cortaron de raíz todos los avances conseguidos durante la época de la República y empeoraron su situación.

Entre otras medidas, se promulgaron numerosas normativas destinadas a obstaculizar la presencia pública del euskera y a menoscabar su prestigio. Por ejemplo: se prohibió la utilización de la grafía vasca (x, s, z, ts, tx, tz, 'r...) en carteles y expresiones escritas, y se vetó el uso de nombres y apellidos en euskera en registros oficiales. Además, frecuentemente se aplicaron sanciones por el uso del euskera en la esfera pública, y llegaron incluso a poner multas por hablarlo en la calle o, en el caso de Estella-Lizarra, a prohibir el empleo de la palabra «agur». Asimismo, todas las instituciones públicas funcionaban exclusivamente en castellano.

En cuanto a la educación, el euskera desapareció por completo. En las escuelas nacionales la educación era exclusivamente en castellano y los alumnos que osaban pronun-

---

151. Pastor, 2014; Núñez Seixas, 1999, 116-125.

152. Domènech, 2020; Núñez Seixas, 2018; Díaz Alonso, 2019.

ciar algo de euskera en clase, a menudo porque desconocían otro idioma, sufrían risas, reprimendas y castigos. Asimismo, todas las ikastolas que surgieron durante la República fueron clausuradas y cuando comenzaron a resurgir en la década de 1960 a menudo tuvieron que desarrollar su actividad de forma alegal y clandestina. En 1964, por ejemplo, el gobernador clausuró Nuestra Señora de Iranzu, la primera ikastola de Pamplona tras la Guerra Civil[153]. En general, el franquismo no prohibió totalmente el euskera (porque era imposible), pero de forma activa trató de despreciar y menospreciar la lengua. La expulsó del espacio público y de los centros de poder y la arrinconó al mundo rural o al ámbito privado del hogar.

A estas prohibiciones y barreras legales se les sumaron numerosos obstáculos no escritos. La lengua vasca se consideraba una lengua inculta, propia de aldeanos y caseros, lo que llevó a muchos euskaldunes a sentir vergüenza y negarse a utilizarla en público. Esta autocensura se vio alimentada por los desprecios y las faltas de respeto que sufrían. Muchos vascoparlantes tuvieron que aguantar risas y burlas por no dominar el castellano o por tener un marcado acento vasco[154]. Esto provocó que en muchas familias se interrumpiera la transmisión generacional de la lengua materna.

La de la cultura vasca era una realidad presente, pero escondida y menospreciada. Sin embargo, hubo ciertas grietas por las que se pudo expresar. Dentro del propio franquismo hubo algunas sensibilidades más cercanas a la lengua y la cultura vasca, como el escritor carlista Antonio Arrue, gracias a la intervención del cual la Academia de la Lengua Vasca (Euskaltzaindia) pudo retomar su actividad tras la guerra.

153. López Goñi, 2005.

154. Entrevistas TDIS: P.U.J. (20/12/2018); P.Z.A. (18/07/2019); Entrevistas FDMHN: K.E.L. (11/01/2021); S.A.A. (13/09/2024).

También fue destacable la labor de la Sección de Fomento del Vascuence impulsada por la Diputación (1957-1972) o las iniciativas impulsadas o amparadas por Miguel Javier Urmeneta, antiguo nacionalista que fue diputado foral y alcalde de Pamplona durante el franquismo[155]. La trasmisión familiar, el empeño de algunas personalidades y los pequeños resquicios que permitía el régimen hicieron posible la continuidad y pervivencia de ciertas corrientes vasquistas.

En los años sesenta, sin embargo, la cultura vasca y el nacionalismo empezaron, tal y como cantó Urko, a salir del oscuro y profundo pozo en el que se encontraban. En ese sentido, Elixabete Ansa Goikoetxea afirma que el *Mayo del 68 vasco* tuvo dos versiones interrelacionadas: una cultural y otra política[156].

Por una parte, tuvo lugar el llamado renacimiento cultural vasco. La lengua y la cultura vascas fueron impulsadas por los nuevos aires. Probablemente, el hito más importante fue la creación del estándar literario o culto de la lengua vasca (*euskara batua*), que tras largos debates fue acordado en 1968 por Euskaltzaindia. En aquella época se establecieron importantes hitos literarios, como la primera novela existencialista en lengua vasca (*Leturiaren egunkari ezkutua*, 1957 Txillardegi), la poesía social de Gabriel Aresti (*Harri eta Herri*, 1964), la obra de José Antón Artze u otros autores renovadores. La Nueva Canción Vasca (*Euskal Kantagintza Berria*) –comparable con la *Nova Cançó Catalana*– también despuntó en esta misma época, con el grupo Ez Dok Amairu (1965-1972) como principal exponente. La película *Ama Lur* de 1968 o la escuela de artistas plásticos encabezada por Jorge Oteiza –que pretendió crear un arte nacional vasco– también formaron parte del efervescente clima cultural vasco. Es

155. López Goñi, 2003.

156. Ansa, 2019; Ansa, 2013-2014.

en esta época cuando se crearon las primeras escuelas para el aprendizaje del euskera, tanto para adultos (gau eskolas y euskaltegis) como para niños (ikastolas)[157]. Este vasquismo cultural era muy amplio e iba más allá del propio nacionalismo, pero influyó directamente en sus señas de identidad. Hasta entonces, los elementos que habían marcado a la identidad de la nación vasca habían sido la religión y la raza, pero gracias a la nueva generación nacionalista, sería la lengua vasca la que sustituiría a esos elementos identitarios.

Por otra parte, de manera paralela, ocurrió una mutación radical en el seno del nacionalismo vasco. Ante la pasividad del nacionalismo histórico encarnado por el PNV, surgió ETA, que en un principio no supuso una ruptura substancial con la tradición jelkide: sobre todo le reprochaban su inoperancia. Sin embargo, la eclosión del nuevo movimiento obrero en los años sesenta provocó que ETA entendiera que la clase obrera tendría un papel protagonista en la lucha antifranquista. Esto hizo que sus miembros tomaran conciencia de clase y giraran a posturas más izquierdistas, viendo la necesidad de prestar atención a la clase obrera –también a la inmigrada– tratando de integrarla en su combate por la liberación nacional; no de cualquier manera, sino otorgándole un papel protagonista. Además, la renovación ideológica que aportaron los movimientos emancipatorios en boga (maoísmo, tercermundismo, etc.) también dejaron su huella en el cambio ideológico de ETA. A consecuencia de ello, se fue creando el nuevo paradigma del nacionalismo vasco, que como ya hemos mencionado anteriormente, sintetizó «todo lo que no cabía en el franquismo», acercando los símbolos y las reivindicaciones nacionalistas a la izquierda política[158]. Sin embargo, el proceso de síntesis entre la cuestión nacional

---

157. López-Goñi, 2005; Aristi, 2020.

158. Ansa, 2013-2014; Almeida, 2022.

y la social fue muy compleja. En el seno de ETA existían diversas corrientes, lo que provocó acalorados debates y rupturas. Tras los debates del periodo 1966-1970, ETA se convirtió en un «semillero de futuros comunistas»[159]. Números militantes provenientes de esta organización se dispersaron en diversas direcciones dotando de cuadros y militantes a MCE, LCR, LC, ORT, PCE-EPK, OIC, la autonomía obrera y otras organizaciones.

Otra de las razones por las que ETA influyó en el antifranquismo vasco fue el empleo de la violencia. Cuando inició la autoproclamada «guerra revolucionaria», el nacionalismo vasco y la propia ETA se convirtieron en el enemigo principal y la excusa represiva de la dictadura, sobre todo a partir del Proceso de Burgos. El régimen reprimió de forma torpe y furibunda contra amplias capas de la población vasca, sin hacer distinciones. A partir de entonces, los estados de excepción se sucedieron unos tras otros, y algunos de ellos afectaron de manera exclusiva y discriminatoria a territorios vascos. Para Jauregiberri, esta represión indiscriminada hacia cualquier habitante del territorio vasco funcionó como fuerza creadora de una nueva comunidad nacionalista e integró en esta a los trabajadores inmigrados. Debido a la confrontación iniciada por ETA contra el Estado franquista, las fuerzas represivas asumieron que se estaban enfrentando al conjunto de Euskal Herria, a pesar de que no todo el mundo comulgara con la organización armada. De hecho, era difícil encontrar a alguien que no conociera a un familiar, amigo, vecino o compañero de trabajo que hubiera sufrido la represión. Así pues, el «simple hecho de vivir en el País Vasco comportaba innegablemente un riesgo»[160].

La represión y las movilizaciones solidarias hacia los que la sufrían transformaron las señas de identidad del naciona-

---

159. Jiménez de Aberasturi & López Adán, 1989, 176.

160. Jaureguiberry, 2007.

lismo vasco, y por extensión, las del conjunto de la oposición, por lo que esta adquirió un nuevo carácter solidario y antirrepresivo. Fue la propia represión quien se encargó de agrupar a toda la oposición. El propio franquismo era quien hablaba de un complot *rojo-separatista*, y así los colocó a todos al mismo lado de la barricada. En consecuencia, el nacionalismo se *izquierdizó* y la izquierda se *vasquizó*. El poeta bilbaíno Gabriel Aresti relató cómo tomó conciencia antifranquista, tanto en términos nacionales como sociales, a través de la represión. Recordaba que, en su niñez, debido al hambre que se sufría en su casa durante la posguerra, un día fueron a comprar patatas a un caserío cercano a Bilbao. Sin embargo, al regresar, un policía les requisó el saco. Al llegar a casa, entre sollozos, le preguntaron a su madre por qué les habían quitado la comida y quiénes eran los enemigos de aquellos policías. «Los marxistas y los vascos», les respondió ella. Fue entonces cuando el pequeño Gabriel juró, por aquel saco de patatas, que mientras viviera, él sería «un marxista vasco»[161].

A partir de entonces la nación vasca no se identificó más con una concepción étnica, pues bastaba con ser un habitante del territorio vasco para que la policía te reprimiera y la comunidad nacionalista te tratara como miembro de tal. Los trabajadores inmigrados, que ETA había previsto «nacionalizar» a través de la «asunción racional y consciente de los principios del movimiento de liberación nacional», lo harían indirectamente por la «vía antirrepresiva»[162]. Fue tal la importancia que adquirieron las luchas antirrepresivas, que tras la muerte de Franco, las movilizaciones por la amnistía se convirtieron en el «eje de las movilizaciones sociopolíticas» del País Vasco[163].

---

161. Aresti, 1986, 109-110.

162. Ibarra, 1987.

163. Escribano & Casanellas, 2021.

Al mismo tiempo, la irrupción de ETA provocó que la izquierda revolucionaria actualizara su discurso nacional y asumiera la lucha por las libertades nacionales como propia. ETA, en ese sentido, tuvo un efecto nacionalizador, obligando a otras organizaciones de la izquierda, sino a convertirse independentistas, sí a defender la autodeterminación, forzando a que fuera algo más que una mera cuestión retórica. Sin embargo, la izquierda abertzale, pese a que lo intentó repetidamente, no consiguió implantarse en el movimiento obrero, debido a la represión y al gran peso que tenía el Frente Militar, que lastraba al Frente Obrero.

Aun así, los hechos demuestran que ETA no era un grupo más de oposición y que con su irrupción hizo cambiar la situación. Entre otras cosas, consiguió radicalizar el discurso, aumentar la conciencia antifranquista (en general) y nacional (en concreto) y por eso, actualizó y trajo a primer plano la cuestión nacional. Asimismo, provocó un «desencadenamiento organizativo indirecto» pues forzó a otros actores y personas a movilizarse u organizarse, aunque no fuera en ETA. Pedro Ibarra llega a afirmar que «muchos de ellos no hubieran tomado la decisión de organizarse si no hubiera existido ETA», aunque fueran críticos con la organización[164].

Pese a las dificultades, ETA trató de incidir en el movimiento obrero y realizó algunas acciones al servicio del movimiento obrero, por ejemplo, los secuestros de los empresarios Lorenzo Zabala (durante la huelga de Precicontrol en 1972) y Felipe Huarte (por la huelga de Torfinasa en 1973). Sin embargo, estas intervenciones del «terrorismo individual» motivaron duras acusaciones por parte del movimiento obrero y la izquierda revolucionaria. Estas críticas se fundamentaban en el pragmatismo y en la utilidad revolucionaria de las acciones, y no tanto en una valoración ética o

---

164. Ibarra, 1987.

moral de la violencia. La intervención de ETA se vivía como una injerencia ajena a los intereses de la clase obrera, que dificultaba la elevación del nivel de conciencia. La izquierda revolucionaria creía que la clase obrera se bastaba ella sola para liberarse, y no requería de tutelas ajenas. Aparentemente, esto demostraba la incapacidad de ETA para organizar a la clase obrera. Si bien creían que en algún momento la violencia revolucionaria iba a ser necesaria para derrocar al poder burgués, consideraban que esta debía ser «de masas», cosa que no lo era el «terrorismo pequeñoburgués» empleado por ETA. En esos términos se expresaron las CC. OO. navarras y la izquierda revolucionaria tras el secuestro de Huarte[165]. No fue hasta la Transición cuando la izquierda abertzale consiguió implantación en el movimiento obrero, a través del sindicato LAB.

Por lo tanto, como hemos visto, las organizaciones nacionalistas, como PNV, ETA o ELA, contaban con poco arraigo en el movimiento obrero, al menos en Navarra. Entonces, ¿cómo prendió la conciencia nacional entre la clase obrera? ¿Cómo surgió el vasquismo antifranquista? Fueron la propia clase obrera y sus organizaciones, especialmente la izquierda revolucionaria, quienes fueron desarrollando y sintetizando las reivindicaciones nacionales y sociales. No en vano, no debemos olvidar que algunas de estas organizaciones provenían de ETA (MCE o LCR-ETA VI) y, por tanto, las reivindicaciones nacionales formaban parte de su ADN. Otras, sin embargo, fueron introduciendo el discurso nacional paulatinamente, tras la referencialidad adquirida por los miembros de ETA encausados en el Proceso de Burgos. Esa conciencia nacional fue calando en la clase obrera. José Mari Esparza, conocido editor de Tafalla, nos lo relata de la siguiente manera:

165. *En Lucha*, 2, 01/02/1973, 7-10; *Combate*, 12, 02/1973, 23-24; Entrevista TDIS: J.U.B. (30/10/2018); Entrevista FDMHN: M.J.V. y M.G. (28/11/2023).

> Leíamos el *Zutik!* de ETA V [...] (y) el de ETA VI, y *Servir al Pueblo* del MCE, y *En Lucha* de ORT, y los boletines de la HOAC y el Partido Carlista. Reñían mucho entre sí, mas coincidían en lo grueso: acabar con el franquismo, impedir su continuidad, disolver sus perros guardianes, avanzar hacia el socialismo y reconocer el derecho de autodeterminación. [...] En aquellos hornos gigantes, fraguas de Vulcano, se fueron fundiendo las ideologías: para los de buzo, ser de izquierdas y ser abertzale vino a ser lo mismo. [...] De Sabino Arana nunca oímos nada entre los hornos de Luzuriaga. Fueron otros los que nos convencieron[166].

Y el *Zutik!* de LCR-ETA VI de aquellos años apuntaba en la misma dirección.

> Tras Burgos, y en especial desde el 11 de diciembre del 74, no ha habido una movilización en Euskadi donde la exigencia de las libertades nacionales y del derecho a la autodeterminación de nuestro pueblo vasco no hayan constituido banderas de nuestra lucha. Y a diferencia del pasado, han sido los trabajadores y la clase obrera quienes de un modo especial y creciente han abanderado y exigido estas reivindicaciones[167].

El ambiente unitario general que se vivió en aquellos años facilitó que la clase obrera se viera atraída e identificada con la cuestión nacional. Así, en aquellos años era común hablar de que se estaba luchando «por las libertades», lo cual significaba que «cualquier demanda o movilización a favor de la libertad planteada [...] se percibía como legítima», y por lo tanto se consideraba que la «libertad nacional vasca» forma-

---

166. Esparza, 2006, 66-67.

167. *Zutik!*, 80, 11/03/1976, 8.

ba parte de aquella lucha. En marzo de 1976, por ejemplo, la manifestación de Pamplona contra la masacre de Vitoria-Gasteiz fue encabezada por una ikurriña con crespón negro[168].

Algunos partidos, como el MCE, también mostraron mucha preocupación por lo que denominaron «exclusivismo nacionalista». En cierta medida, temían que el exacerbado nacionalismo de la izquierda abertzale pudiera crear conflictos interidentitarios entre inmigrantes y nativos[169]. Pero este fue un hecho que finalmente no se produjo. Se podría decir que la síntesis entre liberación nacional y liberación social llevada a cabo por el movimiento obrero evitó este tipo de conflictos, pues, a pesar de tener orígenes diversos, todos los trabajadores implicados formaban parte de la misma lucha y las reivindicaciones vinculadas al autogobierno y la lengua vasca fueron asumidas por gran parte de la clase obrera. En aquellos años, «ser vasco era luchar por la liberación de la nación vasca», sin importar el origen personal de cada uno[170].

Jesús San Martín, minero de Potasas de Navarra, lo relataba de la siguiente manera:

> [La ikurriña] digamos que era un enseña –por decirlo en términos actuales–, que molestaba. No solo eso, sino que, en mi empresa, que había cantidad de gente inmigrante, más de alguna vez alguien gritaba [...] «Gora Euskadi Askatuta!» Y toda la asamblea [respondía] «GORA!» [...] Tampoco era –pienso yo– un grito, en el sentido estricto, político, era un grito de libertad, y como era un grito de libertad pues como era «¡Abajo la dictadura!». Pues consignas libertarias. [...] Al final de las manifas un poco bravas, además de *La Internacional* se cantaba el *Eusko Gudariak*[171].

---

168. *Diario de Navarra,* 05/03/1976, 20; *Arriba España,* 5/03/1976.

169. *Zer Egin?*, 6, 08/1976, 4-6; *Zer Egin?*, 27, 03/1978, 3; *Zer Egin?*, 27, 03/1977, 3; *Zer Egin?*, 37, 02/1979, 4.

170. Ibarra, 2016.

171. Entrevista TDIS: JM.S.A. (15/11/2018).

En Tafalla, asimismo, la presencia de las organizaciones nacionalistas también era menor, por eso la primera ikurriña de la ciudad no fue izada por militantes abertzales. Fueron miembros de las CC. OO. quienes se encaramaron a la torre más alta de la fundición de Luzuriaga para colgar la bicrucífera por primera vez desde la Guerra Civil[172]. Ana Arillo y Feli Otegi, militantes de OIC y EMK, por su parte, nos recordaban que para ellas los símbolos vascos y las reivindicaciones nacionales inicialmente tenían un significado de resistencia, con un sentido «anti». Sin embargo, con el tiempo, llegaron a interiorizarlos, adquiriendo así un significado «pro». En otras palabras, al principio utilizaban estos símbolos debido a su connotación subversiva y de oposición al régimen franquista. Pero con el tiempo, esta identificación inicial de rechazo evolucionó, y las militantes desarrollaron una conciencia nacional y estos símbolos adquirieron un significado propio[173].

A lo largo de la última década de la dictadura, el proceso de maduración de la conciencia nacional de la clase obrera fue progresivo, pero perceptible. El cambio se pudo apreciar en el seguimiento que tuvieron las movilizaciones de carácter nacional de aquellos años. A finales de la década de 1960 en Pamplona se celebraron varias movilizaciones de carácter *nacional:* el Aberri Eguna de 1967, que fue convocado por el Gobierno Vasco del exilio y el PNV, y las protestas contra el primer asesinato de un miembro de ETA (junio de 1968) y contra el Proceso de Burgos (diciembre de 1970). Estas dos últimas movilizaciones fueron bastante modestas debido a la escasa participación del movimiento obrero, que aún se encontraba en una fase embrionaria. Sin embargo, en pocos años, la situación experimentó un cambio significativo. En

172. Entrevista FDMHN: JM.E.Z. (22/10/2021).

173. Entrevista TDIS: A.A.C. y F.O. (25/11/2019).

septiembre de 1975, en Navarra hubo numerosos paros y movilizaciones contra los últimos fusilamientos del franquismo, entre los que se encontraban dos miembros de ETA. Asimismo, en 1976 el Aberri Eguna se volvió a celebrar en Pamplona. En esta ocasión, pese a que no había pasado tanto tiempo desde la última vez, la organización y el protagonismo recayeron sobre la izquierda abertzale y las organizaciones obreras[174]. Para esta última convocatoria, el PTE recalcó las diferencias entre los partidos burgueses que reclamaban el Estatuto de Autonomía, por una parte, y los «nacionalistas consecuentes y el proletariado revolucionario» que reclamaban la autodeterminación por otra[175]. El auge de la conciencia nacional era palpable, y se fue acrecentando, más si cabe, en los próximos años.

Algunos investigadores han llegado a la conclusión de que el proceso de nacionalización del movimiento obrero se produjo a dos ritmos. En Gipuzkoa y Bizkaia la toma de conciencia nacional se produjo a principios de la década de 1970 (a partir del Proceso de Burgos), debido principalmente a la radicalización de las redes de asociativas del nacionalismo. En el interior de Euskal Herria (Álava y Navarra), en cambio, el proceso fue más tardío; ocurrió a mediados de la década, y a través de la nacionalización de las corrientes de izquierda[176].

La identificación de la oposición antifranquista con los relatos nacionales periféricos afectó a las diversas naciones bajo dominación española, ya fuera en su versión nacionalista (como Cataluña, Canarias o Galicia) o regionalista (como Asturias, Castilla, Aragón u otras). Fue tal la deslegitimación

---

174. Chueca, 1994; Entrevista TDIS: J.U.B. (30/10/2018); *Memoria de gestión del Gobierno Civil de Navarra del año 1970*. IDD (08)022.000, caja 52/00496, AGA; *En Lucha*, 93, 24/04/1976, 2; *Punto y Hora en Euskal Herria*, 3, 01-15/05/1976, 15-17.

175. *El Correo del Pueblo*, 37 (1976/04/11), 7-8.

176. Pérez Agote, 1989.

del concepto de España que en los ambientes de izquierdas se empezó a utilizar eufemísticamente el concepto de «Estado español»[177]. Asimismo, algunos partidos de la izquierda revolucionaria, como el MCE y la OICE, para mostrar su simpatía por las reivindicaciones de las naciones de la periferia, retiraron de sus nombres y siglas la *E* correspondiente a *España*, y pasaron a ser MC y OIC, respectivamente. La cuestión vasca también formó parte de este fenómeno de resignificación política del lenguaje: en aquella época normalmente para hacer referencia a la nación vasca se utilizaba el término *Euskadi*, ya que tenía unas connotaciones más políticas que *Euskal Herria*, de matiz más cultural.

En Navarra, más concretamente, los símbolos y las reivindicaciones vasquistas (ikurriña, lengua vasca, unidad vasco-navarra) adquirieron una connotación positiva, democrática, progresista y rupturista. Por ello, participar en grupos o actividades a favor del folklore y la cultura vasca se consideraba un acto de rebeldía. Asimismo, portar prendas o complementos con los colores de la bandera vasca (verde, rojo y blanco) era considerado un desafío y podía ser un acto punible. Un ejemplo de ello fue el caso de Mari Paz Arrula, militante de las CC. OO. de Tafalla, a quien en 1973 se le impuso una multa por llevar un gorro con «los colores de la bandera separatista»[178]. Por todo esto, los símbolos vasquistas se convirtieron en un elemento transversal, siendo adoptados prácticamente por toda, o casi toda, la oposición antifranquista en Navarra. La ORT, por ejemplo, en septiembre de 1976 publicó una oda a la ikurriña en la revista *Abenduak 11*, órgano del Comité Nacional de Euskadi, en la que afirmaba que «pronto ondeará en todas las astas de Euskadi nuestra bandera nacional [...] símbolo de nuestra soberanía nacional

---

177. Quiroga, 2009, 27.

178. Entrevistas FDMHN: MP.A.R. (05/10/2024).

[...] pisoteada por el régimen de Franco y hoy de Juan Carlos»[179]. El auge del vasquismo afectó a todo el antiguo reino, no solo a las zonas vascoparlantes. Pachi San Juan y José Luis Arellano, miembros del PTE en Tudela, comentan que, en aquella época, «para ser antifranquista en Navarra, parecía que había que ser nacionalista»[180].

Sin embargo, no toda la oposición antifranquista reivindicaba la cuestión nacional de la misma manera, existía una amplia gradación dependiendo de las distintas sensibilidades. Las diversas posturas iban desde el independentismo y el separatismo hasta la simple autonomía, incluyendo la defensa del derecho a la autodeterminación y las propuestas de federalismo y confederalismo. Aunque toda la oposición adoptó el vasquismo antifranquista, era común que hubiera competencia y un cierto sectarismo entre los partidos, lo que generaba diferencias significativas entre ellos. Las diferentes organizaciones revolucionarias discutían muy a menudo. Por ello, la cuestión nacional fue uno de los temas que más controversia causó, ya que la izquierda revolucionaria y la izquierda abertzale tenían visiones diferentes de la lucha por las libertades nacionales. Los partidos de izquierda de ámbito estatal solían ser objeto de las críticas de la izquierda abertzale, que los acusaba de ser «españolistas», «sucursalistas» y «estatalistas»; mientras que a los de la izquierda abertzale se les acusaba de «nacionalistas pequeñoburgueses», «esencialistas», «chauvinistas» o «etnicistas». Las diferencias políticas eran importantes.

En la izquierda revolucionaria, por lo general, casi todos los partidos siguieron los principios leninistas para la cuestión nacional. Lenin concebía las reivindicaciones de las naciones oprimidas como una parte esencial del programa

---

179. *Abenduak 11*, 26, 15/09/1976, 11.

180. Entrevista TDIS: P.S.J.C. y J.L.A.A. (23/08/2019).

democrático para los imperios multiétnicos y las colonias del Tercer Mundo. Consideraba que los trabajadores debían apoyar la autodeterminación de estas naciones si ello contribuía a fortalecer la lucha obrera, ya que creía que este apoyo podría atraer la simpatía de los movimientos nacionales de los países oprimidos hacia el socialismo. Lenin abogaba por la unión y la solidaridad entre los obreros de distintas naciones, y subrayaba la importancia de rechazar la rivalidad y las hostilidades de tipo chauvinista. Según su perspectiva, los obreros de la nación opresora tenían la responsabilidad de luchar por el derecho de autodeterminación de las naciones oprimidas, incluido su derecho a la independencia[181].

Lenin también sostenía que, mientras los socialistas formaran parte del mismo Estado, debían integrarse en un único partido, aunque defendía la difusión de propaganda en las lenguas oprimidas. Si en algún momento surgía la cuestión de la separación o la independencia, Lenin consideraba que la socialdemocracia debía apoyar la unidad de los países, pero si finalmente la separación era decidida democráticamente, aceptarían la separación pacíficamente. Es decir, Lenin respaldaba la *libre unión* como un medio para mantener la unidad política de la clase obrera y prevenir conflictos interétnicos, siempre que no existiera opresión entre naciones y se respetara el derecho a la separación. Se ha llegado a afirmar que Lenin veía el derecho a la autodeterminación de manera similar al derecho al divorcio: como una manera de evitar la ruptura forzada del matrimonio.

Aunque Lenin desarrolló estos principios en el contexto de imperios multiétnicos y coloniales, su enfoque influyó en la postura de la izquierda revolucionaria respecto a la cuestión nacional vasca. Esta abogaba por la solidaridad y la unión entre los trabajadores de distintas naciones, recha-

---

181. Lenin, 1916; Castien, 2013; Roca, 2000, 14-16.

zando el chauvinismo, y defendía el derecho a la autodeterminación, así como la posibilidad de una unidad estatal sin opresión. De esta manera, se mostraban a favor de la autodeterminación de los pueblos de España, priorizando una unión amistosa entre ellos, pero dispuestos a aceptar la separación si así se decidía. Generalmente la mayoría de los partidos se posicionaba en contra del centralismo despótico franquista y a favor de un Estado descentralizado. Ese era el caso del MCE, que era federalista[182]; el PTE, en cambio, en un principio fue favorable a un Estado unitario plurinacional basado en la libre adhesión, pero a partir de su I Congreso (marzo de 1978), introdujo el federalismo entre sus reivindicaciones[183].

A grandes rasgos eran tres las cuestiones en las que la izquierda abertzale y la izquierda revolucionaria disentían: 1) la autodeterminación, 2) el sucursalismo y 3) la cuestión navarra. Por norma general la izquierda revolucionaria era favorable al derecho a la autodeterminación, mientras que la izquierda abertzale consideraba que esa consigna era insuficiente. En el seno de la izquierda revolucionaria, sin embargo, también existían diferentes posturas. Por norma general, los partidos maoístas (principalmente, ORT y PTE, pero también MCE) tenían una visión etapista de la cuestión nacional. Consideraban que para conseguir las libertades nacionales y la autodeterminación, previamente había que acabar con el franquismo e instaurar la *república democrático-popular*. Posteriormente, tras la primera etapa de la revolución, la *república democrático-popular* otorgaría el derecho a la autodeterminación a las naciones oprimidas del Estado español. De esta manera, esperaban que desaparecería la opresión

182. *Zer egin?*, 21, 11/1977, 3.

183. *Hacia el socialismo*, 7, 12/1975, 91, 94 y 111-112; *Resoluciones del I Congreso de Partido del Trabajo de España*, 17-20/03/1978, 13-15 y 27.

nacional y una vez desaparecida el pueblo vasco optaría por mantener la unidad estatal, de manera voluntaria[184].

Los partidos trotskistas, en cambio, criticaron esta visión etapista. Para la LCR-ETA VI, por ejemplo, la burguesía nacionalista no era capaz de llevar la lucha por la liberación nacional hasta el final, porque las luchas de masas que impulsaba la cuestión nacional chocaban con sus intereses de clase. En consecuencia, solo la clase obrera podría llevar a cabo la liberación nacional. En este sentido, el LCR-ETA VI, consideraba que a mediados de la década de 1970 el proletariado había alcanzado la hegemonía del movimiento de liberación nacional. Siguiendo las ideas del Programa de Transición de Trotsky, la LCR-ETA VI rechazaba la necesidad de separar entre consignas de mínimos y máximos, por lo que consideraba que las reivindicaciones económicas y políticas de los trabajadores y las reivindicaciones de liberación nacional debían ir juntas en el mismo programa. A través de esta interpretación de los clásicos del trotskismo, rechazaba tanto el etapismo del «nacionalismo pequeñoburgués» (primero independencia, después socialismo), como el automatismo del nacionalismo radical (independencia = socialismo, «no puede haber independencia sin socialismo»). En cuanto a la autodeterminación, consideraba que se trataba de una «cuestión previa» que debía resolverse tan pronto como se derrumbara la dictadura y sin esperar a que se estableciera el próximo régimen. Criticaba el modelo de autodeterminación que proponía el PTE o la ORT porque no se basaba en la devolución de la soberanía plena, sino en una concesión del centralismo a la periferia. Por ello, LCR-ETA VI sostenía que Euskadi debería comenzar por elegir, mediante sufragio universal, una asamblea nacional soberana. Esta asamblea tendría la autoridad para decidir la relación de Euskal Herria con el resto de los

184. Jiménez de Aberasturi & López Adán, 1989, 134, 157-159 y 170-172.

pueblos de España, sin interferencias ni concesiones del Estado central. LCR-ETA VI en un principio era partidaria de una solución federal, ya que permitía combinar la amplia autonomía de Euskadi con la unidad política de la clase trabajadora; pero aceptaría también la independencia si así se decidía[185].

LC también hacía una firme defensa de la autodeterminación. En su opinión, el independentismo de la izquierda abertzale, en la medida en que no veía necesidad de autodeterminación, suponía «prescindir de las masas vascas» y, en consecuencia, afirmaba que estas organizaciones no reconocían «la soberanía del pueblo vasco». Por ello, percibía la reivindicación de la independencia sin autodeterminación que hacían las fuerzas de la Koordinadora Abertzale Sozialista (KAS) como una «separación impuesta» y «antidemocrática». LC tenía una propuesta similar a la LCR-ETA VI para el ejercicio del derecho de autodeterminación: defendía la constitución de la «Asamblea Constituyente Vasca» mediante el sufragio universal. Sin embargo, para que aquella votación fuera totalmente libre y la ciudadanía decidiera sin presiones, proponía varias condiciones previas: por un lado, la eliminación total del aparato y de la ideología del Estado franquista; y, por otro, como defendía la LCR-ETA VI, que la asamblea que se eligiera tuviera soberanía absoluta, sin intervención alguna de su homónimo estatal[186].

Entre todos los partidos de la izquierda radical, el PCE (m-l) fue el que mantuvo una posición más centralista, probablemente debido a su nacionalismo español antiimperialista. Abogó por el derecho de autodeterminación y la «autonomía justa», pero al mismo tiempo consideró que había que

---

185. Jiménez de Aberasturi & López Adán, 1989, 180-184; «Resolución sobre cuestión nacional», *I Congreso de LCR-ETA(VI)*, 08/1976, 9-30.

186. *Programa nacional de Euskadi*, LC, ABatz; *Euskadiren askatasunaren alde. Komunist Elkarteak proposatzen duena*, 1976, ABatz; Jiménez de Aberasturi & López Adán, 1989, 192-194 y 379-380.

mostrar a las masas «la inviabilidad y el carácter reaccionario de las fórmulas separatistas»[187].

La izquierda abertzale, por su parte, hasta mediados de los años setenta, rechazaba las consignas autodeterministas, ya que tenía una visión «esencialista» de la nación. Para ellos, el derecho a la autodeterminación o la celebración de un referéndum sobre la libertad del pueblo vasco era vivido como una renuncia, pues la libertad nacional (en este caso la independencia) era una exigencia irrenunciable que no podía ser sometida a votación. Paradójicamente, pocos años después, cuando la izquierda mayoritaria ya había rechazado la consigna de la autodeterminación, la izquierda abertzale acabó asumiéndola, apropiándose de la reivindicación que había rechazado hasta entonces. Por ejemplo, el diputado de Euskadiko Ezkerra, Francisco Letamendia impugnó la Constitución en el Congreso de los Diputados, entre otras cosas, por no contemplar la autodeterminación[188].

En lo que respecta al sucursalismo, la izquierda revolucionaria adoptó el modelo del partido centralizado de Lenin. Estos movimientos consideraban que todos los comunistas, en la medida en que formaban parte del mismo Estado, debían constituir un solo partido. Si alguna vez se ejercitara el derecho de autodeterminación y se separara el país, entonces los comunistas de las naciones oprimidas tendrían la posibilidad de crear partidos comunistas independientes en las nacionalidades oprimidas. Mientras tanto, los comunistas sometidos al mismo Estado debían formar parte del mismo partido. Por eso, los partidos de la izquierda revolucionaria se organizaron a nivel estatal y las ramas vascas formaron parte de los partidos españoles. El PCE (m-l), por ejemplo, consi-

---

187. *Euskadi: el partido, el FRAP y el problema de las nacionalidades*, 1972/04, CF 75.45 Par-11, BPR.

188. Letamendia, 1978, 154-160; Letamendia, 1994, 81.

deraba que la división de los partidos obreros por naciones beneficiaba «a los enemigos del pueblo» y la consideraba una actitud «antileninista»[189]. Para la izquierda abertzale, esto era razón suficiente para descalificar a los partidos de la izquierda revolucionaria de «españolistas» o «estatalistas». No obstante, la izquierda abertzale defendía que Euskadi era un marco autónomo de lucha de clases, y que por ello, los partidos revolucionarios vascos debían ser distintos de los de España.

Sin embargo, el peso y la fuerza de los partidos revolucionarios de ámbito estatal en Hego Euskal Herria y la capacidad de atracción adquirida por la izquierda abertzale a finales de la década de 1970 los llevó a adaptarse al modelo organizativo de Hego Euskal Herria. A finales de 1973, cuando se fusionaron LCR y ETA VI, por ejemplo, decidieron que la sección vasca tendría «autonomía organizativa y táctica»[190]. En marzo de 1978, en el I Congreso del PTE, el partido se convirtió en federal, y el Partido del Trabajo en Euskadi ganó autonomía. Asimismo, por norma general, los comités nacionales de los partidos revolucionarios estaban organizados a nivel de Hego Euskal Herria y agrupaban a las cuatro provincias vascas. El comité provincial de Navarra del PTE, por ejemplo, se incorporó al Comité Nacional de Euskadi en agosto de 1976, bajo el argumento de que era lo más beneficioso para la lucha del proletariado[191].

Como veremos más adelante, a principios de la década de 1980 la izquierda abertzale se convirtió en la principal corriente revolucionaria de Euskal Herria, y tanto EMK como LKI decidieron priorizar la política de alianzas con Herri Batasuna (HB). Sin embargo, la desconfianza y los prejuicios de la

189. *Euskadi: el partido...*

190. Caussa, 2014a, 31.

191. *Documentación relativa al PCE (i) y PTE*, IDD (03)107.002), 42/9097,2, AGA; Jiménez de Aberasturi & López Adán, 1989, 173-174.

izquierda abertzale respecto al *españolismo* dificultaban las alianzas con esta corriente, por lo que tanto EMK como LKI decidieron separarse de sus matrices estatales españoles, convertirse en organizaciones independientes y aproximarse al independentismo: el EMK tomó la decisión en el IV Congreso de 1983, y LKI un poco después, en 1988[192].

Por último, estaba la cuestión navarra. Por norma general casi todos los partidos de la izquierda navarra defendían la pertenencia de Navarra al País Vasco y sostenían, por tanto, que Navarra debía formar parte de un futuro ente autonómico vasco. «*Nafarroa Euskadi da*» fue una de las consignas más populares de entonces. Sin embargo, existían diferentes sensibilidades dentro de las diferentes culturas políticas de la izquierda. La izquierda revolucionaria, por norma general, aceptaba la pertenencia de Navarra a Euskadi, pero al mismo tiempo entendían la personalidad propia de Navarra, por lo que defendían que siempre se debería respetar la decisión del pueblo navarro. Creían que la unión del viejo reino a un posible órgano autónomo común no podía realizarse en contra de la voluntad de la población y defendían que debía realizarse algún tipo de un referéndum o consulta. Estaban a favor de su pertenencia, pero afirmaban que respetarían lo que decidiera la sociedad navarra[193]. Esta postura era inaceptable para la izquierda abertzale, para la cual Navarra formaba parte inseparable de la unidad nacional vasca; por lo tanto, consideraban que realizar un referéndum sobre este asunto era comparable a «someter a referéndum si uno era hijo o no de su madre»[194].

---

192. MC: *Una izquierda para la Revolución. IV Congreso Federal*, 1983, 121-124; *Combate*, 448, 11/03/1988, 10-11; «Dossier del IV. Congreso de LKI», *Combate*, 449, 25/03/1988 I-IV.

193. *Zer egin?*, 16, 04/1977, 2; *Zer egin?*, 19, 10/1977, 2; *Zutik!*, 81, 30/03/1976, 13-14; *Iraultza*, 241-15/03/1978, 9; *En Lucha*, 167, 13-17/10/1977, 4; *Correo del Pueblo*, 55, 03/09/1976, 3-5.

194. Letamendia, 1979, 160.

Como vemos, poco a poco, la conciencia nacional vasca fue permeando en todos los partidos de toda la izquierda navarra, también en los que en un principio no eran considerados como nacionalistas. A menudo, la izquierda revolucionaria se encontraba entre dos aguas. Unos miembros tudelanos del PTE, por ejemplo, relatan que durante una visita a Gipuzkoa tuvieron un encontronazo con unos abertzales que les acusaron de ser «españolistas»; mientras tanto, en Tudela, paradójicamente, les llamaban los «vascos» porque solían colgar ikurriñas[195].

Pese a las diferencias y los debates sectarios, casi todos los partidos de la oposición antifranquista estaban de acuerdo en lo fundamental. Por lo general, la mayoría de la oposición antifranquista, desde el PSOE hasta la izquierda revolucionaria, adoptó el vasquismo antifranquista. El partido que probablemente tenía una postura más reacia al vasquismo antifranquista fue el PCE. El partido de Carrillo defendía la reinstauración del Estatuto de Autonomía aprobado por el Gobierno de la República durante la guerra, por lo tanto, en sus reivindicaciones y en su organización interna Navarra quedaba excluida del País Vasco. La rama navarra del PCE no adoptó el vasquismo hasta 1978, cuando se integró en el Comité Nacional del EPK. Lo hizo más tarde que todos los demás partidos de izquierda, justo cuando la Agrupación Socialista de Navarra se estaba empezando a alejar del PSE. La ORT también tenía fama de ser más tibia en la cuestión nacional, pero en su proclamas y consignas se incluía la autodeterminación y la autonomía para las cuatro provincias de Hegoalde. Por ello, su base social –a diferencia de la dirección– se sentía muy identificada con las reivindicaciones nacionales vascas. También en Iparralde, la Ligue Communiste Revolutionaire (LCR) mantuvo una actitud más positi-

---

195. Entrevista TDIS: P.S.J.C. y J.L.A.A. (23/08/2019).

va que el jacobino y centralista Partido Comunista Francés (PCF): se mostró a favor de la autodeterminación, apoyó las luchas de las naciones oprimidas y mantuvo una relación cordial con la izquierda abertzale[196].

Resumiendo, si bien los partidos de ámbito estatal fueron menospreciados con el anatema *españolista*, hay que reconocer que contribuyeron a extender las reivindicaciones a favor del euskera y la conciencia nacional. Además, el origen de algunos partidos se situaba en Euskal Herria y, teniendo en cuenta todo el Estado, su punto fuerte (es decir, una parte importante de la militancia) se encontraba en Hego Euskal Herria. La izquierda abertzale consideraba que el marco más adecuado para provocar una revolución social era el de Euskal Herria, mientras que la izquierda revolucionaria estatal prefería el marco del conjunto de España. Pero, aparte del debate sobre cuestiones tácticas, la colaboración entre ambas culturas políticas fue estrecha, por ejemplo, en las plataformas Euskadiko Herrikoi Batasuna (1975) y Euskal Erakunde Herritarra (1977). A pesar de las discusiones, cuando las circunstancias lo exigían, la unidad de acción se imponía y la mayoría de los movimientos revolucionarios actuaban de forma conjunta para las movilizaciones importantes.

---

196. Salles, 2005.

5
Auge y el declive

El espejismo revolucionario

Los primeros pasos de la lucha antifranquista, a finales de los años sesenta, fueron tímidos y modestos. La clandestinidad pesaba mucho y se respiraba el temor, ya que el recuerdo de la guerra estaba muy presente. Pero, poco a poco, la oposición fue conquistando espacios de libertad y provocando fracturas en las instituciones del régimen. La sociedad fue perdiendo el miedo a la represión y la oposición empezó a actuar de manera cada vez más pública.

El movimiento obrero navarro despegó definitivamente a partir de la huelga general de junio de 1973, en solidaridad con la plantilla de Motor Ibérica. Cuando la dirección de la empresa quiso llevarse las máquinas de la planta de Noain, los trabajadores se encerraron en la Iglesia de El Salvador de la Rotxapea, e hicieron un llamamiento a la solidaridad. La clase obrera respondió con una larga huelga general de nueve días. Aquel fue un verdadero paso de gigante que sorprendió al régimen y desbordó al propio movimiento obrero. A partir de entonces la conflictividad no paró de crecer[197].

---

197. Enrique González de Andrés, 2017; Iriarte Areso, 1995, 149-164.

En junio de 1974, las plantillas de Authi y Villanueva se pusieron en huelga. El resto de las empresas realizaron paros solidarios y se celebraron asambleas masivas en la Catedral de Pamplona. Ante el aumento de la conflictividad, la policía cargó en el interior del templo y les hizo *el pasillo* a los que salían, lo que provocó una estampida y decenas de heridos. En otoño de ese mismo año, se inició otra oleada de conflictos relativos a la renovación de los convenios, que culminó el 11 de diciembre en la huelga general impulsada por la ORT y el MCE, y apoyada por el resto de la izquierda revolucionaria. Aquella jornada más de 200 000 personas de Gipuzkoa, Bizkaia y Navarra salieron a la calle a pesar de la pasividad del PCE. *Diario 16* la definió como «superhuelga». Esta movilización demostró que en el movimiento obrero vasco existía una correlación de fuerzas diferente. Mientras que en España el PCE era la fuerza mayoritaria, en Euskal Herria las organizaciones situadas a su izquierda tenían mayor arraigo y podían organizar movilizaciones exitosas por encima de las consignas del partido de Santiago Carrillo[198]. En total, entre 1973 y 1977, en Navarra se vivieron ocho huelgas generales o generalizadas, y hasta un total de catorce si contamos las del conjunto de Euskal Herria[199].

---

198. Escribano, 2018; Iriarte Areso, 1999.

199. Son las siguientes: en solidaridad con Motor Ibérica (junio de 1973, Pamplona y Navarra), en Tolosaldea (11-12 de junio de 1974), jornada de lucha del 11 de diciembre de 1974 (Bizkaia, Gipuzkoa y Navarra), en solidaridad con el encierro de Potasas (15-21 de enero de 1975, Pamplona y Navarra), contra los últimos fusilamientos (varias jornadas entre agosto y septiembre de 1975), el 3 de marzo vitoriano y la respuesta a la masacre (3-4 y 8-9 de marzo de 1976), contra los sucesos de Montejurra (huelga general en Estella, con paros parciales en otras comarcas en mayo 1976), asesinato de Normi Mentxaka (12 de julio de 1976, paro general en Bizkaia), huelga general por la amnistía en el aniversario de los fusilamientos (27 de septiembre de 1976), paro estatal convocado por la COS (12 de noviembre de 1976), contra los asesinatos Atocha (26 de enero de 1977, sobre todo en Bizkaia), contra los asesinatos de Itsaso (8-9 de marzo de 1976, general en Gipuzkoa y Rentería), aniversario del 3 de marzo (1977, Vitoria-Gasteiz) y la Semana Pro-Amnistía (mayo de 1977).

Hacia 1974, debido al débil estado de salud de Franco y a la desaparición de su supuesto sucesor, el almirante Carrero Blanco, se empezó a atisbar un posible final de la dictadura. Ante aquella posibilidad, la oposición articuló las llamadas plataformas unitarias de la oposición. El PCE, junto a otras fuerzas, impulsó la creación de la Junta Democrática de España (JDE o *Junta*) y el PSOE, por su parte, hizo lo propio con la Plataforma de Convergencia Democrática (PCD o *Plataforma*), que se fusionaron poco tiempo después en la llamada Platajunta. El programa que propusieron estos dos organismos para el fin de la dictadura se conoció con el nombre genérico de *ruptura*. Esta no se concebía, ni mucho menos, como un derrocamiento revolucionario de la dictadura, sino, más bien, como el paso pacífico hacia un sistema democrático, proceso que debería ocurrir bajo el control de un Gobierno provisional democrático, formado por los partidos y sindicatos de la oposición. Además de estas medidas, se proponían la legalización de partidos y sindicatos, elecciones democráticas, amnistía y autonomía para las nacionalidades.

Algunos partidos de la izquierda revolucionaria compartían algunas de las reivindicaciones de las plataformas unitarias y participaron en ellas a pesar de las reservas y las críticas, en ocasiones de manera un tanto contradictoria. El MCE, por ejemplo, a partir de 1974 dejó a un lado la retórica maoísta y dio un giro pragmático. Mantuvo una postura unitaria dejando la perspectiva de la revolución socialista en un segundo plano y apostó por alianzas amplias, con el objetivo de apoyar la ruptura democrática y de que la izquierda revolucionaria no quedara aislada. Fue, junto a la ORT, uno de los partidos fundadores de la Plataforma[200].

Este último partido, siguiendo al típico esquema de revolución por etapas del maoísmo, durante este periodo defendió

200. Fernández Rincón, 2018; Díaz Macías, 2022.

la creación de un Gobierno provisional democrático (en alianza con las fuerzas democrático-burguesas, pero con el proletariado a la cabeza), que daría paso a un proceso constituyente con el objetivo de desembocar en una república democrática popular, en la cual se derrocaría del poder a la oligarquía y al imperialismo. El partido mantuvo esta consigna contra viento y marea prácticamente hasta la víspera de las elecciones de 1977 y fue su caballo de batalla particular. En cuanto a los organismos unitarios, mantuvo una política contradictoria. Primero, fue uno de los fundadores de la Plataforma hasta que la abandonó poco después; pero al año siguiente, cuando los dos organismos se fusionaron, se volvería a integrar[201].

El PCE (i), por su parte, en un principio criticó muy duramente la creación de la Junta, pero pocos meses después rectificó y aceptó participar en ella, tras cambiar su nombre por el de Partido del Trabajo de España[202]. En los siguientes meses, mantuvo una postura parecida a la de la ORT, pero tras el referéndum de 1976 apreció que a partir de entonces la ruptura ya no era posible. Rebajó las consignas que había defendido hasta entonces y se preparó para participar en las elecciones.

Por norma general, los partidos maoístas mantuvieron una postura parecida ante las plataformas unitarias de la oposición: participaron en ellas, pero al mismo tiempo consideraron insuficientes sus reivindicaciones. Para ellos la ruptura debía ir más allá e incluir consignas más ambiciosas, como referéndum sobre el modelo de Estado, la disolución de los cuerpos represivos o la autodeterminación. En Hego Euskal Herria, sin embargo, el amplio arraigo de las fuerzas radicales permitió que se formaran otros marcos de acuerdo que incluyeran dichas reivindicaciones. Hubo dos oportunidades, la primera a finales de 1975, Euskal Herrikoi Batzar

---

201. Remón, 1995.

202. Diaz Macías, 2021; Martín Ramos, 2011.

(EHB, *Herrikoi*), y la segunda a principios de 1977, Euskal Erakunde Herritarra (EEH, *Erakunde*). Pero las diferencias entre la izquierda abertzale y las fuerzas del ámbito español y la falta de acuerdo frustraron estos dos intentos.

El PCE (m-l), por otra parte, consideró que había llegado el momento de enfrentarse directamente al régimen. A través del FRAP, en verano de 1975 inició una campaña armada para oponerse a cualquier intento de maniobra del régimen. Pero la falta de preparación de sus militantes y la represión minaron su efectividad. Este intento acabó trágicamente, ya que muchos de sus militantes fueron detenidos y torturados, y tres de ellos, José Luis Sánchez-Bravo, Ramón García Sanz y José Humberto Baena, fusilados junto a Txiki y Otaegi en septiembre de 1975[203].

Las organizaciones trotskistas y la OIC, en cambio, criticaron las plataformas unitarias, debido a su carácter interclasista y reformista. Estas organizaciones les reprocharon a los organismos unitarios ser plataformas que buscaban conciliar al movimiento obrero con una supuesta burguesía democrática, para acordar un final no-revolucionario de la dictadura[204]. La Liga Comunista, por ejemplo, afirmaba que el antifranquismo que representaban estas organizaciones era como un «centauro», porque pese a que el peso de la lucha recaía sobre el movimiento obrero, el liderazgo y el programa de estas organizaciones era demócrata-burgués[205].

LCR-ETA VI, por su parte, criticaba a los maoístas por participar en los organismos unitarios interclasistas, acusándoles de «minimalismo y frente populismo», y les reprochaba separar «artificialmente» la lucha contra el capitalismo y la

203. Catalán Deus, 2020, 100-105; Amores Bonilla & Sanchiz Torrez, 2018.

204. Satrustegi, 2022c, 130-134.

205. Secretaría del Comité Provincial de LC: *Circular sobre la situación política*, 29/01/1977, ABatz.

lucha contra la dictadura[206]. La consigna de *huelga general revolucionaria* que defendían se mantuvo hasta la muerte del dictador. Así pues, a partir de entonces el concepto perdió el epíteto y pasó a ser huelga general «contra el franquismo sin Franco». La fuerza de los hechos estaba demostrando que la anunciada insurrección ya no ocurriría y que el fin de la dictadura sería de otro modo. Sin embargo, se tardó en justificar el porqué del cambio de denominación. No fue hasta junio del 1976, con el debate del I Congreso LCR-ETA VI, en el que se afirmó que era un mero cambio formal.

Además de la Junta y la Plataforma, en Cataluña se creó la Assemblea de Cataluña, que agrupó a gran parte de la oposición bajo las reivindicaciones de «*Llibertat, Amnistia, Estatut d'Autonomia*». A imagen y semejanza de las anteriores, en Euskal Herria también se intentó crear organismos unitarios que agruparan a toda la oposición. En 1974, al calor de la huelga de Authi y Villanueva, el PCE (i), el PCE y el Partido Carlista constituyeron la Asamblea Democrática de Navarra (ADN), y al año siguiente la Asamblea Democrática de Euskadi (ADE). Estos dos organismos respondían a la política del PTE de apoyar la creación e impulsar organismos unitarios junto al PCE, al igual que lo estaba haciendo en otros lugares. Sin embargo, la política del PTE no se ajustaba a la realidad de Hego Euskal Herria, ya que la correlación de fuerzas entre izquierda revolucionaria y el PCE era favorable a la primera, lo que condenaba al PTE a hacer seguidismo del partido de Santiago Carrillo. El resto de los partidos políticos de la izquierda no se sumaron a la iniciativa. En el caso navarro, ORT se negó a participar en el organismo, debido a que la consideraba que su programa era «demócrata-burgués». LC, por su parte, acusó a la ADN de ser «un acuerdo de colaboración interclasista» y de «entorpecer la lucha obrera y popular». Ante la negativa

---

206. Romero, 2014, 55-56.

de varias organizaciones obreras, el organismo acabó decayendo poco después. A la ADE, por su parte, le reprocharon ser un instrumento del PCE para tratar de ser readmitido en el Gobierno Vasco del exilio y tampoco tuvo éxito[207].

En los próximos meses, la oposición antifranquista experimentó un avance significativo, causando importantes grietas en las propias estructuras del régimen. En 1975 se convocaron las últimas elecciones al Consejo de Trabajadores de Navarra, una entidad de representación orgánica del Sindicato Vertical. Al contrario que en 1971, algunos de los partidos de la izquierda revolucionaria decidieron participar[208]. La oposición se presentó dividida en tres candidaturas: una impulsada por MCE y ORT, otra compuesta por el PTE y el PCE, y la última formada por sindicalistas independientes, algunos de los cuales provenían del mundo cristiano, como Javier Yaben, Tomás Caballero o Miguel Ángel Muez. Finalmente, tras a un pacto entre EMK y los sindicalistas independientes, Javier Yaben fue elegido presidente y Manuel Burguete (empleado de Union Carbide, del MCE) vicepresidente. Estos acuerdos permitieron convertir el Consejo de Trabajadores en un verdadero núcleo antifranquista y un vehículo de las reivindicaciones obreras dentro del propio aparato estatal. Destacó la campaña por el Convenio General capitaneada por el Consejo de Trabajadores, gracias a la cual el 22 de febrero de 1976 Pamplona y Tudela pudieron celebrar su primera manifestación legal desde antes de la Guerra Civil. Dicho convenio pretendía mejorar las condiciones de toda la población asalariada, incluyendo las de las pequeñas y medianas empresas donde habitualmente el movimiento obrero no tenía tanta capacidad de lucha.

---

207. *Mundo Obrero Rojo*, 24, 01/09/1974, 5-7; *El Militante*, 7, 12/1974, 48-50; *Abenduak 11*, 10, 10/01/1976, 4; Satrustegi, 2022c, 133-134; Jiménez de Aberasturi & López Adán, 1989, 296-299.

208. Garde, 2006, 225-260; Iriarte, 1995, 109-112 y 185-191.

Las organizaciones simpatizantes con la Cuarta Internacional, en cambio, criticaron que los partidos y organizaciones de izquierda participaran en las elecciones sindicales. Creían que suponía subordinar el movimiento obrero, y en especial a CC. OO. al aparato estatal franquista, lo que limitaría su capacidad de lucha. Ante esta situación, LC decidió en su III Congreso (septiembre de 1976) abandonar CC. OO. y apostó por incorporarse a la UGT, donde estimaba que podría llevar a cabo su política sindical de manera más eficaz. Por aquel entonces, la UGT en Navarra se encontraba en un estadio embrionario y no contaba con muchos militantes, por lo que la llegada de cerca de 75 militantes trotskistas permitió que en los próximos años LC influyera en la dirección del sindicato socialista, a pesar de la oposición del sector más moderado y oficialista del PSOE. Para ello, los trotskistas contaron con la colaboración de los sectores más izquierdistas del Partido Socialista y las Juventudes Socialistas[209].

Durante estos meses, la represión siguió siendo muy dura. En noviembre de 1976, por ejemplo, LCR-ETA VI sufrió una importante caída. La policía irrumpió en la Conferencia Nacional de Euskadi que se estaba celebrando en el santuario de Nuestra Señora de Arantzazu (Oñati) y fueron detenidos los 154 asistentes, entre ellos los miembros del Comité Nacional de Euskadi y algunos miembros del Comité Central[210].

En el Ayuntamiento de Pamplona, por su parte, ocurrió algo parecido al Consejo de Trabajadores. El grupo de los concejales sociales dio cabida a las reivindicaciones de los barrios y vecinos, y formó una verdadera fuerza de oposición desde el interior de las instituciones. Por dichas razones, se vivieron continuos enfrentamientos dentro del consistorio.

---

209. Satrustegi, 2022, 94-95; Bueno, 2021; Bueno, 2022b, 224-230.

210. *Diario de Navarra*, 25/11/1976, 27; *Ya*, 23/11/1976, R-68455, ALTE. *Arriba*, 23/11/1976, R-68459, ALTE.

El gobernador civil, en consecuencia, destituyó en octubre de 1976 al alcalde, el progresista Francisco Javier Erice Cano, bajo el pretexto de un presunto delito de prevaricación[211].

En los últimos años de la dictadura, la clase obrera desarrolló sus organizaciones y herramientas de clase y era tal la capacidad de presión que consiguió arrancar grandes conquistas a la patronal. Pese al sectarismo y a la competencia partidista que existía entre las diversas organizaciones, las huelgas y las movilizaciones del tardofranquismo tenían importantes elementos unitarios y comunitarios, ya que estaban impregnadas de un fuerte sentimiento de solidaridad de clase. Por ejemplo, en aquella época eran habituales las huelgas de solidaridad, es decir, las que se hacían para apoyar a otros centros de trabajo en conflicto. Estas suponían la pérdida de una parte del salario con único objetivo de apoyar a otros miembros de la misma clase. Además, normalmente se exigían aumentos *lineales*, o incluso *inversos*, es decir, aumentos salariales no proporcionales para que los de menor sueldo ganaran más. Esta reivindicación tenía un fuerte carácter igualitarista que superaba toda reivindicación egoísta.

Asimismo, en aquella época, se convirtió en habitual interrumpir la jornada de trabajo para realizar asambleas y, según nos relatan antiguos miembros del movimiento obrero, era raro el mes en el que se cobraba el salario entero, debido a los numerosos paros que se sucedían. Además, cuando se producían detenciones a militantes del movimiento obrero, sus compañeros y compañeras solían convocar paros de inmediato, para exigir su puesta en libertad, lo que provocaba que la patronal se viera obligada a rogarles a las autoridades que lo liberaran, para así poder retomar la producción.

Había un gran espíritu de compañerismo y solidaridad, y se confiaba plenamente en las asambleas de trabajadores de

---

211. Caspistegui & Larraza, 2006; Sainz, 2017; Sainz, 2008; Pescador, 2011.

cada empresa. Un ejemplo de ello es la anécdota contada por Pepe Uruñuela, abogado laboralista durante la Transición. Relata que en Laminaciones de Lesaka despidieron a uno de los líderes sindicales de la fábrica. Aquel trabajador tenía derecho a interponer un recurso para ser readmitido, pero se negaba a hacerlo; argumentaba que solo se reincorporaría a través de la lucha y la presión ejercida por la asamblea de trabajadores, y por tanto, rechazaba ser readmitido a través de un procedimiento legal, a pesar de que la empresa insistía en que siguiera esta vía[212].

A lo largo de la primera mitad de los setenta, el auge de las luchas fue continuo y a partir de cierto momento el éxito de las movilizaciones estuvo casi garantizado. En ocasiones, la autoridad de la patronal se llegó a poner en cuestión, y a menudo, no les quedaba más remedio que aceptar la mayoría de las reivindicaciones de la plantilla. En una fábrica de Tafalla, por ejemplo, con mucho esfuerzo se consiguieron subidas salariales de hasta un 34 % anual, se abolieron las horas extras y se consiguió que los trabajadores eventuales de la plantilla fueran contratados de forma fija. Según Jose Mari Esparza, «era un momento [en el] que se ganaba todo»[213]. Ante tal situación, a consecuencia de las victorias del movimiento obrero, los sueldos subieron más que los beneficios de la patronal, lo que significaba que las rentas del trabajo crecieron por encima de las del capital[214]. Jesús Urra, líder de EMK, nos relataba que la situación en la Super Ser de Pamplona era la siguiente:

> Llegó un momento, teníamos tanta fuerza, que éramos los amos de la barraca de arriba abajo. [...] Nos perdía el exceso de fuerza. Se consiguen muchas cosas, es decir, ¡joe! [...] cumplía

212. Entrevista FDMHN: P.U.N. (17/12/2024).

213. Entrevistas FDMHN: J.G.I y R.O.S. (10/12/2020); JM.E.Z. (22/10/2021); Entrevista TDIS: JM.S.A. (15/11/2018).

214. Etxezarreta, 1991; Domènech, 2022.

> los años alguien y había una fiesta. En la cadena: los cronometradores no se atrevían a bajar. Los corrías a boinazos con lo cual tenías unos topes [...] que con lo cual igual había unos puestos de trabajo que a las tres horas habías acabado el trabajo. Y iban a tomar el sol a la terraza y los veía toda la dirección. O sea, era un poder... era un contrapoder en realidad.[215]

En aquella coyuntura, debido al carácter de clase de la dictadura y a la identificación de la patronal con esta, las luchas del movimiento obrero adquirieron un carácter político y antirrégimen. Cualquier reivindicación obrera que excediera al sindicalismo oficial franquista, por pequeña que fuera, se oponía al modelo vertical de relaciones laborales de la dictadura, y por lo tanto, era considerada subversiva y podía ser objeto de represión. En consecuencia, a menudo era la propia represión la que politizaba, ampliaba y radicalizaba las movilizaciones, convirtiendo las protestas obreras en acciones contra el régimen franquista. Asimismo, los partidos y organizaciones que actuaban desde el seno del movimiento obrero se afanaban por incluir reivindicaciones de carácter político en las *plataformas reivindicativas* que presentaban a la patronal. Estas consignas excedían el ámbito de la empresa y pedían amnistía, libertades democráticas, disolución de los cuerpos represivos o autodeterminación. Los miembros menos politizados de la plantilla a menudo no entendían por qué se incluían estas consignas. Pero los partidos revolucionarios creían que era importante recordar a la clase obrera que era necesario ligar las reivindicaciones económicas más cercanas y cotidianas con los objetivos políticos más lejanos, aunque luego solo se negociara «con las cosas de comer»[216]. Por todo ello, podríamos decir que en los últimos años de la

---

215. Entrevista TDIS: J.U.B. (30/10/2018).

216. Entrevista FDMHN: JM.E.Z. (22/10/2021); Entrevistas TDIS: P.U.J. (20/12/2018); J.U.B. (30/10/2018).

dictadura el movimiento obrero era mucho más que mero sindicalismo; tenía un fuerte contenido político y se convirtió en la columna vertebral de la oposición antifranquista.

Sin embargo, el movimiento obrero a menudo actuaba de manera muy autónoma, por encima del control de partidos y sindicatos. En realidad, la vanguardia militante era una minoría, muy activa y disciplinada, pero una minoría, al fin y al cabo. La clase obrera a menudo actuaba por su cuenta y en algunas movilizaciones, sobre todo las que respondían a los ataques represivos, las masas superaban a las vanguardias organizadas[217].

Al contrario de lo que se ha podido decir, ante el avance de la oposición el régimen endureció la represión al final de la dictadura. Pero lejos de contener o erradicar las protestas, a partir de cierto momento, provocaba que estas se radicalizaran y extendieran. Como ya hemos dicho anteriormente, durante el ocaso del franquismo, la lucha contra la represión y por la amnistía se convirtieron en las reivindicaciones centrales de la oposición. La amnistía, tal y como afirma Xavier Domènech, era mucho más que un perdón o un indulto concedido por el poder. La amnistía suponía que la sociedad aceptaba la legitimidad de los hechos por los que los presos políticos habían sido encarcelados, y al mismo tiempo, «su consecución significaba el inicio de la derogación de la base jurídica de la misma dictadura»[218].

Además, en Euskal Herria existía la firme convicción de que la amnistía debía ser conquistada por la lucha popular y no concedida o negociada por las élites políticas. Así lo expresaba el lema: «*Ez, ez, ez, amnistia ez da negoziatzen!*». Por lo tanto, las luchas por la amnistía exigían mucho más que la simple liberación de los presos políticos, en realidad

---

217. Perez Ibarrola, 2017, 442.

218. Domènech, 2022, 257-258.

estas reivindicaciones sublimaban la lucha por las libertades políticas. Fruto de aquel anhelo en 1976 se crearon las Comisiones Gestoras Pro-Amnistía, un movimiento unitario y de masas que reivindicaba amnistía para los presos políticos, así como libertades políticas[219].

Fue en ese intervalo de tiempo cuando las expresiones asamblearias y unitarias del movimiento obrero alcanzaron su cenit. En Bizkaia, por ejemplo, en septiembre de 1976 se creó la Coordinadora de Fábricas de Vizcaya que reunía a los delegados elegidos por los trabajadores de las asambleas de las fábricas más importantes de toda la provincia. En Errenteria, por su parte, entre 1976 y 1979 estuvo activa la Asamblea Popular, un órgano de participación y contrapoder popular que organizaba y coordinaba movilizaciones y que también servía para discutir diversos aspectos de la vida política y social.

Fuertes aumentos salariales, grietas en las instituciones, victorias populares, pérdida del control de la calle, inefectividad de la represión, la enfermedad del dictador... Ciertamente, a mediados de los años setenta la situación comenzó a complicarse para el franquismo: el régimen se encontraba contra las cuerdas. La minoría militante, ante el auge de las luchas, vio la situación con euforia y por momentos creyó que se encontraba ante una situación *prerrevolucionaria*. Además, en abril de 1974 se produjo la Revolución de los Claveles en Portugal. Durante los dos años siguientes, El Proceso Revolucionario en Curso puso en cuestión la sociedad de clases en el país vecino y provocó pavor en las élites franquistas.

Por si todo eso fuera poco, la crisis económica empeoró las cosas. La llamada crisis del petróleo, desencadenada a consecuencia del alza del crudo decretado por la OPEP, golpeó la débil y dependiente economía española. La subida repenti-

219. Escribano & Casanellas, 2012; Martínez Larrea, 2011.

na de los precios puso fin al crecimiento económico del capitalismo keynesianista-fordista de posguerra y desencadenó la crisis: descenso de la actividad económica, desinversión, paro, y, sobre todo, inflación. El movimiento obrero, bien organizado y movilizado, quiso hacer frente al alza de los precios con más movilización, lo que provocó más aumentos salariales. Pero, al mismo tiempo, la clase empresarial optó por reflejar esos aumentos, una vez más, en los precios de consumo. La clase obrera y la patronal trataron de que el coste de la crisis recayera sobre el otro, provocando una espiral inflacionista, que llegó a ser de 28,4 % en agosto de 1977. Las protestas sociales empezaban a poner en cuestión la autoridad de la patronal y quedó claro que cambios políticos de calado eran necesarios. La dictadura estaba empezando a ser un obstáculo para el capitalismo español.

El régimen, ante la cada vez más evidente falta de apoyos, inició un tímido proceso de apertura. Pero lejos de caminar coherentemente hacia un sistema parlamentario de tipo liberal-occidental, pretendió renovar algunas de sus estructuras y actualizar algunos de sus apoyos, al mismo tiempo que recrudeció la represión contra la oposición: era la llamada *reforma*, opuesta a la ruptura propuesta por la oposición. Los primeros intentos, llevados a cabo tras la muerte de Franco por el presidente Arias Navarro, para nada trataban democratizar el aparato de Estado, sino más bien implementar una reforma superficial para buscar nuevas fuentes de legitimidad y así imponer una suerte de *franquismo sin Franco*. Tras la muerte del dictador, esa fue la labor que se impuso el primer Gobierno de la monarquía. Pero la oleada de movilizaciones del invierno-primavera de 1976, con los sucesos de Vitoria-Gasteiz como jalón principal, desbordaron completamente al Gobierno[220]. La dictadura se vio obligada a cruzar

---

220. González de Andrés, 2021.

sus propios límites. Arias Navarro tuvo que dimitir, y tras la llegada de Adolfo Suárez al Gobierno, el régimen tuvo que dar su brazo a torcer: aceptó la participación de la oposición y puso en marcha el proceso de cambio político. El de Ávila, *a priori*, no provenía del sector más aperturista del franquismo, pero la situación le obligaba a mover ficha.

La contrarrevolución preventiva y nacimiento del nuevo régimen

A mediados de 1976, el régimen y la oposición llegaron a una suerte de empate técnico: la oposición imposibilitaba la continuidad del franquismo, pero al mismo tiempo era incapaz de derrocar la dictadura e imponer su propio programa. Además, el final del periodo de crecimiento desarrollista requería de profundas reformas y la dictadura no era capaz de realizarlas, porque cada vez contaba con menos margen de maniobra.

Fue en ese contexto en el que se desplegó el programa político de Adolfo Suárez. El presidente del Gobierno hizo suyas la mayoría de las reivindicaciones del programa de la oposición, pero las implementó de manera gradual y escalonada, sin aclarar cuáles serían los límites de la reforma. De esta manera, fue recuperando la iniciativa y condicionó el ritmo del proceso de cambio político, evitando que las movilizaciones lo desbordaran.

Bajo el férreo control del Estado, se fue aceptando la participación pública de la oposición, pero se cerró toda vía a una salida abrupta o rupturista y solo entonces se pudo empezar a atisbar la posibilidad de que una apertura culminara en una democratización del Estado. De esta manera, se improvisó la demolición controlada de la dictadura para dotar al capitalismo español de un nuevo marco legal, que contara con la aceptación de la oposición y la suficiente legitimidad para acometer las reformas económicas necesarias;

pero, todo ello, sin tocar las bases principales del sistema económico[221].

Las reformas fueron tímidas al principio. Pero, a partir del Referéndum sobre la Reforma Política del 15 de diciembre de 1976, el programa de Suárez ganó credibilidad ante la oposición moderada y ante los sectores más aperturistas de la dictadura. Con ello, el presidente consiguió la legitimidad para convertirse en el agente principal que dirigiría el desarrollo del cambio político; todo ello, a pesar de tratarse de una consulta complemente antidemocrática. La oposición democrática seguía siendo completamente ilegal y la única propaganda permitida fue la gubernamental, que apostó por el sí. Ni los favorables al no ni los que apostaban por la abstención pudieron participar en la campaña libremente, e incluso decenas de personas fueron perseguidas y detenidas por repartir propaganda en torno al referéndum.

En la mayoría de los territorios de España, a partir de verano de 1976, la oposición moderada, con el PCE y el PSOE a la cabeza, fue aceptando la vía abierta por el presidente del Gobierno. En el referéndum, por ejemplo, pidieron la abstención con la boca pequeña y se empezaron a preparar para afrontar las probables elecciones, que supuestamente iban a celebrarse los próximos meses, aunque sin garantías de que estas fueran a ser plenamente democráticas. A partir de entonces, se rompió la unidad de acción de la oposición y no se respetaron los acuerdos de las plataformas unitarias. Cada partido entabló conversaciones por separado para negociar la legalización y así encarar las elecciones de la manera más ventajosa posible. La duda residía en si el PCE podría presentarse con sus propias siglas o habría de hacerlo a través de candidaturas independientes. Dicha incógnita se aclaró en el conocido como Sábado Santo Rojo. A partir de ese momento,

---

221. Ysàs, 2013; Gallego, 2008.

las movilizaciones de los distintos movimientos sociales pasaron de ser el centro y principal protagonista del cambio político a convertirse en la palanca de presión que solo se ponía en marcha para condicionar las negociaciones por arriba.

Durante aquellos meses, la izquierda revolucionaria trató, sin éxito, de desbordar el proceso a través de la movilización. Se redoblaron los esfuerzos y se multiplicaron las movilizaciones por la amnistía y las libertades. El día del referéndum sobre la Ley para la Reforma Política, el PTE, KAS y otras fuerzas llamaron a la huelga general, pero el seguimiento no fue el esperado. A partir de entonces, el PTE modificó su estrategia y se apresuró por adoptar una postura más pragmática y posibilista de cara a las elecciones. La ORT, en cambio, se empeñó en salir a la calle bajo el lema por un «Gobierno provisional democrático», para tratar de provocar la tan ansiada ruptura que garantizara el desmantelamiento de la dictadura y la celebración de elecciones libres[222]. En la mayoría del territorio español, la situación fue encauzándose poco a poco; pero en Euskal Herria, al contrario, no parecía que las aguas fueran a calmarse.

En ese mismo periodo, el movimiento obrero también se preparó para la encarar la nueva situación, ya que se esperaban importantes cambios en el marco de las relaciones laborales. Hasta entonces CC. OO. había sido un movimiento sociopolítico amplio, de carácter unitario y asambleario. Pero, ante la posible legalización y el crecimiento de otros sindicatos, como UGT y USO, parecía que la naciente libertad sindical iba a traer, al mismo tiempo, división entre las distintas centrales. En ese contexto, en julio de 1976 se celebró la Asamblea de Barcelona de CC. OO. En dicha asamblea, celebrada todavía en la clandestinidad, la corriente mayoritaria del sindicato, liderada por el PCE, adoptó la decisión de con-

---

222. Díaz Macías, 2021; Wilhelmi, 2016, 123-147; Treglia, 2013b.

vertirse en un sindicato al uso, aceptando *de facto* la división sindical. Solo algunas de las corrientes revolucionarias de CC. OO., lideradas por el PTE y la ORT, se opusieron a ello. Ambas organizaciones se escindieron e iniciaron el proceso de creación de un sindicato de carácter radical y unitario. Sin embargo, debido a las desavenencias entre los partidos impulsores, la iniciativa unitaria se fracturó y en marzo de 1977 cada uno de ellos presentó su propio sindicato *unitario*: la ORT creó el Sindicato Unitario (SU) y el PTE la Confederación de Sindicatos Unitarios de Trabajadores (CSUT)[223].

En Navarra, cuando se inició el proceso de transición sindical, las posturas favorables a la central unitaria eran mayoritarias. Tras la ruptura de CC. OO., PTE y ORT colaboraron para crear la promotora provincial del Sindicato Unitario. Entre noviembre de 1976 y enero de 1977, tuvo lugar la llamada «segunda huelga de la construcción» que fue liderada por el Sindicato Obrero de la Construcción de Navarra (SOCN), uno de los cimientos en los que se basó la iniciativa unitaria, junto al Sindicato Obrero del Metal de Navarra[224]. Este proceso era muy amplio e iba mucho más allá de los partidos impulsores. En Tafalla, por ejemplo, pese a que PTE y ORT tenían muy poca incidencia en la ciudad, los miembros de CC. OO. se sumaron de manera mayoritaria a la central sindical unitaria. La promotora del Sindicato Unitario de Navarra, formada por independientes de diferentes sectores y militantes de PTE y ORT, se presentó finalmente el 3 de marzo de 1977. Sin embargo, al igual que en el resto del Estado, el movimiento obrero unitario se rompió. El SU de Navarra se constituyó el 27 de marzo de 1977 en una reunión que juntó a 162 delegados. Javier Colomo, trabajador de SEAT y miembro de la ORT, fue investido secretario provincial, y como secretario segundo se eligió a

---

223. Satrustegi, 2022d.

224. Iriarte, 1995, 293-294; Majuelo, 2000, 58.

Miguel Portillo, párroco y trabajador de la papelera Onena. La CSUT, en cambio, a pesar de la prohibición gubernativa, hizo lo propio en la iglesia de Arellano y eligió a César Osanz, también de SEAT, como secretario provincial. Esta escisión tuvo efectos negativos en la organización del sindicalismo unitario; en SEAT, por ejemplo, antes de la ruptura, la central unitaria consiguió afiliar a setecientos trabajadores de los 1 500 que tenía la plantilla, pero tras la escisión el SU se quedó con apenas setenta miembros y la CSUT con algo más de cien[225].

En la arena política, las elecciones generales finalmente se convocaron para el 15 de junio de 1977. Por primera vez en cuarenta años en España se iban a celebrar unos comicios en libertad, pero, eso sí, con importantes limitaciones. Para empezar, no estaba claro cuál iba a ser el papel de las Cortes resultantes y se desconocía si iban a tener carácter constituyente o no. Además, algunas formaciones (los partidos republicanos, los carlistas y todas las fuerzas que estuvieran a la izquierda del PCE) todavía no habían sido legalizadas, y por ello tuvieron que presentarse a través de candidaturas y listas independientes.

En Navarra, la lista más unitaria de toda la izquierda fue la de la Unión Navarra de Izquierdas (UNAI), que agrupaba a EMK, a algunos concejales sociales ligados a HOAC, al minoritario partido abertzale Eusko Sozialistak y a numerosos independientes. Javier Erice, alcalde progresista de Pamplona depuesto por el gobernador civil, fue proclamado como cabeza de lista. La izquierda abertzale también participó en las conversaciones para formar parte de esta coalición. Las fuerzas de KAS, sin embargo, viendo el cariz de las movilizaciones por la amnistía de las semanas anteriores a las elecciones, consideraron que era posible desbordar al Gobierno a través de un boicot electoral. Por si fuera poco, el día 20 de

225. Satrustegi, 2022d; De Miguel, 1986.

mayo, el Gobierno liberó a algunos de los presos más emblemáticos de ETA a través de la fórmula del extrañamiento. Es decir, los liberaron, pero fuera del territorio español. Este gesto no satisfizo a la izquierda abertzale y, por lo tanto, decidieron no participar en las elecciones. Por todo ello, aunque EHAS, partido apoyado por ETA (m), había conseguido colocar a Patxi Zabaleta como candidato al Senado, este finalmente no participó en la campaña. Euskal Iraultzarako Alderdia (EIA), partido ligado a ETA (pm), por su parte, también estuvo presente en las negociaciones, ya que en el resto de los territorios vascos EMK y EIA formalizaron otra coalición bajo el nombre Euskadiko Ezkerra (EE). Finalmente, el hecho de que en Navarra la coalición tuviera otro nombre distinto al de EE provocó que no hubiera acuerdo entre los dos partidos y que EIA quedara al margen de UNAI[226]. En Araba, Bizkaia y Gipuzkoa, en cambio, EMK hizo la mayoría del esfuerzo de la campaña electoral, puesto que disponía de la disciplina y el esfuerzo de sus infatigables militantes. El partido EIA, en cambio, poco habituado al trabajo de masas, aportó el prestigio de ser un partido vinculado a ETA y colocó a sus hombres en sitios destacados de las listas.

El resto de las fuerzas de la izquierda revolucionaria también desarrollaron una profusa actividad de campaña. La ORT, confiada en su fortaleza, descartó entrar en UNAI, creyéndose lo suficientemente influyente como para presentarse sola. Bajo la sigla de Agrupación Electoral de Trabajadores (AET), presentó una lista encabezada por Francisco Javier Iturbe Ecay para el Congreso de los Diputados y Jesús María San Martín Asiain para el Senado.

El Partido del Trabajo de España tampoco participó en UNAI y creó el Frente Democrático de Izquierdas (FDI). La lista del FDI para el Congreso la encabezaban José María Com-

---

226. Pérez Ochoa & Satrustegi, 2020.

pains, César Osanz y Natividad Ezcurra. El Frente por la Unidad de los Trabajadores (LBF-FUT), por último, fue el nombre que utilizó la coalición formada por LKI y la OIC. Estaba encabezaba por José María Solchaga Herrera, líder sindical de Imenasa. La Liga Comunista, al igual que KAS, también apostó por esta abstención, aunque la organización ya estaba empezando a entrar en crisis y algunos de sus miembros crearon la Tendencia Obrera, que se aproximó a LCR y apoyó al FUT[227].

La mayoría de los partidos realizó la campaña con grandes expectativas y mucha ilusión. Poder explicar ante el público sus propuestas de manera libre y abierta contrastaba con las dificultades que suponía la clandestinidad de unos pocos meses antes. Asimismo, en la mayoría de los mítines la afluencia de público fue abrumadora. La sociedad navarra tenía ganas de escuchar y de discutir libremente con los partidos. El mayor hito lo realizó la ORT, que llevó a cabo una campaña exultante, y llegó a llenar el pabellón Anaitasuna en un mitin y la Plaza de Toros de Pamplona en otro, con entre 15 000 y 20 000 asistentes, hazaña que nadie ha podido repetir[228].

En España el resultado que arrojaron las urnas fue claro: la mayoría de la población apostaba por el cambio político, pero sin grandes rupturas. La UCD ganó las elecciones con mayoría simple y Suárez se convertiría en presidente. Pero debido al gran peso de la oposición (sobre todo del PSOE), el presidente del Gobierno tuvo que dotar a las cortes de un cariz constituyente, algo que no estaba previsto en un principio. La izquierda revolucionaria, sin embargo, obtuvo un pobre resultado. En total, las candidaturas apoyadas o impulsadas por la izquierda revolucionaria consiguieron más de 535 000 votos (2,93 %), pero solo obtuvieron representación en dos circunscripciones. En Barcelona, la coalición Esquerra

---

227. Entrevista TDIS: P.U.J. (20/12/2018); Entrevista FDMHN: M.V.F. (26/04/2022).

228. Chueca, 2018.

de Cataluña, apoyada por PTE y ERC, consiguió un diputado, y el independiente Lluis María Xirinacs fue elegido senador. En Gipuzkoa, en cambio, EE logró que Francisco Letamendia *Ortzi* y Juan Mari Bandrés fueran diputado y senador respectivamente. En el conjunto de Euskal Herria, los resultados obtenidos por la izquierda revolucionaria fueron mejores, por encima de la media estatal: 5 % en Araba, 7 % en Bizkaia (llegando a superar al PCE, aunque sin conseguir representación) y 11 % en Gipuzkoa[229].

En Navarra, en cambio, el resultado fue el siguiente: UCD ganó las elecciones, que con el 29 % de los votos obtuvo tres diputados y dos senadores; el PSOE obtuvo el 21 % de los votos y dos diputados; y, finalmente, el histórico nacionalista Manuel Irujo resultó elegido como senador. UNAI, con 24 489 votos (9,47 %) se situó como la tercera fuerza más votada, a solo quinientos votos de obtener un diputado. Además, Fernando Acha y Miguel Ángel Muez (candidatos de UNAI al Senado) obtuvieron 45 596 y 38 484 sufragios respectivamente. AET, la agrupación electoral bajo la que se presentaba la ORT, consiguió solo 13 195 votos (5,11 %) –paradójicamente, menos votos que espectadores en el gran mitin–, siendo la segunda fuerza de la izquierda radical en Navarra, y la sexta del total de agrupaciones. El FDI recibió 6 631 votos (2,57 %), y por último el FUT, con 1 361 votos (0,53 %), quedó en último lugar. Las cuatro candidaturas rupturistas obtuvieron un 17 % de los votos (cerca de 45 000), y habrían obtenido representación de no haberse presentado separadas. Por otra parte, es destacable el escueto 2,44 % que obtuvo el PCE, el porcentaje más bajo de todas las circunscripciones de España, a consecuencia del mayor arraigo que tenía la izquierda revolucionaria[230].

---

229. Planas i Serra, 2011; Sans Molas, 2011, 652-653; Wilhelmi, 2016, 162-164.

230. Azpilicueta, 2019; Chueca, 2018.

Resultados electorales de las elecciones generales de 1977 en Navarra

Candidatura	Aclaración	Votos	%	Diputados
UCD		75 036	29,03	3
PSOE		54 720	21,17	2
UNAI	EMK+ES+Concejales sociales	24 489	9,47	
AFN		21 900	8,47	
UAN	EAJ+ESB+ESEI	18 079	6,99	
AET	ORT	13 195	5,11	
FNI		10 606	4,1	
FDC-EDC		10 450	4,04	
MFA	EKA	8 451	3,27	
FDI-EFD	PTE	6 631	2,57	
PSP-US		6 629	2,56	
PCE		6 319	2,44	
LBF-FUT	OIC-EKE+LKI	1 361	0,53	
Total izquierda revolucionaria		45 676	17,68	

Fuente: http://www.infoelectoral.mir.es/infoelectoral/min/home.html

La opción de la abstención, promovida por las fuerzas de KAS y LC, no alcanzó los resultados esperados. Aunque en Bizkaia y Gipuzkoa la abstención se situó en un 23 %, superando la media estatal del 21,17 %, en Navarra y Araba la tasa de abstención fue considerablemente menor, alcanzando únicamente el 17,76 % y el 17,06 %, respectivamente. La izquierda abertzale no había tenido un papel destacado en las movilizaciones de masas de los últimos años de la lucha antifranquista en Navarra, y por ello el llamamiento al boicot tuvo un eco limitado. Además, la falta de cohesión que vivía la izquierda abertzale y la tardanza por tomar una decisión sobre las elecciones le brindaron un escueto resultado electoral.

Aquellas primeras elecciones marcaron un importante hito y se inauguró definitivamente un nuevo periodo en la historia de España. La gran mayoría de la ciudadanía se mostró favorable al cambio político y a la democratización. Resultaron derrotadas, tanto las opciones políticas favorables a continuar con el franquismo, como las que abogaban por una transformación revolucionaria de la sociedad. Finalizó la dictadura y se inició el proceso de institucionalización del nuevo régimen monárquico, parlamentario y constitucional que se acabaría instaurando en los próximos meses y años. Con ello, pese a los obstáculos, el nuevo régimen se fue asentando.

Sin embargo, en Hego Euskal Herria existía una base social rupturista que tenía puestas sus esperanzas un en cambio social que ocurriría tras la dictadura. Esta base social, aunque no era de ninguna manera mayoritaria, sí que conformaba una minoría muy amplia, ya que las cuatro candidaturas revolucionarias de Navarra obtuvieron un 17,68 %, que podrían ascender hasta el 22 % y los 55 000 votos si tenemos en cuenta al Partido Carlista, que por aquel entonces defendía políticas izquierdistas. Ese resultado fue verdaderamente excepcional, sin igual en Europa Occidental, ya que ni en Francia, ni en el norte de Italia, ni en el sur de Portugal, las izquierdas revolucionarias consiguieron un resultado comparable. En términos generales el resultado no era malo, pero dejó mal sabor de boca por haberse quedado a las puertas de obtener representación. UNAI estuvo a punto de obtener un acta de diputado, pero la falta de unidad lo impidió[231].

Tras las elecciones generales del 15 de junio, la crisis económica y la inestabilidad social suponían un grave problema para España. Ante tal situación, el capitalismo español necesitaba de un nuevo marco jurídico-político y nuevas fuentes de legitimidad, para buscar una solución a la crisis sin tocar las bases principales del sistema económico. Para ello, las primeras medidas económicas iban a provocar que el cos-

---

231. Pérez Ochoa & Satrustegi, 2020.

te de la crisis recayera sobre las espaldas de la clase obrera, pero no se podrían implementar con el movimiento obrero movilizado. Por eso, el Gobierno y las élites necesitaban de la colaboración de los principales partidos y sindicatos de izquierda y que estos postergaran *sine die* sus expectativas de cambio social, a cambio de la democratización del Estado y un espacio en el nuevo panorama político. Es lo que se llamó el *espíritu de consenso*. Por ello, hasta la aprobación de la Constitución en diciembre de 1978, los principales partidos de la izquierda y la derecha llegaron a acuerdos fundamentales con el Gobierno para plantar las bases del nuevo régimen. Esta tregua entre la oposición y el Gobierno, declarada para facilitar la implantación del nuevo sistema constitucional y parlamentario, en la práctica significaba dar por bueno el naciente régimen monárquico y capitalista. Todo ello se justificó afirmando que no había correlación de fuerzas suficiente para provocar cambios sociales más profundos y que había que evitar una nueva guerra civil o una involución hacia la dictadura[232]. Por lo tanto, salvo en la Vasconia peninsular, la Constitución y el naciente régimen parlamentario se fueron asentado, gracias al apoyo de la oposición y de una gran parte de la población. Finalmente, el 6 de diciembre de 1978 se refrendó la nueva carta magna y el 87,7 % de los votantes le dio su aprobación.

En el ámbito sociolaboral, esa propuesta de consenso se concretó en los Pactos de la Moncloa, firmados en otoño de 1977. En dichos acuerdos se establecieron las primeras medidas económicas contra la crisis: se priorizaba la recuperación de los beneficios empresariales, la liberalización de la economía y, sobre todo, la contención salarial para reducir la inflación. Dichas medidas iban a afectar negativamente en las condiciones de la clase obrera, pero tanto PSOE como PCE,

---

232. Andrade, 2012.

así como sus respectivas organizaciones sindicales (CC. OO. y UGT), aceptaron dichas medidas y se comprometieron a limitar la movilización obrera, a cambio de ciertas contrapartidas sociales y políticas, que no siempre llegaron a cumplirse[233]. Esa actitud de la izquierda mayoritaria fue criticada por los sectores más radicales y revolucionarios del movimiento obrero. Denunciaron que se trataba de un pacto social, que tenía por objetivo echar el peso de la crisis sobre las espaldas de la clase obrera[234].

La patronal, por su parte, en el primer trimestre de 1976 se había visto contra las cuerdas y completamente deslegitimada debido a su excesiva identificación con la dictadura. Sin embargo, en los meses siguientes aprovechó el *impasse* para reorganizarse y reforzar su posición. Hasta entonces la burguesía no había necesitado de un organismo propio, ya que contaba con el sostén y el apoyo de la dictadura, especialmente a través del Sindicato Vertical. Pero, a consecuencia del desmantelamiento de las instituciones franquistas, tuvo que iniciar un arduo proceso de reorganización, que culminó en la fundación de la Confederación Española de Organizaciones Empresariales (CEOE) en junio de 1977. La nueva organización empresarial empezó a ganar influencia sobre el Gobierno, especialmente a partir de la aprobación de la Constitución. Con ello, la burguesía recuperó el control de la situación y parte de su legitimidad social. Poco a poco, las tasas de beneficio empresarial se empezaron a recuperar y fueron implantándose las primeras medidas de corte neoliberal[235].

Al mismo tiempo, se fue forjando el nuevo marco de relaciones laborales que condicionaría la lucha de clases

---

233. Etxezarreta, 1991; Maluquer de Motes i Bernet, 2014, 353-413; López & Rodríguez, 2010, 29-84; Rodríguez López, 2015, 163-197.

234. Wilhelmi, 2021; Satrustegi, 2022d.

235. Domènech, 2022; Etxezarreta, 1991.

en los años siguientes. Las dinámicas asamblearias y unitarias que habían protagonizado la lucha antifranquista perjudicaban seriamente la capacidad de negociación del Gobierno y la patronal. Para hacerle frente a aquel escenario, a través del Pacto de la Moncloa y con el Estatuto de los Trabajadores (1981), se institucionalizó un modelo de relaciones laborales basado en la delegación sindical y no en la participación obrera. Poco a poco, los delegados sindicales fueron sustituyendo a las asambleas. Para ello fue fundamental la contribución de las principales centrales sindicales que colaboraron con el Gobierno y la patronal, aceptando e implantando el nuevo marco de relaciones laborales. En algunas fábricas, acordaron la contratación preferente de afiliados suyos para contrarrestar el peso de los sindicatos combativos, y así, hacer desaparecer las dinámicas asamblearias[236]. Temporalmente, estas convivieron con el modelo representativo y delegativo de negociación, y en las zonas y sectores de más tradición todavía se mantuvieron durante cierto tiempo, pero finalmente acabaron por desaparecer[237]. Además, en la nueva legislación se prohibieron de manera expresa las huelgas de carácter solidario o político. A partir de entonces, la lucha obrera perdió mucha centralidad, ya que el movimiento obrero pasó de ser la columna vertebral de la oposición antifranquista a limitarse a luchar y negociar por las condiciones de trabajo. Las reivindicaciones del movimiento obrero se limitaron, cada vez más, a cuestiones estrictamente laborales o salariales y la política se virtualizó, quedando limitada a los partidos políticos con representación parlamentaria, quienes se convirtieron en los protagonistas de la política con mayúsculas. Por todo ello, cambió el carácter de las movilizaciones del

---

236. Entrevista FDMHN: B.U.M. (20/12/2024)

237. Satrustegi, 2022; Wilhelmi, 2021.

movimiento obrero, que perdieron potencialidad transformadora. Además, la división sindical ya era una realidad, y las dinámicas asamblearias y unitarias entraron en decadencia.

El batacazo electoral del 15 de junio y la construcción del nuevo marco de la lucha de clases marcaron el inicio de la crisis de la izquierda revolucionaria; no solo en Euskal Herria, también a nivel internacional. Como ya hemos visto, al calor del largo 68 la lucha de clases se agudizó y por momentos pareció que el movimiento obrero podría hacer frente al sistema capitalista. Pero, a partir de mediados de la década de 1970, la burguesía aprovechó la crisis económica para reforzar las instituciones capitalistas y frenar los movimientos revolucionarios que habían ido surgiendo en la década anterior. Se trató de un fenómeno internacional que el historiador Josep Fontana calificó como «contrarrevolución conservadora preventiva»[238]. El golpe de Estado contra Salvador Allende en Chile en septiembre de 1973 o la reconducción del Proceso Revolucionario en Curso de Portugal hacia un régimen constitucional liberal (1976) fueron claros ejemplos de ello.

A partir de entonces, se fue apagando la chispa revolucionaria del largo 68, justamente porque la puerta de las expectativas revolucionarias se estaba cerrando. Los partidos de la izquierda revolucionaria entraron en una profunda crisis de expectativas y de militancia. Los esforzados militantes creyeron que tras el fin de la dictadura el capitalismo se debilitaría y se abriría el camino hacia el socialismo; pero la burguesía y la economía de mercado salieron reforzados. El choque entre la realidad y las esperanzas por el cambio social por el que tanto habían sacrificado fue muy duro. El cansancio de casi toda una década de lucha clandestina también influyó. Aque-

---

238. Fontana, 2017, 417-486.

lla sensación de frustración y derrota ha sido denominada por David Beorlegui como el «desencanto»[239]. En pocos años, aquellos partidos perdieron mucho apoyo social y obtuvieron resultados electorales modestos. Esta tendencia se notó en la mayoría de los partidos revolucionarios europeos, y aunque los ecos de los gritos de rebeldía se escucharon a lo largo de la década de los ochenta, el movimiento decayó progresivamente. En Francia, por ejemplo, Gauche Proletarienne se autodisolvió en 1973 y en Italia Lotta Continua implosionó en 1976[240].

Por si fuera poco, en los próximos años se produjeron importantes cambios en la composición de la clase obrera europea. A partir de la década de 1980, debido a la creciente globalización, se produjo la reconversión industrial y la economía se terciarizó. Por lo tanto, numerosas empresas se deslocalizaron a países con condiciones salariales más ventajosas para la patronal. Muchas de las fábricas que habían formado parte del paisaje de la lucha obrera desaparecieron[241]. Sumado a todo ello, la sociedad de consumo y la ficción de la clase media acabaron por desdibujar las señas de identidad de la clase obrera. Tanto, que hasta se llegó a proclamar su desaparición.

Al mismo tiempo, a partir de mediados de la década de 1970 comenzaron a surgir los llamados nuevos movimientos sociales, es decir, movimientos de protesta especializados como el feminismo, el ecologismo, la lucha por la liberación sexual, el antimilitarismo y el pacifismo. Estos grupos tomaron el relevo del movimiento obrero y emergieron con otros lenguajes, objetivos y modelos de lucha. Frente a la disciplina y la seriedad propias de la clandestinidad, a menudo sor-

239. Beorlegui, 2017.

240. Harman, 1979; Rousset, 2008; Sans, 2011.

241. Beorlegui, 2018.

prendieron por su carácter irreverente, desenfadado e imaginativo.

Todos estos factores desplazaron la centralidad que el obrerismo había tenido hasta entonces. La izquierda revolucionaria, que principalmente había estado formada por organizaciones obreras, fue desplazada. Ante el alejamiento de la perspectiva de una posible revolución, muchos partidos de la izquierda obrera sufrieron una crisis de militancia y algunos incluso desaparecieron –como ORT y PTE–. Solo las organizaciones que consiguieron adaptarse a los nuevos movimientos sociales –como EMK y LKI– consiguieron mantenerse y prolongar su existencia. Estas organizaciones se convirtieron en animadoras e impulsoras de la protesta social, así como en escuelas de comprometidos activistas sociales. Pero quedaron lejos de ser aquellas organizaciones de masas dispuestas a tomar el poder por la fuerza.

La divergencia vasca y el trasvase

Llevamos un largo rato esperando, hasta que por fin ha aparecido. «¡Me cago en sos, Mikel! ¿Dónde estabas? ¡Que llegamos tarde!». Siempre estamos igual; es de la cuadrilla, pero hay momentos en que me pone de los nervios.

Hoy es el Aberri Eguna y un sol primaveral nos acaricia el rostro. Han pasado cinco años desde la muerte de Franco y solo tres desde las primeras elecciones. El gobernador civil, el muy facha, ha prohibido la manifestación convocada en el centro, y la policía ha tomado las calles. Sin embargo, se ha corrido la voz de otra convocatoria: a las cinco en el Porrón, en la Rotxapea. Como siempre, seguro que se va a liar. No nos perdemos ni una.

Cuando estamos llegando, la marcha está a punto de empezar. Me giro y le recuerdo a la cuadrilla: «Cuando acabe, nos vemos donde siempre». La masa ya está cortando la carretera y empieza a gritar: «¡Cuerpos represivos, DI-SO-LU-CIÓN!». Gritamos con rabia y parece que me voy a dejar la garganta. «PRE-SO-AK KA-LE-RA, AM-NIS-TIA O-SO-A!». La gente está muy nerviosa y la tensión no para de subir.

¡Cómo cambian las cosas! Hasta hace bien poco, todos estábamos contra la policía y los fascistas. Todo el mundo salía a la calle. Pero desde que tenemos democracia, parece que a algunos se les ha olvidado. Los partidos reformistas, especialmente el PSOE y el PCE, nos han vendido. Han tragado con la monarquía, la unidad de España y hasta con los Pactos de la Moncloa. Otros, que se decían revolucionarios, han caído en desgracia. Como la ORT, que pidió el sí en el referéndum sobre la Constitución, y así les ha ido. El que fue uno de los partidos más implicados en la lucha, que agrupó a decenas de luchadores antifranquista, prácticamente ha desaparecido. Solo nos queda HB. Han prometido boicotear las instituciones y les van a dar donde más les duele.

De repente suenan las sirenas y los vemos llegar. Empezamos a cruzar un coche, así no pasarán. Se bajan de la furgoneta y empiezan a disparar botes de humo. El ambiente se carga de tensión. Me tiemblan las piernas, por la rabia y por el miedo. Se oyen unos pelotazos, y la respuesta no se hace esperar: una lluvia de piedras. «¡PO-LI-CÍA A-SE-SINA!». Aunque hayan cambiado el color del uniforme, la policía sigue siendo la misma de siempre. Los maderos reparten igual que los grises.

La cosa se está poniendo peliaguda; toca correr. Nos dispersamos y pierdo a mi cuadrilla. Trato de alejarme del lugar y por el rabillo del ojo los veo cada vez más cerca. Huyo sin rumbo. Tropiezo, pero no me caigo. No paro hasta que siento que el corazón se me sale por la boca. Tras recuperar el aliento, me acerco al lugar de encuentro. Poco a poco, van llegando los otros. Alguien ha dicho: «Han detenido a Mikel. He visto cómo se lo llevaban». ¡Lo que faltaba!

Como hemos visto, a lo largo de la Transición, en España fue asentándose el nuevo régimen monárquico y parlamentario. Si bien fue un periodo conflictivo, la situación tendió a estabilizarse. La mayoría de los partidos con representación institucional (tanto los que provenían de la oposición, como los que provenían del reformismo franquista) dieron por bueno el nuevo régimen; además, la mayoría de la población refrendó positivamente la Constitución y los sucesivos estatutos de autonomía. Pero en Euskal Herria la coyuntura era diferente, ya que la situación estaba lejos de calmarse. Fue entonces, precisamente, cuando se produjo la divergencia vasca, lo que provocó que la situación de la izquierda vasca y la española se distanciara todavía más.

En la Vasconia peninsular, los anhelos del movimiento radical de masas vasco iban mucho más allá de la democracia parlamentaria y la economía de mercado, y reivindicaban transformaciones sociales más profundas. La debilidad de fuerzas favorables al pacto social y al espíritu de consenso (como el PCE), así como la atmósfera de violencia que polarizaban la situación, provocaron que no fuera posible encauzar el torrente de las movilizaciones sociales que provenía del antifranquismo hacia el marco de la reforma propuesto por el Gobierno. Por lo tanto, mientras en España las movilizaciones iban encarrilándose, en Euskal Herria había una gran oposición a la reforma postfranquista. Esta divergencia entre la situación general española y la vasco-navarra venía de lejos; se fue gestando, al menos, desde el Proceso de Burgos (1970), pero se hizo patente entre 1975 y 1977, cuando las movilizaciones por la amnistía alcanzaron su cenit. En mayo de 1977, el Gobierno y la oposición moderada se estaban preparando para las elecciones, y deseaban que la campaña se desarrollara de la forma más tranquila posible. La oposición rupturista, sin embargo, solicitó la amnistía total como condición previa para presentarse en los comicios y por ello convocó, casi en vísperas de las elecciones, la segunda Semana Pro-Amnistía. Las siete muertes provocadas por la violencia policial en esta movilización precipitaron una larga huelga general. El seguimiento del paro fue tan amplio que ocurrió algo insólito: el *Diario de Navarra* no se publicó. Las calles y carreteras de Hego Euskal Herria se llenaron de barricadas y la policía cargó con dureza. En algunos barrios de Pamplona, incluso llegaron a tirar botes de humo al interior de varias viviendas donde se habían refugiado niños y familias. Al final, el gobernador civil tuvo que permitir la celebración de una multitudinaria asamblea en las piscinas de la Txantrea para que las centrales sindicales pudieran acordar el retorno al trabajo. Sin embargo, mientras en Euskal Herria la situación parecía incontrolable, la Coordinadora General de CC. OO. llamó a no secundar el paro y a no extender las movilizaciones al resto del Estado[242].

Tras las elecciones, la situación siguió lejos de estabilizarse. Por un lado, la violencia de ETA arreció, con un aumento vertiginoso de la cifra de atentados entre 1978 y 1980. En esos tres años las distintas ramas de ETA asesinaron en total a 263 personas[243]. Además, persistieron algunas de las prácticas represivas heredadas de la dictadura, como la tortura, los ataques «incontrolados» de la extrema derecha, las detenciones y las muertes de manifestantes. Los asesinatos de Germán Rodríguez (en los Sanfermines de 1978) y de Gladys del Estal (en una marcha antinuclear en Tudela en junio de 1979) se vivieron como una agresión contra toda la población y causaron una gran conmoción. Además, diversos factores, como la crisis económica, los Pactos de la Moncloa, la separación de Navarra del resto del País Vasco, los límites de la nueva Constitución o la insatisfacción en

---

242. Bueno, 2014-2015; *Punto y Hora*, 36, 25/05/1977.

243. Baby, 2018, 224.

torno a «las amnistías parciales», provocaron que una parte de la sociedad civil antifranquista no se sintiera satisfecha con el carácter del naciente régimen y reivindicara cambios políticos y sociales más profundos.

Durante ese periodo, en Navarra se fueron conformando los tres bloques sobre los que pivotaría la política durante los próximos años: el conservador, el moderado o reformista y el rupturista. El primero estaba conformado por diferentes sectores de centro derecha y extrema derecha, algunos de los cuales provenían del régimen franquista, aunque no todos. Este bloque agrupaba, entre otros, a la Diputación Foral y los partidos Unión de Centro Democrática (UCD), Alianza Foral Navarra (AFN, apoyada por Alianza Popular), y poco después también incluiría a Unión del Pueblo Navarro (UPN). Al finalizar la dictadura, la imagen de la derecha estaba muy perjudicada por haber estado demasiado identificada con la dictadura. Por ello, ante el empuje del vasquismo rupturista, fue surgiendo una nueva corriente: el navarrismo regionalista y español. Esta corriente resurgió entre los sectores de la derecha, que temían que el movimiento radical de masas vasco pudiera desbordar el proceso de transición. A pesar de que en el pasado la derecha navarra no había tenido problemas con el vasquismo, este bloque se identificó con el navarrismo conservador y mostró su rechazo al vasquismo rupturista. Este navarrismo conservador reivindicaba la identidad diferenciada y singular de la Alta Navarra, y, por tanto, denunciaba que el nacionalismo vasco amenazaba su identidad y su carácter. Por ello, defendía una Navarra fuerista, como parte indispensable e inseparable de España, sin relación alguna con el resto de los territorios vascos. Los sectores que formaban parte de este bloque defendían que Navarra quedara desligada de una hipotética institución autonómica vasca, debido a su carácter foral, puesto que su legalidad emanaba, a su modo de ver, desde un pacto preconstitucional anterior, negociado entre la corona y Navarra 1841[244]. El navarrismo españolista cumplió una función importante para la derecha, ya que le dotó de nuevas fuentes de legitimidad frente al vasquismo rupturista defendido por el antifranquismo revolucionario y el movimiento radical de masas vasco.

El segundo boque, el que hemos denominado como *moderado* o *reformista*, estaba formado por esa parte de la sociedad que, rechazando el franquismo y considerándose progresista, apoyaba los principales consensos de la Transición y daba así su apoyo al nuevo régimen. Este bloque estuvo representado principalmente por el PSOE, el PCE y el Partido Carlista. Este sector, por lo general, se identificaba con la defensa de la autonomía dentro del marco español, lejos de aventuras autodeterministas o independentistas. En un principio, estos partidos se identificaron con un tibio vasquismo, aunque con el tiempo fueron adoptando las tesis navarristas. Además, podríamos incluir en este bloque al nacionalismo moderado del Partido Nacionalista Vasco y Euskadiko Ezkerra. Aunque con sus propios ritmos y peculiaridades estas dos formaciones criticaron el nuevo régimen, no se opusieron frontalmente a él, ya que, pese a rechazar la Constitución, aceptaron el Estatuto de Gernika que emanó de esta.

Por último, a partir de la mutación del movimiento radical de masas vasco que se había ido articulando durante la última década del franquismo, tomó forma el que hemos denominado bloque *rupturista*. Este último agrupaba a los partidos de la izquierda revolucionaria, a la pujante izquierda abertzale y a diversos movimientos sociales, así como a toda a toda la base social que no se sentía satisfecha con el proceso de cambio político de la Transición y reivindicaba cambios sociales más profundos. Por tanto, esta corriente se opuso férreamente a la reforma e impugnó el proceso de transición.

---

244. Baraibar, 2004.

Este bloque siguió identificándose con el vasquismo rupturista que había ido surgiendo al final de la dictadura.

A grandes rasgos, podría decirse que en Euskal Herria tras acabar la dictadura hubo una pugna entre dos legitimidades, que lucharon por la hegemonía social. Por una parte estaba el naciente régimen parlamentario, que defendía la monarquía constitucional y la economía de mercado, y que contaba con el apoyo de la mayoría de los partidos políticos institucionales. Por otra parte se situaba el movimiento radical de masas vasco que estaba conformado por distintos movimientos sociales y organizaciones políticas, y si bien formaban un conjunto diverso y heterogéneo, conformaron una alternativa revolucionaria que se oponía al nuevo régimen. Así pues, los dos primeros bloques citados anteriormente, el conservador y el moderado, apoyaron la implantación del nuevo régimen parlamentario, y el tercero, el bloque rupturista, se opuso a él.

En ese contexto, hasta la aprobación de la LORAFNA en 1982, el debate público de la política navarra giró en torno a la territorialidad del viejo reino, a su inclusión o no en el ente autonómico vasco y a la democratización de las instituciones forales[245]. La Diputación franquista, con Amadeo Marco a la cabeza, se atrincheró en el *búnker* para tratar de mantener la situación bajo control y así evitar que Navarra se incorporara al régimen autonómico vasco. Pese a los resultados electorales, existía cierta incertidumbre y todavía no estaba claro de qué lado caería la moneda. Las encuestas realizadas en la época reflejaban que el vasquismo estaba muy presente en la sociedad navarra y una parte importante de ella era favorable a que Navarra formara parte del ente autonómico vasco[246]. Quizás por eso mismo, por el temor al resultado, los líderes políticos de aquel entonces no se atre-

---

245. Baraibar, 2004.

246. Letamendia, 1994, 272; Mendiola, 2002, 211-250.

vieron a refrendar el Amejoramiento Foral. En aquel periodo, la confrontación entre el navarrismo y el vasquismo rupturista era mucho más que un simple conflicto interidentitario, porque, tal y como afirma el expresidente Juan Cruz Alli, este debate «ocultaba uno más profundo, el [del] mantenimiento del control social, económico y político por los grupos y clases que polarizaban la sociedad»[247]. Si bien hasta entonces la confrontación política y social había tomado forma clasista (burguesía-proletariado) o política (democracia-dictadura), tras el proceso de cambio político, y con la crisis del movimiento obrero como factor determinante, la cuestión nacional fue ganando importancia.

Fue, precisamente, en ese momento de crisis del movimiento obrero y auge de la cuestión nacional cuando se produjeron importantes mutaciones en el bloque rupturista. Hasta entonces el movimiento radical de masas vasco había estado liderado por la izquierda revolucionaria estatal, es decir los partidos revolucionarios que pertenecían a organizaciones españolas. Por ello, entre 1977 y 1978 la coalición UNAI fue el referente principal de esta corriente. Durante un breve periodo de tiempo, tras el buen resultado electoral, pareció que UNAI iba a ser quien iba a agrupar el espacio rupturista. Por eso, a principios de 1978 OIC y ORT se incorporaron a la coalición, pero la alegría duró poco. En los próximos meses la coalición entró en parálisis debido a las diferencias políticas entre las diversas organizaciones, especialmente en torno a la cuestión del referéndum sobre la Constitución de diciembre de 1978. La ORT, sorpresivamente, apostó por el sí. La OIC y el EMK, en cambio, rechazaron el texto y solicitaron la abstención. Pero la puntilla a UNAI se la dio la ORT. Sin consultar al resto de miembros de la coalición, personas cercanas a la ORT registraron UNAI a su nombre en el registro de partidos políti-

---

247. Alli, 2018, 970-971.

cos del ministerio y se apropiaron de la marca de la coalición. Los independientes, el EMK y la OIC quedaron fuera de la plataforma que habían ayudado a levantar[248]. La cultura política sectaria y la rigidez organizativa heredada de la clandestinidad pesaban mucho. En consecuencia, la ya de por sí delicada situación de la izquierda revolucionaria empeoró todavía más, y conflictos como el de UNAI acabaron por dañar su imagen.

Sin embargo, poco a poco se estaba articulando otra corriente radical que se oponía a la reforma, a la Transición y a los partidos con representación parlamentaria. Según Letamendia, esta corriente tuvo su origen en una parte de la «comunidad antirrepresiva vasca» que se empezó a sentir frustrada e insatisfecha con el devenir del proceso de la Transición. Consideraban que los partidos parlamentarios les habían decepcionado, y, por lo tanto, esta corriente se caracterizó por el rechazo tanto a la política parlamentaria e institucional, como al autonomismo. Así, Gorka Etxebarria afirma que durante las movilizaciones del verano de 1977 se conformó «una lucha entre el sistema parlamentario en vías de consolidación y las fuerzas extraparlamentarias», las cuales mantuvieron «un discurso unitario, populista y antielitista»[249]. Esta corriente, que se estaba desarrollando de manera subterránea, al principio no se identificó con ningún partido en concreto, pero poco a poco fue emergiendo hasta crear un bloque más definido. Hubo varios hitos que evidencian estas transformaciones. En septiembre de 1977, por ejemplo, hubo choques y encontronazos entre «españolistas sucursalistas» y «abertzales» en la Marcha por la Libertad. Según la revista *Zer Egin?*, editada por el EMK, uno de los encontronazos sucedió antes de llegar al acto final celebrado en las campas de Arazuri, cuando las cuatro columnas de la marcha convergieron en la

248. Pérez Ochoa & Satrustegi, 2020.

249. Letamendia, 1994, 44-47; Etxebarria, 2018, 881-882.

zona de Cuatro Vientos. Varios militantes de la UJM quisieron desplegar una pancarta, y parte de los presentes les recriminó su actitud gritando «*Komunistak kanpora!*» y «*Gora Euskadi Sozialista!*» (¡Fuera comunistas!, ¡Viva Euskadi socialista!)[250]. Pocos días después, en una manifestación realizada en San Sebastián-Donostia el 8 de septiembre del mismo año, hubo enfrentamientos, e incluso agresiones físicas, entre diferentes sectores, y el cortejo de la manifestación se dividió en dos[251].

Esta corriente, poco a poco, se fue identificando por una parte con ETA militar, por ser, supuestamente, la organización que más frontalmente se oponía a los consensos de la Transición, así como con HB, coalición que en sus primeros años tuvo una imagen asamblearia, flexible y abierta, diferente del resto de partidos y opuesta a la política institucional. La propia ORT, en un balance interno del Comité Nacional de Euskadi, apuntaba que estaba sucediendo una «fuerte división entre los que corean «*ETA herria zurekin*» e «*Independentzia*» y los que gritan «Amnistía, libertad y Estatuto de Autonomía»[252].

A partir de ese momento, ante la crisis de la izquierda estatal y el surgimiento del nuevo modelo de confrontación social, la izquierda abertzale logró convertirse en el principal polo de atracción rupturista. Pero hasta entonces la situación había sido diferente. Durante la última década de la dictadura ETA pudo contar con cierto prestigio entre la base social de la izquierda antifranquista, pero la izquierda abertzale carecía de organizaciones de masas, por lo que en realidad no estaba arraigada y no contaba ni con la capacidad ni con la estructura que le permitieran impulsar o dirigir las movilizaciones. Según afirma Gurutz Gorraiz, primer secretario provincial de

---

250. *Zer egin?*, 18, 15/09/1977, 5.

251. *En Lucha*, 162, 08-15/09/1977, 19; *En Lucha*, 163, 16-22/09/1977, 2; *Zer Egin?*, 19, 01/10/1977, 3.

252. *Balance de nueve meses, comisión elegida por el Comité Nacional de Euskadi*, 21/03/1978, Carpeta ORT 10-11, FPI.

LAB que posteriormente pasó a ELA, ante su evidente debilidad en el movimiento obrero, por aquel entonces se decía que «en la izquierda abertzale no había obreros». Pero a partir del último tercio de la década, la izquierda abertzale recogió el testigo del liderazgo de los movimientos sociales y consiguió proponer «una oferta ilusionante»[253]. Asimismo, según Jesús Urra, a ojos de muchos la violencia de ETA se convirtió en «la gran esperanza» que acabaría por provocar la ruptura[254]. Durante este periodo, ante el deterioro de las organizaciones comunistas, la izquierda abertzale consiguió atraer a antiguos militantes y simpatizantes de la izquierda revolucionaria, aunque este proceso fue más común entre las bases que en las direcciones. La coalición Herri Batasuna y la izquierda abertzale constituyeron una especie de «frente de rechazo» al nuevo régimen y el nacionalismo radical se convirtió en el «espacio-refugio» para muchos revolucionarios[255]. David Beorlegui, por ejemplo, afirma que ante la sensación de desencanto que vivieron durante la Transición, muchos militantes de la izquierda rupturista experimentaron un «reencanto» a través de la izquierda abertzale y los nuevos movimientos sociales[256].

Un ejemplo de la capacidad de atracción de la izquierda abertzale fue OCE-BR (Organización Comunista de España-Bandera Roja). Este partido, fundado en 1968 y con gran importancia en la lucha antifranquista en Cataluña, tuvo una presencia tardía en Euskal Herria. Fue hacia finales de la década de 1970 cuando enviaron militantes desde Cataluña para implantar el partido. Sin embargo, en junio de 1979, este sufrió una gran escisión, ya que algunos sectores reivindicaban más sensibilidad e implicación hacía la cuestión

253. Entrevista FDMHN: G.G.A. (31/05/2022).

254. Entrevista TDIS: J.U.B. (30/10/2018); Entrevista FDMHN: G.G.A. (31/05/2022).

255. Arriaga, 1997, 94-101; Morán, 2003, 449-450.

256. Beorlegui, 2017, 145-148.

nacional. La dirección estatal del partido rechazó esta tendencia, y la mayoría de la rama catalana y toda la de Euskal Herria lo abandonaron. Los militantes catalanes se unieron a Nacionalistes d'Esquerra (NE), y los vascos a HASI, KAS y el sindicato LAB. Algunos miembros de OCE-BR se identificaron tanto con el abertzalismo que incluso dieron el paso de unirse a ETA. En 1980, Carlos Lucio, líder de la Bandera Roja en Euskadi, falleció en un enfrentamiento con la Guardia Civil[257].

La capacidad de atracción que HB logró a lo largo de los años ochenta trascendió las fronteras de Euskal Herria. En Miranda de Ebro (Burgos), por ejemplo, surgió en 1983 el partido Izquierda Mirandesa, fundado por antiguos militantes del PTE y la ORT. Este partido, que todavía sigue activo, se caracterizó por su programa revolucionario y vasquista. Simpatizaba con HB y, entre sus reivindicaciones, destaca la incorporación de Miranda de Ebro a Euskal Herria. Asimismo, MC y LCR (referentes españoles de EMK y LKI) solicitaron el voto a favor de HB en las elecciones europeas de 1987 y 1989. Participaron en sus campañas electorales y colaboraron en organizar los mítines fuera de Euskal Herria.

La oposición al nuevo régimen monárquico se vio reflejada en el referéndum constitucional de diciembre del 1978. La carta magna fue rechazada en Álava, Bizkaia y Gipuzkoa, y en Navarra obtuvo un aprobado raspado, al obtener los síes un escaso 50,44 % del censo (muy por debajo de la media nacional), frente al 48,94 % obtenido por las diferentes formas de rechazo al texto (blanco, abstención y no). Sin embargo, pese a las resistencias, la apuesta del bloque rupturista resultó perdedora y la mayoría de la población aprobó positivamente el nuevo orden de las cosas. Además, las fuerzas políticas favorables al Amejoramiento Foral obtuvieron la

---

257. *Egin*, 19/04/1979, 16; *Egin*, 30/06/1979, 10; *Punto y Hora*, n.º 14, 1979/09/20-27, 28-29; *El País*, 1980/06/15.

mayoría de la representación en los sucesivos comicios. Por tanto, podemos decir que, pese a las tensiones, el nuevo régimen también se estaba asentando en Euskal Herria y la situación estaba lejos de ser revolucionaria.

Resultado en Navarra del Referéndum sobre la Constitución Española del 6 de diciembre de 1978

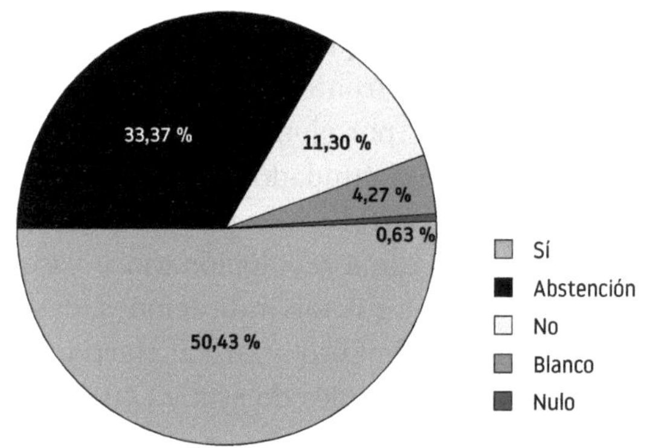

Fuente: https://infoelectoral.interior.gob.es/opencms/es/inicio/

El cambio de tendencia en el seno de la izquierda rupturista se vio reflejado en los resultados de las sucesivas citas electorales de 1979. En las generales de marzo de 1979, UCD y PSOE volvieron a ser los grandes vencedores. En Navarra, los centristas obtuvieron 33,03 % de los votos y tres escaños, y los socialistas, en cambio, el 21,97 % y un asiento en las cortes. Asimismo, irrumpió una nueva fuerza política. UPN se adjudicó el último escaño en juego y el 11,2 % de los votos, colocándose en tercer lugar, como expresión del navarrismo conservador más intransigente. HB, por su parte, se colocó cuarta y cosechó 22 425 votos en su bautismo electoral (8,89 %). El paisaje electoral había cambiado. Si bien en junio de 1977 las cuatro candidaturas de la izquierda revolucionaria habían conseguido sumar más de 45 000 votos, ahora su campo electoral había quedado reducido a 16.146, perdiendo por el camino casi 30 000. Una gran parte de esos apoyos se redirigió hacia la nueva coalición abertzale.

Apenas un mes después, en marzo de 1979, se celebraron las elecciones forales y municipales. La normativa de aquellas elecciones tomó como base para las circunscripciones electorales las históricas merindades de Navarra. En total eran seis: Pamplona-capital, Pamplona-resto (la Montaña y el área metropolitana de la capital), Sangüesa, Tafalla, Estella-Lizarra y Tudela. Los principales partidos se presentaron en todas las circunscripciones, pero la izquierda y las opciones nacionalistas presentaron diferentes candidaturas dependiendo de cada merindad. De este modo, nos encontramos con un tapiz de candidaturas diversas. Dependiendo de la correlación de fuerzas en cada merindad, la izquierda revolucionaria decidió presentarse o bien en solitario, o bien apoyando las Agrupaciones Populares de Merindad (que tomaron el nombre de Amaiur), junto a Herri Batasuna, Euskadiko Ezkerra y, en algunos casos, incluso el PNV.

Entrando a valorar exclusivamente los resultados del Parlamento Foral, de los setenta escaños de los que se componía, UCD consiguió veinte; PSOE, quince; UPN, trece; HB, nueve; las Agrupaciones de Merindad Amaiur, siete; Nacionalistas Vascos, tres; Partido Carlista, uno; UNAI-ORT, uno, y un independiente. En total, las candidaturas rupturistas, que incluían a la izquierda revolucionaria, HB y EE, consiguieron 61 814 votos (24,37 %) y diecisiete parlamentarios.

Ante estos resultados, algunos se mostraron optimistas. Y es que, al parecer, la relación de fuerzas progresistas y favorables a la incorporación de Navarra a Euskadi era superior a las fuerzas políticas conservadoras; 37 parlamentarios frente a 33. Sin embargo, la moderación del PSOE y su alejamiento del vasquismo mostrarían que la opción de una posible incorporación de Navarra al ente autonómico vasco se iba a ir alejando paulatinamente. Aquella postura quedó clara en el otoño de 1979. El parlamentario murchantino Jesús

Casajús, de UNAI, presentó una moción con el apoyo de PCE, EE y ESEI, para que Navarra fuera incluida en el estatuto vasco. PSOE y el Partido Carlista se abstuvieron y Navarra quedó definitivamente separada del Estatuto de Gernika[258].

Sin lugar a duda, durante este periodo el navarrismo regionalista fue más hábil y consiguió atraer a buena parte de la sociedad navarra. Hasta entonces los símbolos vasquistas habían tenido una connotación positiva, por estar identificados con el antifranquismo, la democracia y la libertad, y, por tanto, habían sido un elemento transversal en la mayoría de fuerzas democráticas y de izquierdas. Sin embargo, en esta nueva etapa, los símbolos vasquistas se asociaron al radicalismo y al terrorismo, más si cabe una vez consumada la separación entre la Comunidad Autónoma Vasca y la Comunidad Foral de Navarra. Algunos sectores que hasta entonces habían defendido estos símbolos empezaron a rechazarlos. En palabras de Milagros Rubio (concejala de EMK y Batzarre en Tudela) el vasquismo acabó por «pagar un precio»[259]. Las prisas del PNV por recuperar la autonomía, el pragmatismo estatutista de EE y el cambio de opinión del PSOE –que pasó de defender posturas vasquistas y autodeterministas a asumir el navarrismo– permitieron que Navarra no entrara finalmente en el ente autonómico vasco[260].

Respecto a las elecciones municipales de 1979, en muchos lugares, la izquierda revolucionaria impulsó candidaturas unitarias con personas provenientes del movimiento vecinal. Gracias a ello, en la mayoría de los municipios importantes de Navarra la izquierda revolucionaria obtuvo representación

---

258. *Acuerdo político del Comité de Enlace de Navarra,* 14/09/1979, ORT-21.52, EAH; *Demos el primer paso en el Parlamento Foral. NAFARROA EUSKADI DA*, 26/09/1979, ORT-22.95, EAH; *Comunicado de Prensa,* 10/1979, ORT-19.73, EAH; *El País,* 29/09/1979.

259. Entrevista TDIS: M.R.S (05/03/2019).

260. Bueno, 2022b.

y logró recuperarse parcialmente. En Tudela, por ejemplo, la izquierda revolucionaria obtuvo cuatro concejales, tres del EMK (Milagros Rubio, José María Lacarra e Ignacio Milagro) y una del PTE (Inés Redondo), y facilitaron que el socialista Francisco Álava se convirtiera en alcalde. En Estella-Lizarra, Moisés Andueza ostentó la alcaldía entre 1979 y 1980 gracias a la Candidatura de Unidad Popular, apoyada por la izquierda. Tafalla también tuvo alcalde de izquierdas y en la Cuenca de Pamplona la izquierda revolucionaria obtuvo buenos resultados en la mayoría de los municipios. Pamplona fue la excepción: la candidatura ANIZ, impulsada por EMK-OIC y LKI y encabezada por el líder vecinal del barrio de San Jorge, Julen Mendiguren, quedó a dos votos de obtener representación. En la capital UCD ganó las elecciones con mayoría simple y HB fue segunda, pero el alcalde fue el socialista Julián Balduz[261].

El recorrido que tomaron las distintas organizaciones fue un ejemplo evidente de su crisis; la más clara de ellas es la trayectoria que tomó la ORT. El que había sido el principal partido de la oposición antifranquista en Navarra apostó todas sus cartas a lograr representación institucional en las elecciones. Sus militantes incluso solicitaron préstamos a los bancos e hipotecaron sus viviendas para financiar las campañas. Pero al quedarse fuera del parlamento sufrió un duro golpe. Ante el batacazo electoral, la dirección estatal concluyó que los malos resultados obtenidos en las elecciones generales se debían a la imagen excesivamente radical que habían mostrado durante la campaña. Por ello, se tomó la decisión de moderar el lenguaje y las consignas del partido, para no parecer demasiado radicales ante el electorado, hasta tal punto que la ORT rechazó ser calificada como un partido de «extrema izquierda» ante los medios[262].

---

261. Bueno, 2022b, 285-292.

262. Treglia, 2013b; *El País*, 14/02/1979.

En consecuencia, se situó en una posición intermedia entre el bloque reformista y el bloque rupturista, manteniendo a menudo posturas ambiguas. Aquella decisión provocó que el partido se viera sometido a fuertes contradicciones entre 1977-1979. Por una parte, siguió siendo un partido maoísta y revolucionario que defendía la necesidad de la transformación socialista de la sociedad, y rechazó los Pactos de la Moncloa porque descargaban el peso de la crisis capitalista sobre la clase trabajadora. Por ello, impulsó una intensa campaña contra el pacto social especialmente a través del Sindicato Unitario y la Marcha de los Parados. Pero, por otra parte, se esforzó en apoyar y participar en algunos de los consensos clave de la Transición. Aceptó el nuevo marco jurídico y político y no se opuso a la implantación del régimen parlamentario. En este periodo la ORT llegó a organizar actos conjuntos junto al PSOE. Pero las decisiones más polémicas fueron las tomadas en torno a la Constitución y la política antiterrorista, que terminaron por desgarrar al partido. Durante el proceso de redacción de la Constitución, la ORT criticó duramente que esta se estuviera realizando de espaldas al pueblo. Sin embargo, cuando se presentó el proyecto definitivo y llegó la hora de refrendarlo, apostó por el voto afirmativo. Bajo el lema «Sí, y seguir avanzando», defendió que, aunque eran insuficientes, había que afianzar las libertades conseguidas. Aquella decisión fue muy polémica y, en consecuencia, algunos de sus militantes no acataron la consigna, se abstuvieron, e incluso en algunos casos abandonaron el partido[263].

Asimismo, la ORT apoyó la política antiterrorista del Gobierno y se opuso a la violencia tanto de ETA como de la extrema derecha. Para justificar aquello se llegó a importar acríticamente el argumentario de la China postmaoista, para afirmar que tras los actos de ETA y el MPAIAC estaba el social-

---

263. *Si, y seguir avanzando*, 19/11/1978, FDMHN; *El País*, 14/10/1978.

imperialismo soviético, que quería desestabilizar la naciente democracia española. Estos cambios fueron especialmente polémicos, puesto que suponían apoyar de facto la política antiterrorista del Gobierno, y en Euskal Herria su base social estaba muy sensibilizada con el tema antirrepresivo y la cuestión nacional[264]. Estos virajes desorientaron a su electorado tradicional y a sus bases sociales.

El conflicto que sucedió en el seno del SU de Tafalla a finales de 1978 es un claro ejemplo de ello. Como decíamos anteriormente, pese a que la ORT contaba con un reducido número de militantes en la localidad, el sindicato mayoritario de dicha comarca era el SU, fruto del espíritu unitario que tuvo desde el principio. Sin embargo, no tardarían en emerger las contradicciones entre la dirección del sindicato, controlada por la ORT, y los militantes independientes, cada vez más partidarios de la izquierda abertzale. La tensión estalló cuando la mayoría del comité local del SU de Tafalla acusó a la ORT de tratar de imponer su línea política al sindicato. Las diferencias estribaban en desacuerdos sobre las últimas tomas de postura de la ORT, especialmente el apoyo a la Constitución y el rechazo al terrorismo, con la participación del partido en la «manifestación de la paloma» celebrada en Bilbao en octubre de 1978[265]. Estas decisiones afectaron al sindicato y acabaron por romperlo. Hubo desautorizaciones y expulsiones mutuas. La bronca fue tremenda, e incluso varios miembros de la ORT asaltaron y robaron material en la sede local del sindicato. Con todo, el comité local se separó del sindicato y constituyó una nueva plataforma sindical: el Colectivo Unitario (CU). Dicho colectivo mantuvo una actitud

---

264. Satrustegi, 2022a; *Hay soluciones para el terrorismo*, 01/1979, AT; *¿Qué hay detrás del terrorismo?*, 28/06/1978, ORT 65-35, EAH.

265. *En Lucha*, 220, 19-25/10/1978, 1-3; *Diario de Navarra*, 23/11/1978, 18; *Diario de Navarra*, 10/01/1979, 12; *Diario de Navarra*, 30/12/1978, 4; *El País*, 26/12/1978; *Diario de Navarra*, 22/12/1978, 18.

rupturista y asamblearia y colaboró repetidas veces con LAB hasta 1989, cuando fue absorbido definitivamente por el sindicato nacionalista[266].

El PTE vivió un proceso parecido y se vio influenciado por las mismas tensiones. En marzo de 1978, celebró su I Congreso, en el que trató de buscar su propio espacio político y dotarse de nuevas señas de identidad. Entre otras cuestiones, adoptó el federalismo, se aproximó a los nuevos movimientos sociales y se dotó de una nueva imagen más desenfadada. En cuanto a la Constitución, el PTE optó por el sí, con argumentos similares a los de la ORT. Sin embargo, poco antes del referéndum, la sección vasca finalmente apostó por la abstención. No fue fácil explicar a sus seguidores cómo se entendía que lo que era bueno para España no lo era para en Euskal Herria. La represión, la violencia y el clima de contestación que se vivía en las provincias vascas marcaron la diferencia y fueron un ejemplo claro de los caminos divergentes que estaba tomando la situación.

Asimismo, el PTE creía que la manera de solucionar la cuestión nacional pasaba por aprobar un estatuto de autonomía vasco. Por ello, a pesar de que EMK acababa de ser expulsada de Euskadiko Ezkerra, en 1978 solicitó su ingreso en la coalición, al considerarla coherente con los principios de izquierdas y autonomistas. En las elecciones generales, forales y municipales de 1979, en Gipuzkoa y Bizkaia (aunque no en Álava), sus candidatos se presentaron en las listas de EE, y Carlos Calderón fue elegido para las Juntas Generales de Gipuzkoa. En Navarra, EE se presentó dentro de la coalición Nacionalistas Vascos, junto al PNV y ESEI. Sin embargo, para los maoístas del PTE resultaba incómodo y antinatural apoyar una coalición liderada por un partido nacionalista de

---

266. Colectivo Unitario-LAB, 1995; Satrustegi, 2022d; Entrevistas FDMHN: JM.E.Z. (22/10/2021); K.A.S. (22/10/2021).

derechas. A pesar de ello, el PTE comenzó a acercarse gradualmente al independentismo y al entorno de Herri Batasuna, especialmente a partir de su primera y segunda Conferencia Nacional, celebradas en enero de 1978 y junio de 1979[267].

Tras el fracaso de las elecciones generales de 1979, PTE y ORT se volvieron a quedar nuevamente fuera de las Cortes, lo que sumió a la exasperada militancia en la frustración. Ante tal situación, las direcciones de ambos partidos iniciaron un acelerado proceso de unificación; una huida hacia adelante, que en realidad no contó ni con la participación ni con la comprensión de las bases. La fusión se formalizó en julio de 1979, dando lugar al Partido de los Trabajadores (PT) que en euskera se denominó Euskadiko Langileen Partidua (ELP). Pese a que sobre el papel las corrientes ideológicas de ambas organizaciones podían parecer similares, las culturas políticas eran muy diferentes. El PTE se había abierto a los nuevos movimientos sociales, y tenía una imagen más desenfada y una estructura más flexible, frente a la ortodoxia y la firme rigidez de la ORT. Además, para los del PTE los de la ORT le seguían pareciendo demasiado *santurrones*, por su origen cristiano. Pese a que llegaron a crearse los órganos de dirección con un 50 % de miembros procedentes de cada partido, la unión real no se llevó a cabo nunca. Algunas células ni siquiera llegaron a celebrar reuniones conjuntas y la fuga de militantes fue total. Ambos partidos acabaron disolviéndose pocos meses después, acosados por las deudas y la división interna[268].

Durante los años de 1979 y 1980, quedó definitivamente deslindado el límite entre el bloque reformista y el rupturista. El nuevo Partido de los Trabajadores de Euskadi trató, por

---

267. *La Unión del Pueblo*, 36, 12-18/01/1978, 12; *La Unión del Pueblo*, último número, 23/06/1979, 11; *Documento Extraordinario. Material de debate para la II Conferencia del Partido del Trabajo de Euskadi*, 05/1979, FDMHN; Entrevista TDIS: P.I.O. e I.N.V. (11/03/2019); Entrevista FDMHN: JM.C.R. (12/11/2021).

268. Wilhelmi, 2016, 263-270.

tanto, de situarse a medio camino entre la pragmática y estatutista EE y la rupturista HB. El partido recién creado intentó ser el puente entre ambos sectores, alejando a EE del reformismo y a HB del populismo maximalista[269]. Sin embargo, el PTE-ELP no acabó por encontrar su espacio político.

Por si fuera poco, el partido se fracturó irremediablemente en enero de 1980. En el V Pleno de Comité Nacional de Euskadi, se tenía que acordar la postura que el partido debía tomar en torno a las elecciones autonómicas vascas. Los miembros provenientes del PTE se habían ido aproximado más al nacionalismo radical y proponían apoyar a HB; los EXORT, en cambio, apostaban por presentarse en solitario. La ruptura en el Comité Nacional era irreconciliable y acabó por partirse en dos, los EXPTE realizaron una asamblea y publicaron el documento *Aportación a la Revolución Vasca,* en el que daban su versión de lo ocurrido y apoyaban a la izquierda abertzale, asumiendo la consigna de la independencia y la necesidad de un marco autónomo de la lucha de clases para Euskal Herria. El resto del ELP, formado exclusivamente por exmiembros de la ORT, en cambio, mantuvo su nombre y su actividad hasta que a principios de 1981 se extinguió por inanición[270].

EMK, por su parte, durante los años clave de la Transición (1974-1977), había mantenido una postura unitaria, dejando la perspectiva de la revolución socialista en un segundo plano y apoyando alianzas amplias, con el objetivo de apoyar la ruptura democrática y tratando de que la izquierda revolucionaria no quedara aislada. Sin embargo, a partir de marzo de 1978, con la celebración del II Congreso Federal del MC, EMK viró políticamente y adoptó una postura más radical que

---

269. *Informe y resoluciones del II pleno del Comité Central de Euskadi*, 1979/9/23, ORT-65.93, EAH. *Resoluciones del Primer pleno del comité Provincial de Navarra del Partido de los Trabajadores de Euskadi + Balance de la actividad del Partido de agosto a octubre*, 1979/10/28, ORT-25.12, EAH.

270. *Aportación a la revolución vasca*, 26/01/1980, AT; Entrevista FDMHN: J.DM.S. (12/04/2022).

la mostrada hasta entonces. Entre otras decisiones, en aquel congreso recuperó el leninismo para la doctrina del partido. Precisamente en un momento en el que PSOE renunció al marxismo y el PCE al leninismo, este gesto significó un repliegue identitario que dotaba de coherencia ideológica al MC. Asimismo, se aprobó la aproximación a los nuevos movimientos sociales y la creación de una estructura autónoma de mujeres para tratar el tema del feminismo y la emancipación de la mujer. A consecuencia de este viraje, EMK optó por no integrarse en el consenso constitucional y promulgó una campaña promoviendo la abstención negativa, al mismo tiempo que trató de identificarse con esa corriente radical que para aquel entonces ya empezaba a cristalizar en torno a HB[271].

Este cambio, sin embargo, dificultó las relaciones que EMK mantenía con otras organizaciones en diversas coaliciones. Pese a que en el pasado EMK había exigido a EIA que condenara los atentados de ETA, EIA estaba caminando en sentido inverso y paulatinamente decidió aceptar el marco de la reforma, apostar por las instituciones y apoyar el régimen preautonómico. La vida interna de EE se fue deteriorando, y al final, la coalición se empezó a romper en febrero de 1978 cuando EIA quiso acaparar todos los cargos que le correspondían a EE. Algo parecido pasó con UNAI y ORT. Justo cuando esta última se incorporó a la coalición, ambos partidos estaban caminando en direcciones opuestas. La vida interna se deterioró y la apropiación de la coalición por parte de la ORT acabó por romperla.

Pese a la sangría de votos y militantes, el EMK se reforzó gracias a la absorción de la OIC. Debido a los malos resultados del FUT y a cómo se estaba desarrollando la Transición, este partido también vivió una crisis interna. Entonces, el secretario general, Didàc Fàbregas, trató de acercar al partido hacia posiciones socialdemócratas, pero finalmente fue expulsado

271. Fernández Rincón, 2018; Díaz Macías, 2022; Kortazar, 2012.

del partido. Así pues, ante la situación crítica del partido y el serio peligro de desaparición, se encaminó rápidamente hacia una integración en el MC. Tras su II Congreso (23-25 de marzo de 1978) y un proceso de dura autocrítica y revisión ideológica –condición impuesta por el MC–, fue absorbido en el Congreso de Unificación de febrero de 1979[272]. Durante todo este proceso de acercamiento, OIC participó y colaboró en las coaliciones donde también participaba EMK: tanto en EE en la Vasconia occidental, como en UNAI en la Alta Navarra. Pero, a medida que EMK fue expulsada de estas dos coaliciones, OIC también las abandonó.

En los próximos años EMK formó parte del bloque rupturista, orbitó en torno a HB y en numerosas ocasiones solicitó el voto para aquella candidatura. Para mejorar su relación con la izquierda abertzale y vencer las reticencias por el supuesto estatalismo, como ya hemos visto, en 1983 la sección vasca del partido se desgajó del MC, aunque mantuvieron amistosas relaciones. Asimismo, personas cercanas al EMK crearon Iraultza, un grupo armado que entre 1981 y 1991 realizó sabotajes en apoyo a diversos movimientos sociales y en contra de intereses estadounidenses en Euskal Herria. Sus acciones provocaron una víctima mortal, un obrero de la construcción fallecido en Santurtzi en 1986, y siete de sus miembros, además, fallecieron al deflagrar los explosivos que manipulaban[273].

En lo que respecta a LC y LCR-ETA VI, ambas llegaron al periodo de la Transición en una situación de crisis y desorientación. Creían que el reformismo franquista no iba a ser capaz de maniobrar y que el final revolucionario de la dictadura era inevitable. Pero las previsiones no se cumplieron. Ante aquella situación, las dos organizaciones simpatizantes

---

272. *Hacia la unidad de la izquierda Revolucionaria. Resoluciones y documentos del Congreso de Unificación,* 1979; Sans, 2017, 497-516.

273. García Lerma & Aparicio, 2018.

de la SUCI decidieron reunificarse tras haber permanecido separadas desde 1972. La unión se realizó a finales de 1977 y quedó ratificada en el v Congreso del año siguiente. En aquel congreso se valoró críticamente el proceso de Transición y se apostó por oponerse al nuevo régimen monárquico y capitalista. Por ello, en el referéndum constitucional de 1978, la LCR solicitó el voto negativo. Al igual que EMK, LKI se aproximó a HB y formó parte del bloque rupturista. La reunificación ayudó a mitigar la sangría de militantes y seguidores, pero, pese a todo, no se consiguió agrupar a todo el mundo, según Patxi Urrutia, «porque muchos se quedaron en casa»[274]. Félix Jiménez (trabajador de Imenasa y miembro de LKI, que tras muchos años recaló en el PSOE) relata cómo cambió la situación de la militancia a partir de la Transición. Explica que el compromiso ya no era tan fuerte y afloraron la «pereza militante y desganas». Asimismo, la documentación interna del partido reflejaba esa crisis. En 1978 se tildaba la situación en Navarra de «alarmantemente grave». Las tareas se llevaban a cabo gracias al esfuerzo de treinta o cuarenta camaradas que realizaban la mayor parte del trabajo y solo unos ochenta militantes abonaban las cuotas habitualmente. Se hablaba de «relajación generalizada de la militancia» y de «falta de disciplina». Pese a todo, la militancia se reactivó gracias a la implicación en los nuevos movimientos sociales y la aparición de nuevas reivindicaciones[275].

En cuanto al PCE (m-l), el partido salió muy debilitado de la campaña armada del verano de 1975. Siempre fue una organización minoritaria y no tuvo capacidad de influencia en las movilizaciones de masas y la represión la aisló todavía más. A lo largo de la Transición, sin embargo, fue una de las pocas organizaciones que reivindicó el pasado republicano y

274. Entrevista TDIS: P.U.J. (20/12/2018); Caussa & Martínez i Muntada, 2015.

275. Entrevista FDMHN: F.J.M. (21/06/2022); *Circular sobre organización*, LKI, 16/04/1978, ABatz; ST. «Desde hace varios meses...», LKI, 09/02/1978, ABatz.

sus símbolos. Participó en algunas de las primeras iniciativas para recuperar los cuerpos de los fusilados durante la guerra civil y gracias a ello consiguió contactar con familiares de los fusilados, entre los que se encontraban personas procedentes del PSOE desencantados con su política reformista. Con históricos militantes socialistas como Rafael Zalacain y José Antonio Carpintero, el PCE (m-l) armó la plataforma Unidad Popular para oponerse al referéndum constitucional, así como la candidatura Izquierda Republicana de las elecciones de 1979. Debido a su rigidez doctrinal, el PCE (m-l) siguió siendo un partido minoritario y mantuvo un espacio de influencia limitado hasta su disolución en 1992[276].

El eslabón con los nuevos movimientos sociales

En los próximos años, la monarquía constitucional se fue asentando y contó con el apoyo de la mayoría de la población en España. Sin embargo, la pugna por la hegemonía social entre las élites y el movimiento radical de masas vasco se prolongó, lo que dificultó la implantación del nuevo régimen. Además, el bloque rupturista, aunque no era mayoritario, mantuvo un peso electoral y social importante, ya que en Navarra obtuvo entre el 24 % y el 15 % de los sufragios en las sucesivas contiendas electorales. Sin embargo, como ya hemos visto, en el bloque rupturista se produjo un relevo entre las dos culturas políticas predominantes. La izquierda abertzale (liderada por HB y ETA militar) tomó el liderazgo de los movimientos sociales y se convirtió en su principal referente electoral. En el nuevo contexto, tal y como investigó Andrés Valentín, al adquirir la cuestión nacional un mayor peso en los conflictos sociales, el equilibrio territorial de la

276. *Egin*, 20/11/1978, 6; Entrevista TDIS: A.Z.J. (23/12/2019).

izquierda rupturista se quebró y concentró la mayoría de su voto en el norte[277].

Pese a todo, los restos de la izquierda radical estatal se fueron articulando en torno a diversas coaliciones y candidaturas, las cuales cumplieron un papel destacable a nivel municipal. Primero, surgió la coalición Auzolan, formada por LKI, Nueva Izquierda (plataforma proveniente de EE, con Bixente Serrano a la cabeza), LAIA e independientes provenientes de los movimientos sociales (entre otros, muchos EXORT o EXPTE, que participaban en la izquierda sindical). La plataforma generó mucha ilusión entre sus impulsores y obtuvo un resultado destacable en las elecciones forales de 1983: más de 8 000 votos y el 3,16 %. Se quedó a las puertas de conseguir representación y quedó por encima de EE, por lo que las expectativas se mantuvieron para las elecciones al Parlamento Vasco del año siguiente. Sin embargo, en aquella ocasión los resultados no fueron buenos: se quedaron en un escaso 1 % de los sufragios. La plataforma se disolvió poco después[278].

Al poco tiempo, en 1987, se creó Batzarre, que en un principio era una coalición que agrupaba a EMK, LKI e independientes (una vez más, miembros de los sindicatos CGT y ESK y de otros movimientos sociales). Posteriormente, EMK y LKI se fusionaron dando lugar a Zutik (1991), acercamiento que en Navarra se plasmó en la refundación de Batzarre como partido político. Sin embargo, en Navarra la fusión entre LKI y EMK no duró mucho. Los de LKI nunca llegaron a sentirse del todo cómodos en Batzarre. Su manera de militar y su cultura política era diferente y sus perspectivas políticas fueron divergiendo, por lo que fueron dejando la coalición en un goteo constante durante los años noventa.

---

277. Valentín, 1990.

278. Letamendia, 1994, 38-41; Caussà, 2014b, 134-137; Beorlegui, 2017, 217; Almeida, 2023, 158-167.

Resultados de las elecciones forales entre 1979 y 1989

1979			1983			1987		
Candidatura	Votos	%	Candidatura	Votos	%	Candidatura	Votos	%
UCD	68 040	26,8	PSN-PSOE	94 737	35,87	PSN-PSOE	78 453	28,07
PSE-PSOE	48 289	19,02	UPN	62 072	23,5	UPN	69 419	24,84
UPN	40 764	16,06	AP-PDP-UL	37 554	14,22	HB	38 138	13,68
HB	28 244	11,12	HB	28 055	10,62	CDS	21 022	7,52
Amaiur	17 282	6,81	PNV	18 169	6,88	EA	19 840	7,1
Nacionalistas Vascos	12 845	5,06	Auzolan	8 356	3,16	UDF	17 663	6,32
PC-EKA	12 165	4,79	PC-EKA	6 733	2,55	AP	11 985	4,29
UNAI	7 419	2,92	EE	6 292	2,38	EE	9 618	3,44
IFN	3 729	1,47	PCE-EPK	1 712	0,65	Batzarre	5 880	2,11
PCE-EPK	6 231	2,45	LC	409	0,15	IU	3 802	1,36
ANIZ	3 725	1,47	Nulos	3 135	0,83	PNV	2 661	0,96
ANAI	3 165	1,27	En blanco	1 826	0,7	PTE-UC	964	0,35
PTE	1 979	0,78				Nulos	3 327	0,85
Nulos	3 399	0,93				En blanco	3 950	1,4
En blanco	1 043	0,29						
Total voto rupturista[279]	61 814	24,37		36 820	13,93		44 018	15,79

Fuente: https://www.parlamentodenavarra.es/eu/resultados_electorales

Sin embargo, la izquierda abertzale, Batzarre y Auzolan no fueron el único lugar al que se dirigieron antiguos militantes de la izquierda revolucionaria; otras formaciones de la izquierda más moderada también se nutrieron de los experimentados cuadros de la izquierda revolucionaria. El PSOE, que había estado ausente en la lucha antifranquista, accedió al poder en 1982 y para ello necesitaba de cuadros políticos

279. Las candidaturas de Agrupaciones Electorales de Merindad (Amaiur) en algunos casos también incluían el apoyo del PNV y EE.

con experiencia. Por ello, trató de atraer a numerosos militantes de la izquierda revolucionaria proponiéndoles puestos de responsabilidad en la administración o en los aparatos del partido. No fueron pocas las puertas que tocaron. De la ORT, por ejemplo, personas como Javier Iturbe (concejal de Pamplona), Gaudencio Remón Berrade o Ángel Oliver (alcalde de Valtierra) recalaron en el Partido Socialista. Euskadiko Ezkerra también se nutrió de antiguos militantes de la izquierda revolucionaria; por ejemplo, el exmiembro de LKI y secretario general de CC. OO. en Navarra, José Mari Solchaga, primero fue miembro de EE y posteriormente acabó en el PSOE. Isabel Ciriza (LKI) y Javier de Miguel (ORT y último secretario provincial del Partido de los Trabajadores) también fueron *euskadikos*. En Izquierda Unida (coalición surgida en 1986, al calor del referéndum de la OTAN), por su parte, figuraron destacados militantes de la antigua izquierda revolucionaria como Tomás Fernández Garayalde (PTE), Ana Figueras Castellano o Martín Landa Marco (EMK).

A lo largo de los años ochenta y noventa, ETA persistió en su confrontación violenta contra el Estado, aunque con el tiempo vio reducido su apoyo. Sus atentados mortales, que cada vez implicaban a más civiles, fueron rechazados por una mayoría de la sociedad. Además, el contexto internacional influyó en la reducción del campo rupturista o revolucionario que la apoyaba, debido al fin de la Guerra Fría, la desaparición de la URSS y el avance del neoliberalismo y el neoconservadurismo. Poco a poco, la izquierda abertzale se encontró cada vez más aislada socialmente, pero continuó con su lucha armada. En ese escenario, a finales de la década de 1990, en el contexto del Pacto de Estella-Lizarra (1998-2000), surgió una última oportunidad para refundar la izquierda vasca y agrupar a todos los sectores rupturistas. Parecía que iba a ser la ocasión definitiva. La tregua de ETA y la esperanza de un final negociado permitieron que la izquierda abertzale, Batzarre, Zutik, la izquierda sindical y militantes de diversos movimientos sociales convergieran en la coalición Euskal Herritarrok (EH). En las elecciones forales de 1999, Milagros Rubio (concejala de EMK y Batzarre en Tudela) fue uno de los ocho parlamentarios electos por la ciudadanía. Sin embargo, el fin de la tregua y la ruptura de las negociaciones truncaron esa esperanza. Desde entonces, Rubio dejó el grupo parlamentario, pasó al grupo mixto y Batzarre se distanció definitivamente de la izquierda abertzale. Al mismo tiempo, se produjo una profunda fractura en seno de esta última, que resultó en la fundación de Aralar (2001).

En lo que respecta al mundo laboral, la Transición sindical trajo consigo el fin de un periodo. A través del Pacto de la Moncloa y con el Estatuto de los Trabajadores (1981), se aprobó, con el apoyo de CC. OO. y UGT, un nuevo marco para las relaciones laborales. En consecuencia, las dinámicas asamblearias y unitarias fueron sustituidas por un modelo de relaciones laborales basado en la delegación y la representación sindical.

En el panorama laboral navarro, sin embargo, el sindicalismo rupturista seguía manteniendo un peso importante. Entre 1978 y 1982 se vivieron fuertes movilizaciones en contra del pacto social y las consecuencias de la crisis. Entre otras, destacaríamos la huelga general del 7 de febrero de 1978 en contra de los topes salariales del Pacto de la Moncloa, exigiendo aumentos del 30 % para el próximo convenio; la del 27 de noviembre de 1979 convocada por CSUT, SU y LAB contra el Estatuto de los Trabajadores; y la que se hizo apenas unos días después, el 7 de diciembre de 1979, por el mismo motivo, aunque incluyendo a otras centrales en la convocatoria. En ese contexto, la política de alianzas antipactistas del SU y la CSUT se dirigió hacia una colaboración con LAB y fue habitual ver a los tres sindicatos participar conjuntamente en diversas convocatorias. En el Boletín Interno de la ORT, por ejemplo, se afirmaba que el Frente Común Reivindicativo en Euskadi debía surgir a través de la colaboración «entre SU, CSUT, LAB y todo el sector de trabajadores que rechaza el reformismo»[280].

Como vemos, en Navarra hubo grandes resistencias a la implantación del nuevo marco de relaciones laborales. Sin embargo, previamente se tuvo que derrotar y depurar al sindicalismo rupturista que dominaba el panorama sindical navarro. Primero le tocó a la UGT. En la central socialista, como hemos mencionado anteriormente, desde 1976 actuó un numeroso grupo de militantes revolucionarios, formado por trotskistas de LC, un sector marxista proveniente de las juventudes que se expresaba a través del órgano *Nuevo Claridad*, y militantes críticos con la dirección del PSOE navarro. Esta corriente fue mayoritaria y controló el sindicato, imprimiéndole un carácter rupturista. Pero en 1978, la minoría afín a la dirección del PSOE puso en marcha una maniobra burocrática para expulsar a la corriente revolucionaria. En otoño de ese año se celebró el I Congreso de la UGT de Navarra, que se saldó con la victoria de la corriente oficialista y la expulsión de la mayoría rupturista, gracias a una «artimaña». Al parecer, el sector oficialista introdujo de manera fraudulenta a varias personas de origen africano, para condicionar las votaciones a su favor. Por ello, este congreso es conocido como «la asamblea de los negros»[281].

Algo parecido ocurrió con la dirección proEMK de CC. OO., que controló la dirección del sindicato entre 1977 y 1979, con Manolo Burguete como secretario general. Fruto de esa correlación de fuerzas, CC. OO. de Navarra se opuso a la Constitución, a los Pactos de La Moncloa, al Estatuto de Gernika y a la política antiterrorista del Gobierno. La dirección partidaria de EMK controlaba el sindicato en Navarra y lo llevó a formar un «frente común con los sectores más combativos

---

280. *En lucha*, n.º 285, 16/02/1978, 16; *Boletín Interno*, 13/05/1979, CN. ORT, 10-12, AT.

281. Bueno, 2021; Bueno, 2022b, 252-256.

de la izquierda». Dichas tomas de postura chocaban con la dirección estatal del sindicato, que había decidido apoyar los principales consensos sociales y políticos de la Transición. Por lo tanto, en diciembre de 1979 el consejo Confederal de CC. OO. de Euskadi cesó al secretariado provincial de Navarra y la dirección afín a EMK fue expulsada[282]. Ezker Sindikala-Izquierda Sindical, la corriente interna impulsada por LKI, sin embargo, se mantuvo dentro de dicho sindicato durante varios años, aunque siempre estuvo en minoría.

Poco a poco, la tendencia general del sindicalismo rupturista fue ir menguando; en parte por los procesos de expulsión y depuración, pero también porque algunos de los partidos que lo habían impulsado desaparecieron, como ORT y PTE. El último acto público de la CSUT y del SU en Navarra fue la manifestación del Primero de Mayo de 1981, en la que desfilaron en el bloque rupturista junto a LAB.

Resultados de las elecciones sindicales en Navarra (1978 y 1980)

	1978		1980		Diferencia
	Delegados	%	Delegados	%	
CC. OO.	488	17,2	205	8,87	-8,33
SU	432	15,22	25	1,08	-14,14
UGT	410	14,45	355	15,36	+0,91
CSUT	305	10,75	20	0,86	-9,89
USO	173	6,10	280	12,12	+6,02
ELA	120	4,22	193	8,35	+4,13
LAB	95	3,34	99	4,29	+0,95
CUI	-	-	131	5,67	+5,67
Otros	62	2,19	247	10,69	+8,51
Independientes	752	26,51	755	32,68	+6,18
Total	2 837		2 310		

Elaboración propia a partir de *Diario de Navarra*, 31/05/1978, 21 y 25/01/1981, 30-31.

---

282. *El País*, 05/12/1979; *El País*, 17/11/1979; Bravo, 2021, 148-152.

Como vemos en esta tabla, en las elecciones sindicales de 1978 se impuso CC. OO. con un 17,2 % de los delegados. El SU, por su parte, en 1978 obtuvo la segunda posición con el 15,22 % de los delegados, y la CSUT, en cambio, se situó como cuarta fuerza sindical con el 10,75 %[283]. Sin embargo, la situación cambió de manera importante en apenas dos años. El SU y la CSUT pasarían a ser irrelevantes debido a la desaparición de ORT y PTE. CC. OO., por su parte, a raíz de la expulsión de la dirección favorable a EMK, perdería casi la mitad de sus delegados, quedando con solo el 8,87 %. En ambos comicios, el peso de las candidaturas independientes, de carácter asambleario y unitario, fue importante.

Así pues, los restos de la izquierda rupturista desde finales de los años setenta impulsaron la unidad de acción y actuaron de manera conjunta. Para ello, a menudo se utilizaron plataformas independientes y unitarias, que dependiendo de la fábrica tomaron un nombre u otro. Eran las llamadas Candidaturas Unitarias de Izquierda (CUI). En la mina de Potasas, por ejemplo, en 1980 se presentó la Unidad de la Izquierda Sindical, compuesta por CC. OO., LAB, SU, CSUT, ELA y no afiliados, y obtuvo doce de los veintitrés delegados. En SEAT, en cambio, la candidatura unitaria estaba compuesta por CSUT, SU, LAB e independientes y ganó las elecciones tras obtener siete de los veinticinco delegados[284].

Aquellas candidaturas de la izquierda sindical de Navarra se coordinaron, primero en 1983 en la llamada Coordinadora de Empresas de Izquierda Sindical (CEIS), que no era

---

283. Existe cierta confusión sobre los resultados del SU. En algunas fuentes (*Diario de Navarra*, 25/01/1981, 30-31) se dice que fue la primera fuerza. Puede que se deba al hecho de que algunos de sus miembros concurrieron en candidaturas unitarias contabilizadas como «independientes». Además, Treglia (2013b, 63) afirma que obtuvo 274 delegados, pero el dato que aporta *Diario de Navarra*, 432 delegados, nos parece más acertado.

284. *Diario de Navarra*, 29/10/1980, 16; *Diario de Navarra*, 08/11/1980, 18; *El País*, 1980/11/22; *Diario de Navarra*, 22/11/1980, 18.

un sindicato propiamente dicho sino más bien una coordinadora de varias candidaturas. Posteriormente, en 1985, CEIS se unió con otras coordinadoras y candidaturas unitarias de Araba, Bizkaia y Gipuzkoa para formar Ezker Sindikalaren Koordinakundea-Coordinadora Unitaria de Izquierda Sindical (ESK-CUIS), y en 1998, con la incorporación de la Izquierda Sindical de CC. OO., aquella coordinadora se convirtió en un sindicato propiamente dicho[285]. Dicho sindicato ha sido el referente del mundo laboral para el partido Batzarre, hasta que en 2011 se rompió en dos.

El sindicato nacionalista Langile Abertzaleen Batzordeak (LAB), por su parte, fue ocupando el espacio del sindicalismo radical y asambleario, aunque fue un despegue lento. LAB dio sus primeros pasos en 1974, y empezó a estructurarse en Navarra a partir de la Transición. Sin embargo, sus primeros años fueron conflictivos, ya que en su segundo congreso (1980) sufrió una gran ruptura: los sindicalistas afines a EE abandonaron el sindicato para integrarse en ELA y los afines HB apostaron por mantenerse en el sindicato y ligarlo a KAS[286]. Al igual que los miembros del CU de Tafalla mencionados anteriormente, numerosos militantes del SU y CSUT fueron recalando en LAB. En SEAT, por ejemplo, algunos miembros de la CSUT fueron a parar a LAB y otros a la CGT (Confederación General del Trabajo) tras haber pasado previamente por la Izquierda Sindical de CC. OO. En el movimiento obrero de Estella-Lizarra también bastantes miembros de CC. OO., así como varios trotskistas de la UGT, acabaron recalando en LAB a partir de 1980[287]. El sindicato abertzale gradualmente fue ganando influencia hasta que su presencia comenzó a ser notable a partir de las elecciones sindicales de 1986. En el

285. *Diario de Navarra*, 30/03/1983, 30; Las Heras et al., 2022.

286. Entrevistas FDMHN: G.G.A. (31/05/2022); Majuelo, 2000; Letamendia, 2004, 74-79.

287. *Diario de Navarra*, 20/12/1991, 89. Entrevista TDIS: P.I.O. e I.N.V. (11/03/2019); Entrevistas FDMHN: JM.F.G. (03/05/2022); R.P.L. (5/6/2024); C.O.C. (17/06/2022).

ámbito nacionalista también apareció el sindicato Eusko Langile Alkartasuna (ELA), que mantuvo un crecimiento sostenido durante los años ochenta.

En CC. OO., por otra parte, también hubo militantes que provenían de la izquierda revolucionaria, entre ellos dos de los secretarios provinciales que dirigieron el sindicato: José María Solchaga (exmiembro de LKI y Euskadiko Ezkerra) entre 1984 y 1988, al que le sucedió Jesús Garatea (antiguo miembro de PTE, apoyado por el PCE) entre 1988 y 2000[288].

Como ya hemos relatado anteriormente, entre finales de los años setenta y principios de los ochenta, eclosionaron los nuevos movimientos sociales. En consecuencia, desapareció la centralidad que hasta entonces había tenido la lucha obrera y fue sustituida por el protagonismo de los nuevos movimientos especializados. Estas nuevas formas de protesta, a menudo, se introdujeron a través de las juventudes de los partidos, ya que las nuevas generaciones aportaron frescura. La UJM, por ejemplo, ocupó un barracón que la Diputación Foral tenía en la Rotxapea y lo transformó en un auténtico hervidero cultural. Entre sus diversas actividades, presentaron un montaje vanguardista sobre la guerra, que combinaba impactantes imágenes bélicas y de los bombardeos de Hiroshima y Nagasaki, todo ello acompañado de música clásica. Además, formaron un grupo de teatro que participaba en los mítines de la ORT. En enero de 1978, durante una actuación en Vitoria-Gasteiz, el actor Ramón Sagaseta simuló secarse el sudor de la frente con la bandera rojigualda. Un policía de paisano camuflado entre el público lo denunció y ese mismo año se celebró un consejo de guerra, por lo que Sagaseta fue condenado a un año de prisión por un «delito de ultrajes a la bandera nacional»[289].

---

288. Bravo, 2020.

289. Entrevistas FDMHN: M.G.C. (17/05/2022); K.SJ.E. (26/4/2022); *El País*, 09/11/1978; *El País*, 10/11/1978.

Tras el fin de la clandestinidad la disciplina partidista se relajó y los cambios que se estaban produciendo en los movimientos sociales, en ocasiones, provocaron choques generacionales entre la vieja guardia y las juventudes. Según Félix Jiménez, «las nuevas generaciones preferían ir de marcha a la Plaza Roja de San Juan». Sin embargo, a pesar del declive electoral, algunas organizaciones de la izquierda rupturista lograron mantener cierta capacidad de influencia social gracias a los nuevos movimientos sociales.

Es importante destacar, por ejemplo, la aportación de la izquierda revolucionaria a la creación del movimiento feminista, que fue fundamental, ya que las militantes de estos partidos estuvieron entre las primeras impulsoras y promotoras de las movilizaciones feministas en Navarra. Como ya hemos mencionado anteriormente, fueron ellas quienes promovieron por primera vez debates feministas en sus partidos, y quienes crearon y dinamizaron las primeras organizaciones feministas. De esta manera, se empezaron a dar varios pasos hacia la liberación de las mujeres.

El ciclo de protesta de la última década del franquismo está unido a los movimientos contestatarios de las décadas de 1980 y 1990, en ocasiones, por insospechados eslabones. Por ejemplo, el sindicato vinculado al PTE, la CSUT, tenía su sede en un primer piso de la plaza de la Navarrería. En aquel local se celebraban las reuniones del sindicato, pero también les dejaban la llave a los nuevos movimientos sociales y a la naciente escena contracultural que estaba surgiendo en Pamplona. Pero cuando el sindicato desapareció en 1981, la propiedad de aquel piso pasó a la Caja de Ahorros Municipal de Pamplona. Sin embargo, los movimientos sociales que allí se juntaban siguieron utilizando el piso. Al poco tiempo, varios representantes de los movimientos sociales se reunieron con Miguel Javier Urmeneta, director de la caja, quien les permitió seguir utilizando el piso sin pagar nada a cambio. En esa misma época, surgió la radio libre Eguzki Irratia. En diciembre de 1982 empezó a emitir desde un piso de la calle Jarauta, pero en torno a 1984 se trasladó al piso de la Navarrería. Durante muchos años aquella emisora se convirtió en el centro neurálgico de todos los movimientos contestatarios y de protesta de la Vieja Iruña. El local, que hoy en día se sigue utilizando como local de grabación y emisora, se continuó utilizando sin pago o condición alguna por parte de la caja, hasta que fue comprado bastantes años más tarde[290].

A pesar de que las posibilidades de una revolución en un futuro cercano se iban alejando, en Navarra seguía existiendo una amplia base social, un *hummus rebelde,* que simpatizaba con la izquierda rupturista. Un torbellino de contestación contra el orden establecido que surgió y se prolongó más allá de la década de 1980. En él se entrecruzaron la contracultura juvenil (rock radical, radios libres, fanzines...), diversos movimientos sociales (feminista, ecologista, solidaridad internacionalista...) y varias organizaciones políticas. Todo ello explicaría, por ejemplo, el resultado del referéndum sobre la permanencia en la OTAN del año 1986. La izquierda revolucionaria y los movimientos sociales hicieron campaña por el no, que se impuso con el 53,44 % de los votos, frente al 40,77 % del sí. Asimismo, esa capacidad de movilización y de protesta se pudo apreciar en el movimiento contra el servicio militar obligatorio, ya que Navarra tuvo una de las tasas más altas de insumisión y objeción de conciencia de todo el estado. No pocos insumisos y objetores de los años ochenta y noventa eran hijos de antiguos militantes antifranquistas[291].

Como decíamos, en muchos de estos movimientos sociales, la izquierda abertzale asumió un papel de liderazgo, lo

290. Entrevista FDMHN: M.C.C. (17/05/2022).

291. Entrevista FDMHN: JM.F.G. (03/05/2022).

que ha llevado a algunos a afirmar que los «vampirizó»[292]. Sin embargo, esta perspectiva es demasiado simplista, ya que ignora la agencia de los nuevos movimientos sociales y de sus integrantes. Es cierto que la izquierda abertzale hegemonizó algunos movimientos sociales. Pero los nuevos liderazgos y las nuevas marcas políticas de la izquierda rupturista respondían a una nueva coyuntura, a las nuevas formas que adquirió el conflicto social. Hubo quienes no aceptaron estos nuevos liderazgos, mientras que otros los acogieron con entusiasmo. Además, esa perspectiva oculta la pluralidad y complejidad del movimiento radical de masas vasco, donde coexistían, debatían y confrontaban diversas corrientes. En ocasiones hubo conflictos, que provocaron rupturas en los movimientos sociales. El movimiento ecologista se escindió en dos organizaciones, Eki y Eguzki, una impulsada por la izquierda abertzale y la otra cercana a la izquierda revolucionaria. Algo parecido ocurrió en las organizaciones internacionalistas, Askapena surgió a partir de una escisión de Komite Internazionalistak acaecida en 1987.

Pese a lo que se ha llegado a decir, no todos los movimientos sociales estaban bajo control de la izquierda abertzale, y en ocasiones, sucedió todo lo contrario. Fueron estos movimientos quienes influyeron en la izquierda abertzale, condicionando su discurso y práctica. Por ejemplo, esta se sumó *tarde* a la lucha contra la mili, ya que le suponía ciertas contradicciones políticas. Pero, tal y como ha analizado Irati García, ante el éxito de este movimiento social, se vio obligada a cambiar su postura original[293].

---

292. Casquete, 2010; Rivera, 2021.

293. Oliver, 2021; García Etxeondo, 2024; Entrevista AHMOCIN: J.F.R., J.U.B., y T.F.R. (05/05/2019).

6
Conclusiones

EN SU FAMOSO *Libro Rojo*, Mao Zedong exhortaba a todos los pueblos del mundo: «Tened coraje, atreveos a luchar, desafiad las dificultades y avanzad en oleadas». Durante los últimos años del franquismo, cientos de militantes navarros también se atrevieron a luchar. El relato que acabáis de leer aborda la forma que adquirió la lucha de clases en Euskal Herria durante el largo 68. Los conflictos y luchas sociales que ocurrieron entre las décadas de 1960 y 1980 fueron, al fin y al cabo, la variante local de una oleada revolucionaria internacional: el auge y la caída de una esperanza.

Como hemos podido observar a lo largo del texto, en la última década de la dictadura, en la Vasconia peninsular se fue conformando un movimiento antifranquista muy particular, ya que, a diferencia del movimiento antifranquista de España, este estaba más escorado a la izquierda, especialmente en Navarra. Este amplio proyecto revolucionario, que algunos autores han denominado como movimiento radical de masas vasco, estaba conformado por distintas organizaciones revolucionarias (la izquierda revolucionaria, la izquierda abertzale, las organizaciones autónomas, etc.) y diversos movimientos sociales. Era un espectro amplio y difuso, sin un programa unificado, pero que, en términos generales, rechazaba la monarquía parlamentaria y la economía de mercado.

Durante la Transición, ambas legitimidades (la naciente democracia parlamentaria por un lado y el movimiento radical de masas vasco por otro) se enfrentaron y compitieron por la hegemonía social. Existían grandes expectativas y, en ciertos momentos, parecía que el proyecto rupturista podría triunfar. Las élites temían perder el control de la situación, por lo que, tras la muerte del dictador, la burguesía y las élites maniobraron para evitar cualquier salida rupturista.

Finalmente, el proyecto rupturista fue derrotado. Tras las elecciones y la aprobación de la Constitución, el sistema capitalista, en vez de debilitarse, salió reforzado. La monarquía parlamentaria recibió el apoyo de la mayoría de los partidos con representación institucional y, lo más importante, de la mayoría de la población. Los electores que apostaban por opciones revolucionarias eran una minoría importante, pero una minoría, al fin y al cabo. A partir de entonces, el sistema capitalista contó con nuevas fuentes de legitimidad, y, por tanto, se alejó la posibilidad de una transformación revolucionaria de la sociedad. Además, la llama de la oleada revolucionaria internacional que había alentado el auge de las fuerzas rupturistas se fue apagando a finales de los setenta y sufrió una crisis general.

Poco a poco, el régimen constitucional logró asentarse con éxito. A pesar de ello, seguía existiendo una amplia base social rupturista que mantenía el pulso. Mientras que a nivel internacional la mayoría de los movimientos revolucionarios sucumbían ante el avance del neoliberalismo y el neoconservadurismo, la confrontación continuó en Euskal Herria, y provocó una grave crisis de legitimidad del Estado. A lo largo de la década de 1980, aún no estaba claro cuál sería el desenlace.

Varias razones explican esta excepcionalidad. Por un lado, el antifranquismo vasco estaba conformado por fuerzas revolucionarias situadas a la izquierda del antifranquismo español y, por lo tanto, al culminar la Transición, existía una amplia base social rupturista insatisfecha, dispuesta a seguir luchando. Por otro lado, la violencia de ETA y la represión estatal polarizaron la situación, y dificultaron la cultura de consenso que caracterizó la Transición en otros lugares. Fue entonces cuando ocurrió el cambio de liderazgo en el seno del movimiento vasco radical de masas. Hasta las elecciones de 1977, el antifranquismo navarro estuvo liderado por la izquierda revolucionaria de ámbito estatal, pero, a partir de entonces, la izquierda abertzale se convirtió en el principal referente de esa base social rupturista.

El gran historiador británico E.P. Thompson, en su obra *La formación de la clase obrera en Inglaterra*, analizó el proceso de creación de la clase obrera y de su conciencia social en las décadas que van de 1780 a 1832. Este proceso culminó en la articulación de la clase como un sujeto histórico, consciente de sí mismo. En ese clásico texto, el autor de Oxford trazó un hilo que unió las diferentes expresiones de la agitación proletaria a lo largo de esas décadas: comenzando por las sociedades de campesinos y artesanos y la influencia de las corrientes religiosas disidentes, pasando por la agitación jacobina –influenciada por los ecos de la *Marsellesa*–, el ludismo y el cartismo, hasta llegar a los primeros pasos del socialismo utópico. Al igual que E.P. Thompson, en nuestro caso, se puede establecer un hilo rojo que estaría formado por las organizaciones seglares de apostolado obrero de los años cincuenta y sesenta; las Comisiones Obreras y la izquierda revolucionaria de los setenta; y la gran amalgama de las diversas experiencias de contestación contra el orden establecido en los años ochenta y noventa.

Tal como hemos podido ver a lo largo del texto, la Transición no fue un proceso dirigido y planificado exclusivamente por las élites económicas y políticas. El cambio político que llevó a España de la dictadura franquista a la monarquía parlamentaria actual, a pesar de lo que se haya podido decir, no fue obra exclusiva de Adolfo Suárez y el rey Juan Carlos I.

Fue la gente corriente, organizada y movilizada a través de un torbellino de movilizaciones sociales, la que erosionó la dictadura y acabó por forzar la democratización del Estado y el reconocimiento de las libertades. Las élites políticas y sociales nunca habrían aceptado el cambio político si no se hubieran visto obligadas a hacerlo por la presión social ejercida desde abajo.

Ahora bien, una parte importante de la oposición antifranquista no se movilizó impulsada por el aliciente de conquistar el estado del bienestar y la democracia liberal-parlamentaria. Los militantes de la izquierda antifranquista se movilizaron impulsados por un anhelo emancipador y libertario, es decir, porque tenían la esperanza de arribar, en un futuro no muy lejano, a una etapa revolucionaria de la historia en la que se producirían cambios profundos en la sociedad y la emancipación total de la humanidad. Muchos creían que la revolución se produciría con la caída de la dictadura, o que, al menos, se propiciarían las condiciones para ello.

Por lo general, los exmilitantes de aquella época consideran que su lucha fue una aportación fundamental para el advenimiento de la democracia. Se arriesgaron a sufrir duras represalias y, aunque no lograron sus objetivos políticos, muchos tienen la certeza de haber hecho lo correcto. De no haber sido por ellos, el proceso de cambio político habría sido más superficial o más lento. La mayoría de aquellos comprometidos militantes no se ha arrepentido en absoluto y afirman que, si hoy hubiera que volver a hacerlo, estarían dispuestos a repetirlo. Por todo ello, a muchos les ha quedado la sensación de que aquella lucha mereció la pena: «Fuimos necesarios e hicimos lo que había que hacer».

Finalmente, aunque la ruptura revolucionaria que se esperaba al final de la dictadura no se produjo, la oposición antifranquista sí consiguió numerosas victorias parciales. A través del movimiento obrero, por ejemplo, se lograron aumentos salariales y mejoras en las condiciones laborales;

a través del movimiento vecinal, en cambio, se lograron mejoras en las infraestructuras (asfaltado, alcantarillado, alumbrado, etc.) y en los servicios de los barrios obreros (consultorios, guarderías, casas de cultura, etc.); y los nuevos movimientos sociales, por último, fueron pioneros en numerosas reivindicaciones (feministas, ecologistas, nacionales y lingüísticas, liberación sexual, antimilitarismo y pacifismo, etc.). Muchos de los derechos que hasta la crisis de 2008 considerábamos imprescindibles e irrenunciables son el resultado de las luchas de entonces. Todo ello no habría sido posible sin el trasfondo socialista y revolucionario de aquel movimiento. Los anhelos rupturistas fueron fundamentales, tanto para motivar a la minoría militante como para convencer a otras capas de la clase obrera. Sin el aliciente de la revolución, sin un impulso rupturista cercano, las movilizaciones no habrían sucedido de la misma manera y no se habrían logrado las mejoras laborales y sociales que se consiguieron.

Sin embargo, si bien aquellas mismas mejoras (aumento de los salarios, creación del estado del bienestar) a corto plazo pusieron en apuros a la burguesía, al final acabaron por integrar a la clase obrera en el sistema capitalista. El aumento de los salarios se tradujo en consumismo y no en mayor autoorganización; la democratización del Estado trajo desinterés por la política y no más participación horizontal o asamblearia. Por tanto, podemos decir que el balance de aquel ciclo de movilización fue contradictorio.

No quiero acabar sin antes recalcar la importancia de la utopía. Al lector de principios del siglo XXI, hablar de la emancipación de la clase obrera y de la transformación socialista de la sociedad puede parecerle excéntrico y anacrónico. Pero eso es consecuencia de la desaparición del socialismo real a principios de los años noventa. La ofensiva neoliberal y conservadora que se ha vivido desde entonces ha provocado que el sistema capitalista y la economía de mercado se vean como el único sistema político-económico factible, y desde entonces la idea de socialismo ha quedado desacreditada, dejando de parecer un objetivo realizable, incluso a ojos de la propia izquierda.

La capacidad de imaginar futuros alternativos, de plantear una estrategia revolucionaria para ello, es algo de lo que carecemos hoy en día. Antes se decía: «Socialismo o barbarie». Hoy en día, parecemos condenados irremediablemente a la barbarie. Pero creo sinceramente que debemos recuperar la utopía. Como decía Eduardo Galeano: «La utopía está en el horizonte. Camino dos pasos, ella se aleja dos pasos y el horizonte se corre diez pasos más allá. ¿Entonces para qué sirve la utopía? Para eso sirve, para caminar». Los objetivos revolucionarios, por muy lejanos que parecieran, servían de aliciente e impulsaban a la movilización. Y aunque finalmente no ocurrió la esperada revolución, todas las victorias parciales (las mejoras materiales, la erosión de la dictadura, el surgimiento de los nuevos movimientos sociales, etc.) fueron consecuencia de ello. Sin confrontación directa con las élites, sin la amenaza de una ruptura revolucionaria, probablemente no habrían concedido todos los derechos adquiridos que estamos perdiendo ahora.

Aunque desde la perspectiva actual parezca una ilusión, aquel fue el último intento serio, al menos hasta el momento, de provocar una revolución social. Para algunos sectores de la sociedad, todo parecía posible. En realidad, el movimiento radical de masas vasco estuvo lejos de conquistar sus objetivos, pero disputó la hegemonía social al régimen monárquico y parlamentario que se impuso tras la Transición y consiguió dificultar su continuidad.

Navarra ha cambiado mucho desde los años de la Transición. Paradójicamente, la revolución industrial llegó tarde al viejo reino, y su influencia fue relativamente corta, porque apenas unos pocos años después la economía vivió un intenso proceso de terciarización y deslocalización. La industria, desde entonces, ha perdido parte del peso que tuvo en el pasado. Eso, sumado a la derrota que vivió el movimiento obrero con la ofensiva neoliberal de los años ochenta y noventa, ha provocado que, a ojos de una gran parte de la sociedad, la clase obrera se haya difuminado y haya perdido su potencial emancipador. Incluso se ha llegado a decir que ya no existe.

Aunque la clase obrera haya desaparecido como actor político y sujeto histórico, la pobreza, las desigualdades y las injusticias persisten en el mundo. Nos enfrentamos a una profunda crisis social, ecológica y bélica, cuyas dimensiones aún no logramos comprender por completo. Por tanto, todavía hoy, sobran las razones para atreverse a luchar.

Bibliografía

Adán Gil, C. (2019). «Machos, progres y galanes»: hombres y movimiento feminista durante los años setenta y ochenta. *Filanderas*, 4, 41-53.

Águila, J. J. del (2020). *El TOP: La represión de la libertad (1963-1977)*. Fundación Abogados de Atocha.

Alli Aranguren, J. C. (2018). *La Autonomía de Navarra: Historia, Identidad y Autogobierno*. Gobierno de Navarra.

Almeida Díez, A. (2022). El pueblo trabajador vasco: Breve historia de la formación de un concepto y sus consecuencias estratégicas en ETA. *El Futuro del Pasado: Revista Electrónica de Historia*, 13, 543-582.

—— (2023). *La izquierda abertzale y LAIA: historia de la ultraizquierda independentista vasca, 1974-1984*. Catarata.

Amores Bonilla, P. & Sanchiz Torrez, S. (2018). «Hicimos lo que debíamos hacer»: Ruptura democrática y violencia política en la perspectiva de la militancia del FRAP. En Fundación Salvador Seguí-Madrid (Coord.), *Las otras protagonistas de la Transición. Izquierda radical y movilizaciones sociales* (pp. 891-908). Editorial Descontrol.

Andrade Blanco, J. A. (2015). *El PCE y el PSOE en (la) transición: la evolución ideológica de la izquierda durante el proceso de cambio político*. Siglo XXI.

Ansa-Goicoechea, E. (2013-2014). Un 68 en el País Vasco. *Prosopopeya: revista de crítica contemporánea, 8,* 123-154.

—— (2019). *Mayo del 68 vasco: Oteiza y la cultura política de los sesenta.* Pamiela.

Aresti Segurola, G. (1986). *Artikuluak, hitzaldiak, gutunak. Gabriel Arestiren literatur lanak.* Susa.

Aristi, P. (1985-2020). *Euskal Kantagintza Berria, 1961-1985.* Erein.

Arriaga Landeta, M. (1997). *Y nosotros que éramos de HB: Sociología de una heterodoxia abertzale.* Haranburu.

Azpilicueta Vergara, A. (2019). Navarra... ¿una provincia conservadora? La Transición desde un punto de vista electoral (1976-1979). *Gerónimo de Uztariz,* 35, 13-34.

Baby, S. (2018). *El mito de la transición pacífica. Violencia y política en España (1975-1982).* Akal.

Baraibar Etxeberria, A. (2004). *Extraño federalismo: La vía navarra a la democracia (1973-1982).* Centro de Estudios Políticos y Constitucionales.

Bensaïd, D. (2007). *Trotskismos.* El Viejo Topo.

Beorlegui Zarranz, D. (2017). *Transición y melancolía. La experiencia del desencanto en el País Vasco (1976-1986).* Postmetrópolis Editorial.

—— (2018). La fábrica como espacio de lucha y de memoria, el caso de Bilbao y la Margen Izquierda (1975-1995). *Historia contemporánea,* 58, 815-847.

Bravo Sueskun, C. (2012). *De la domesticidad a la emancipación: Las mujeres en la sociedad navarra (1961-1991).* Gobierno de Navarra, Instituto Navarro para la Igualdad y Familia.

—— (2020). *Comisiones Obreras de Navarra: El resurgir del movimiento obrero y sindical (1951-2012).* Unión Sindical Comisiones Obreras de Navarra.

Bueno Urritzelki, M. (2014-2015). La lucha proamnistía en las provincias vasconavarras en la transición española. *Gerónimo de Uztariz,* 30-31, 83-100.

—— (2021). Unión General de Trabajadores de Navarra. Los primeros pasos de un sindicato nuevo (1974-1978). *Príncipe de Viana,* 281, 1041-1060.

—— (2022a). Iratxe: la organización navarra antifranquista olvidada (1963-1965). *Amnis* 21, Articulo en Línea.

—— (2022b). *Nos llamarán chaqueteros: Intrahistoria del* PSOE *y la* UGT *de Navarra (1974-1982).* Txalaparta.

Caspistegui Gorasurreta, F. J. & Larraza Micheltorena, M.ª M. (2006). El ayuntamiento más complicado de las capitales de provincia. Pamplona 1965-1976. En M. M. Larraza Micheltorena (dir.), *De leal a disidente: Pamplona 1936-1977* (pp. 177-223). Eunate.

Casquete, J. (2010). El calendario conmemorativo del nacionalismo vasco radical. *Cuadernos Bakeaz* (99).

Castien Maestro, J. I. (2013). Lenin y la «cuestión nacional». Más allá del existencialismo y del constructivismo. *Nómadas. Journal of Social and Juridical Sciences* (39), 19-110.

Catalán Deus, J. (2020). La chispa y la pradera. Violencia maoísta en la España de los 70. Del FRAP al GRAPO. En A. S. Ferreira & J. Madeira (Eds.), *As Esquerdas Radicais Ibéricas entre a Ditadura e a Democracia. Percursos Cruzados* (pp. 97-110). Colibri.

Caussà, M. & Martínez i Muntada, R. (Eds.). (2014). *Historia de la Liga Comunista Revolucionaria (1970-1991).* La Oveja Roja.

Caussà, M. (2014a). Los orígenes de la LCR (1969-1973). En M. Caussa & R. Martínez i Muntada (Eds.), *Historia de la Liga Comunista Revolucionaria (1970-1991)* (pp. 17-34). La Oveja Roja.

—— (2014b). Gobierno del PSOE: cambio de ciclo y reorientación (1982-1985). En M. Caussa & R. Martínez i Muntada (Eds.), *Historia de la Liga Comunista Revolucionaria (1970-1991)* (pp. 129-162). La Oveja Roja.

Chirivella Magraner, M. (2020). Les dones organitzades durant la Transició espanyola (1975-1981). *Mobilitza-*

cions socials i esquerra radical: Actes del II Congrés Les altres protagonistes de la transició (págs. 17-44). Universitat de Barcelona.

Chueca Intxusta, J. (1994). Nafarrotik Euskadira. 100 urte euskal nazionalismoaren historian barrena. *Gerónimo de Uztariz*, 9-10, 133-148.

—— (2018). Asalto o salto a las urnas, estrategias de la izquierda radical ante las elecciones: El caso vasco. En Brumaria (eds.), *Las otras protagonistas de la Transicion. Izquierda radical y movilizaciones sociales* (pp. 869-874).

Colectivo Unitario-LAB. (1995). *Obreros somos... 1969-1989: El Movimiento Obrero en la Comarca de Tafalla.* Altaffaylla.

Contreras, R. (2014). La Liga Comunista (1972-1977). En M. Caussà & R. Mártinez i Muntada (Eds.), *Historia de la Liga Comunista Revolucionaria (1970-1991)* (pp. 77-92). La Oveja Roja.

Cubero Sanchez, J. (1990). El Partido Carlista. Oposición al Estado franquista y evolución ideológica (1968-1975). Tusell J. (comp.), *La oposición al régimen de Franco. Estado de la cuestión y metodología de investigación Madrid*, UNED, 399-406.

De la Torre Campo, J. (2006). Trabajadores, empresarios y tecnócratas en el desarrollo industrial de Navarra (c. 1950-1980), *Gerónimo de Uztariz*, 22, 75-103.

De Miguel Saenz, J. (1986). *La Organización Revolucionaria de Trabajadores. Sus orígenes y desarrollo en Navarra. 1964-1977.* Memoria de licenciatura sin publicar. UNED.

—— (1992). La ORT en Navarra. Orígenes y desarrollo. *Príncipe de Viana. Anejo*, 16, 739-755.

Díaz Alonso, D. (2019). *Disputar las banderas: Los comunistas, España y las cuestiones nacionales (1921-1982).* Trea.

Díaz Macías, E. M. (2021). *Los últimos chinos: historia del Partido del Trabajo de España (PTE) (1967-1980*). Dykinson.

—— (2022). *El Movimiento Comunista (MC): historia de un partido (1964-1991).* Catarata.

Díaz Monreal, J. L. (2009). *La historia olvidada.* EGI *en Nafarroa durante la década de los años sesenta.* Ahaztuak.

Domènech Sampere, X. (2020). *Un haz de naciones: El Estado y la plurinacionalidad en España (1830-2017).* Atalaya.

—— (2022). *Luchas de clases, franquismo y democracia. Obreros y empresarios (1939-1979).* Akal.

Dressen, M. (2000). *De l'amphi à l'établi: Les étudiants maoïstes à l'usine 1967-1989.* Belin.

Erize Etxegarai, X. (1997). *Nafarroako euskararen historia soziolinguistikoa (1863-1936). Soziolinguistika historikoa eta hizkuntza gutxituen bizitza.* Hezkuntza eta Kultura Departamentua.

Escribano Riera, D. (2018). Las jornadas de lucha de diciembre de 1974 en el País Vasco. En Brumaria (eds.), *Las otras protagonistas de la transición. Izquierda radical y movilizaciones sociales* (pp. 595-608). Brumaria.

—— (2021). Bixente Serrano Izko: «1977 arte miliek apenas egin zuten ezer», *Jakin*, 2021-01-14, https://www.jakin.eus/albisteak/bixente-serrano-izko-1977-arte-miliek-apenas-egin-zuten-ezer/410

Escribano Riera, D., & Casanellas Peñalver, P. (2012). Gizarte-mobilizazioak eta frankismoaren hondar krisia. Euskal Herriaren ekarpena. *Uztaro: giza eta gizarte-zientzien aldizkaria,* 81, 17-38.

—— (2012). La precipitación del cambio político (1974-1977). Una mirada desde el País Vasco. *Historia social,* 73, 101-121.

Esparza Zabalegi, J. M. (2006). *Cien razones por las que dejé de ser español.* Txalaparta.

Estornés Zubizarreta, I. (2013). *Cómo pudo pasarnos ésto. Crónica de una chica de los 60.* Erein.

Etxebarria Dueñas, G. (2018). Mantener la hipótesis revolucionaria: ETA (M) y el otoño de los setenta en Euskadi (1977-1978). En Brumaria (eds.), *Las otras protagonistas de la transición: Izquierda radical y movilizaciones sociales* (pp. 877-890). Brumaria.

Etxezarreta Zubizarreta, M. (Ed.). (1991). *La reestructuración del capitalismo en España, 1970-1990*. Icaria.

Fernández Rincón, J. (2017). El origen del Movimiento Comunista de España: Evolución, formación y extensión al ámbito estatal. En *Actas del IX Encuentro Internacional de investigadores del Franquismo: 80 años de la Guerra Civil Española* (pp. 303-313).

—— (2018). Cambio de rumbo en la transición. Claves para entender el desarrollo del movimiento comunista (MC). En Brumaria (eds.), *Las otras protagonistas de la transición. Izquierda radical y movilizaciones sociales* (pp. 1103-1114). Brumaria.

—— (2019). La lucha por la democracia en clave antifascista: El Movimiento Comunista (MC) por la ruptura democrática (1975-1977). En C. Navajas Zubeldia & D. Iturriaga Barco (Eds.), *El reinado de Juan Carlos I (1975-2014): Actas VI Congreso Internacional de Historia de Nuestro Tiempo* (pp. 131-147).

Fontana Lázaro, J. (2017). *El siglo de la revolución: Una historia del mundo desde 1914*. Crítica.

Franquesa i Artés, R. (2011). Estabilización del nuevo régimen y autodisolución (1977-1980). En J. L. Martín Ramos (Coord.), *Pan, trabajo y libertad: Historia del Partido del Trabajo de España* (pp. 261-324). El Viejo Topo.

Galante, J.M. (2014). Una organización revolucionaria y democrática. En M. Caussa & R. Martínez i Muntada (Ed.), *Historia de la Liga Comunista Revolucionaria (1970-1991)* (pp. 181-204). La Oveja Roja.

Gallego Margaleff, F. J. (2008). *El mito de la transición: La crisis del franquismo y los orígenes de la democracia (1973-1977)*. Crítica.

—— (2008). *El mito de la transición, La crisis del franquismo y los orígenes de la democracia (1973-1977)*. Planeta.

García Etxeondo, I. (2024). Mezu estetiko eta politikoa intsumisioaren karteletan. *Gerónimo de Uztariz*, 38, 199-233.

García Lerma, M., & Aparicio Rodríguez, V. (2018). El EMK e Iraultza, «camino de ida y vuelta» (1981-1991). *Huarte de San Juan. Geografía e Historia*, 25, 241-269.

García Lerma, M. (2020). Los vientos del Este: el maoísmo hispano y la influencia de la «vía china al socialismo» en la oposición antifranquista (1964-1980). En *Mobilitzacions socials i esquerra radical: Actes del II Congrés Les altres protagonistes de la transició* (pp. 370-401).

García-Sanz Marcotegui, Á. & Mikelarena Peña, F. (2000) Evolución de la población y cambios demográficos en Navarra durante el s. XX». *Gerónimo de Uztariz*, 16, 125-138.

García-Sanz Marcotegui, A. (2021). *La situación del euskera en Navarra (1860-1939)*. Lamiñarra.

García-Sanz Marcotegui, Á., Iriarte López, I., & Mikelarena Peña, F. (2002). *Historia del navarrismo (1841-1936): sus relaciones con el vasquismo*. UPNA.

García-Sanz Marcotegui. Á., & Mikelarena Peña, F. (1999). Españolismo, vasquismo y navarrismo foral: cambios y persistencias en la interpretación de la identidad navarra hasta 1936. *Historia y política: Ideas, procesos y movimientos sociales* (2), 83-122.

Garde Etayo, M. L. (2006). El último consejo de Trabajadores de Navarra y el convenio general (1975-1977). En M. M. Larraza Micheltorena (Dir.), *De leal a disidente: Pamplona 1936-1977* (pp. 226-230). Eunate.

Giganto Martínez, J. M. (1992). Sindicalismo e Iglesia en la Ribera de Navarra. *Príncipe de Viana. Anejo* (16), 757-782.

Giménez, I. (2012). *ELA en Nafarroa: cien años de transformación y lucha (1911-2011)*. Txalaparta.

González de Andrés, E. (2017). Programa, discurso y actuación del Partido Comunista de España (PCE) en la huelga general navarra de junio de 1973. *Gerónimo de Uztariz* (33), 93-114.

—— (2021). *1976, el año que vivimos peligrosamente. Las instituciones provinciales franquistas y la conflictividad sociolaboral*. Postmetrópolis.

Harman, C. (1979). Crisis of the European revolutionary left. *International Socialism*, 2 (4), 49-87. https://www.marxists.org/archive/harman/1979/xx/eurevleft.html

Harman, C. (1988). *The fire last time: 1968 and after*. Bookmarks.

Herrera Feligreras, A. (2007). De la célula al partido de masas. Una aproximación al desarrollo del PCE en Navarra durante el tardofranquismo. En *Historia del PCE: I Congreso, 1920-1977* (pp. 121-134). FIM.

Ibarra Güell, P. (1987). *La Evolución Estratégica de ETA*. Kriselu.

—— (2016). *Memoria del antifranquismo en el País Vasco: Por qué lo hicimos (1966-1976)*. Pamiela.

Iriarte Areso, J. V. (1981). Universidad y movimiento estudiantil en Navarra bajo el régimen de Franco. En J. J. Carreras Ares & M. A. Ruiz Carnicer (Eds.), *La universidad española bajo el régimen de Franco (1939-1975)* (pp. 601-618). Institución Fernando el Católico.

—— (1995). *Movimiento obrero en Navarra (1968-1977): organización y conflictividad*. Gobierno de Navarra.

—— (1999). «Otoño caliente» en Navarra. La huelga general del 11 de diciembre de 1974. *Gerónimo de Uztariz* (14), 105-121.

IVAC-KREI (2019). *Proyecto de investigación de la tortura y malos tratos en la Comunidad Foral de Navarra entre 1960-1978*. Kriminologiaren Euskal Institutua-Instituto Vasco De Criminología.

Jaureguiberry, F. (2007). *Question nationale et mouvements sociaux en Pays Basque*. L'Harmattan.

Jiménez de Aberasturi Corta, J. C., & López Adan, E. (1989). *Organizaciones, sindicatos y partidos políticos ante la transición: Euskadi 1976*. Eusko Ikaskuntza.

Kortazar Billelabeitia, J. (2012a). El Movimiento Comunista de Euskadi y la Transición en el País Vasco (1975-1980). En *No es país para jóvenes (pp. 97-114)*. Instituto de Historia Social Valentín Foronda.

—— (2012b). *Euskadiko Mugimendu Komunista (1969-1991): Historia eta ideologia. Vasconia: Cuadernos de historia-geografía*, 38, 1079-1109.

Laiz Castro, C. (1995). *La lucha final: los partidos de la izquierda radical durante la transición española*. Catarata.

Las Heras, J., Messina, I., & Renteria-Uriarte, X. (2022). The formation of Ezker Sindikalaren Konbergentzia: radical unitary unionism in the Basque Country and Navarre. *Labor History*, 63 (6), 705-724.

Lenin, V. I. (1916). *La revolución socialista y el derecho de las naciones a la autodeterminación*.

Letamendia Belzunce, F. (1978). *Denuncia en el parlamento*. Txertoa.

—— (1979). *El no vasco a la reforma: 1º La consolidación de la reforma*. Txertoa.

—— (1994). *Historia del nacionalismo vasco y de ETA*. R&B.

—— (2004). *ELA 1976-2003: Sindicalismo de contrapoder*. Manu Robles Arangiz Fundazioa.

Linhart, R. (1978). *L'Établi*. Les Éditions de Minuit.

Lopez Goñi, I. (2003). La «Sección de Fomento de Vascuence» de la Diputación de Navarra (1957-1972). Génesis y actuación. *Geronimo de Uztariz* (19), 49-73.

—— (2005). Las ikastolas en Navarra (siglo XX): Búsqueda de un modelo de escuela propio. *Historia de la educación: Revista interuniversitaria* (24), 371-396.

López, D., & Montoro, C. (2006). Cambios en la ciudad de Pamplona (1945-1975). Una mirada desde la demografía. En M. M. Larraza Micheltorena (Dir.), *De leal a disidente: Pamplona, 1936-1977* (pp. 261-311). Eunate.

López, I., & Rodríguez, E. (2010). *Fin de ciclo. Financiarización, territorio y sociedad de propietarios en la onda larga del capitalismo hispano (1959-2010)*. Traficantes de Sueños.

Majuelo Gil, E. & Pascual Bonis, A. (1991). *Del catolicismo agrario al cooperativismo empresarial: setenta y cinco años de la Federación de Cooperativas navarras,*

1910-1985. Ministerio de Agricultura, Alimentación y Medio Ambiente.
Majuelo Gil, E. (2000). *Historia del sindicato LAB, Langile Abertzaleen Batzordeak: 1975-2000*. Txalaparta.
—— (2020). El historiador ante el pasado vasco (no tan) reciente. *Segle xx: Revista Catalana d'Història*, 13, 283-296.
Maluquer de Motes I Bernet, J. (2014). *La economía española en perspectiva histórica*. Pasado & Presente.
Martín Ramos, J. L. (coord.) (2011). *Pan, trabajo y libertad: historia del Partido del Trabajo de España*. El Viejo Topo.
Mártinez Larrea, J. (2011). Las Gestoras pro-Amnistía durante la Transición. En *Nuevos horizontes del pasado. Culturas políticas, identidades y formas de representación: actas del x Congreso de la Asociación de Historia Contemporánea*. Universidad de Cantabria.
Mc Clancy, J. (2000) *The Decline of Carlism*. University of Nevada Press.
Mendiola Gonzalo, F. (2002). Entre los viejos y los nuevos moldes: cambio social y político en Pamplona y su comarca (1951-1981). *Gerónimo de Uztariz*, 17, 211-250.
Mintegiaga Oiarbide, J. & Saizar Arostegi, J. (2011). *Frankismoa eta Trantsizioa Tolosaldean eta Leitzaldean*. Tolosa Herria Hedabideak.
Molinero, C. & Ysàs, P. (1998). *Productores disciplinados y minorías subversivas clase obrera y conflictividad laboral en la España franquista*. Siglo XXI.
—— (2008). *La anatomía del franquismo: De la supervivencia a la agonía, 1945-1977*. Crítica.
—— (2018). *La Transición: Historia y relatos*. Siglo XXI.
Monteano Sorbet, P. (2017). *El iceberg navarro. Euskera y castellano en la Navarra del siglo XVI*. Pamiela.
Morán, G. (2003). *Los españoles que dejaron de serlo: Cómo y por qué Euskadi se ha convertido en la gran herida histórica de España*. Grupo Planeta.

Moreno Seco, M. (2017). Sexo, Marx y nova cançó. Género, política y vida privada en la juventud comunista de los años setenta. *Historia Contemporánea*, 54, 47-84.

Núñez Seixas, X. M. (1999). *Los Nacionalismos en la España contemporánea: siglos XIX y XX*. Hipótesi.

—— (2018). *Suspiros de España: El nacionalismo español 1808-2018*. Crítica.

Oliver Olmo, P. (2021). *Ejerzitorik ez - No a los ejércitos: Objeción de conciencia y lucha antimilitar en Navarra (1974-1989)*. Gobierno de Navarra.

Onrubia Rebuelta, J. (2000) *La resistencia carlista a la dictadura de Franco: Los «Grupos de Acción Carlista» (GAC)*. Mafalia.

ORT (1975). *Historia del movimiento obrero navarro. 25 años de lucha. 1950-1975*. ORT.

Pascual Sainz, Z. (2008). El despertar de una conciencia ciudadana a través del urbanismo, el Ayuntamiento de Pamplona, 1966-1976. *Gerónimo de Uztariz*, 23-24, 123-174.

—— (2017). *Conflicto y poder municipal: Pamplona 1936-1976*. Tesis doctoral. UPNA.

Pastor Verdú, J. (2008). Mayo 68, de la revuelta estudiantil a la huelga general su impacto en la sociedad francesa y en el mundo, *Dossiers feminsites*, 12, 31-47.

—— (2014). *Los nacionalismos, el Estado español y la izquierda*. La Oveja Roja.

Pérez Agote, A. (1989). Cambio social e ideológico en Navarra (1936-1982). *Reis: Revista Española de Investigaciones Sociológicas*, 46, 7-21.

Perez Ibarrola, N. (2012). Movimiento obrero y movilización ciudadana en la Pamplona del tardofranquismo y la transición ¿un inesperado despertar?, *Gerónimo de Uztariz* (28), 123-154.

—— (2017). *Langileria berri baten eraketa. Iruñerria 1956-1976*. Gobierno de Navarra.

—— (2020). La formación de la clase obrera pamplonesa bajo el franquismo. Nuevos enfoques para la historiografía obrera navarra, *Segle xx: revista catalana d'història*, 13, 213-237.

Pérez Ochoa, I. (1999). Oposición al franquismo y movimiento obrero en Tudela en los últimos años del régimen franquista (1968-1977). *Sancho el sabio: Revista de cultura e investigación vasca* (10), 27-52.

Pérez Ochoa, Í., & Satrustegi Andres, I. (2020). UNAI: Auge y fracaso de la izquierda revolucionaria en Navarra. *Príncipe de Viana*, 277, 669-695.

Pérez Pérez, J. A. (2006). El asambleismo laboral en el País Vasco. De la dictadura a la democracia. En Mateos López, A., Herrerín López, A. (Eds.), *La España del presente: De la dictadura a la democracia* (pp. 83-102). Asociación Historiadores del Presente.

Pérez Serrano, J. (2013). Orto y ocaso de la izquierda revolucionaria en España (1959-1994). En R. Quirosa-Cheyrouze (Ed.), *Los partidos en la Transición: Las organizaciones políticas en la construcción de la democracia española* (pp. 249-291). Biblioteca Nueva.

—— (2015). Estrategias de la izquierda radical en el segundo franquismo y la Transición (1956-1982). En M. C. Chaput & J. Pérez Serrano (Eds.), *La transición española: Nuevos enfoques para un viejo debate* (pp. 95-125). Biblioteca Nueva.

Pescador Medrano, A. (2011). *El Ayuntamiento de Pamplona durante la Transición*. Pamiela.

Piérola Narvarte, G. (2018). *Mujer e ideología en la dictadura franquista. Navarra (1939-1960)*. Pamiela.

Planas i Serra, A. (2011). La izquierda marxista radical en la Transición: Cataluña, 1968-1980. En R. Quirosa-Cheyrouze, L. C. Navarro Pérez, & M. Fernández Amador (Coords.), *v Congreso Internacional. Historia de la Transición en España. Las organizaciones políticas* (pp. 609-620). Universidad de Almería.

Preston, P. (1987). *La destrucción de la democracia en España: reforma, reacción y revolución en la Segunda República.* Alianza.
Quiroga Fernández de Soto, A. (2009). Coyunturas críticas: la izquierda y la idea de España durante la Transición. *Historia del Presente,* 13, 21-40.
Rivera, A. (2021). Acuerdos y desacuerdos. *Segle xx: Revista Catalana d'història* (13), 319-322.
Roca Monet, M. (2000). La cuestión nacional. Rosa versus Lenin. *Filosofía, política y economía en el Laberinto* (2).
Rodríguez López, E. (2015). *Por qué fracasó la democracia en España. La Transición y el régimen del '78.* Traficantes de Sueños.
Ross, K. (2008). *Mayo del '68 y sus vidas posteriores.* Acuarela Libros.
Rousset, P. (2008). Dos generaciones en la evolución de la izquierda radical. En M. Gari, J. Pastor, & M. Romero (Eds.), *1968: el mundo pudo cambiar de base* (pp. 327-348). Catarata.
Ruiz, F., & Romero, J. (1977). *Los partidos marxistas.* Anagrama.
Rupar, B. (2018). El debate chino-soviético y la emergencia del maoísmo como corriente política diferenciada en el Movimiento Comunista Internacional. *Historia contemporánea* (57), 559-578.
Salles, J. P. (2005). *La Ligue communiste révolutionnaire (1968-1981).* Presses universitaires de Rennes.
Sánchez Carrión, J. M. (1972*). El estado actual del vascuence en la provincia de Navarra (1970). Factores de regresión, relaciones de bilingüismo.* Príncipe de Viana.
Sans Molas, J. (2011). Entre las instituciones y la movilización: La crisis de la izquierda radical durante la transición. En R. Quirosa-Cheyrouze, L. C. Navarro Pérez, & M. Fernández Amador (Eds.), *v Congreso internacional. Historia de la Transición en España. Las organizaciones políticas* (pp. 649-665). Universidad de Almería.

Sans Molas, J. (2017). *Militancia, vida y revolución en los años setenta: La experiencia de la Organización de Izquierda Comunista (OIC)*. Tesis doctoral. Universitat Autònoma de Barcelona.

Sarasua, C. & Molinero, C. (2009). Trabajo y niveles de vida en el Franquismo. Un estado de la cuestión desde una perspectiva de género. En Borderías, C. (ed.), *Trabajo y niveles de vida en el Franquismo. Un estado de la cuestión desde una perspectiva de género*, Icaria.

Satrustegi Andres, I. (2018). *La izquierda revolucionaria vasca bajo el franquismo: el ejemplo del MCE*. En *Las otras protagonistas de la transición. Izquierda radical y movilizaciones sociales* (pp. *1087-1102*). Brumaria.

—— (2022a). Dazibaos en la Estafeta: el maoísmo en Navarra en los años 1970. *Gerónimo de Uztariz* (36), 47-68.

—— (2022b). «Hicimos lo que había que hacer»: la transición en Navarra desde abajo. En R. J. Aranguren (Ed.), *La LORAFNA 40 años después: historia, balance y propuestas para una reforma* (pp. 103-124). Aranzadi.

—— (2022c). *Beste mundu bat nahi genuen: Nafarroako ezker iraultzailea, 1970-1979*. Gobierno de Navarra.

—— (2022d). Unitary unionism in the transition: a general approach from Navarre. *Labor History*, 63(6), 686-704.

Senent Sansegundo, J. C. (2024). *Antifranquistas de boina roja: El cambio ideológico en el franquismo (1968-1986)*. Centro de Estudios Políticos y Constitucionales.

Treglia, E. (2013a). Apuntes sobre la ORT: De las Comisiones Obreras al Sindicato Unitario. En M. Aroca & R. Vega (Eds.), *Análisis históricos del sindicalismo en España. Del Franquismo a la estabilidad democrática (1970-1994)* (pp. 248-270). Fundación Francisco Largo Caballero.

—— (2013b). Izquierda comunista y cambio político: El caso de la ORT. *Ayer*, 92(4), 47-71.

Turrillas Bueno, E. (2023). *Emakumeen aktibismo anitza langile-mobilizazioetan: erresuma batuko meatzari komuni-*

tateetatik Potasas de Navarrako meatze-putzuetara. Trabajo de fin de grado. UPNA.

Turrillas Bueno, E., Satrustegi Andrés, I., & Rodríguez Villar, I. (2023). *Ecos perdidos de una lucha: ubicación y desaparición de las fábricas de la Comarca de Pamplona en los años setenta. Gerónimo de Uztariz,* 37, 39-70.

Turrillas Bueno, E., Satrustegi Andres, I., Rodríguez Villar, I., & Perez Ibarrola, N. (2023). Borroka baten oihartzun galduak: Iruñerriko 1970eko hamarkadako lantegien kokapena eta desagerpena. *Memoriapaper(ak),* 13.

Valentín González, A. (1990). Materiales para un mapa electoral de Navarra. *Reis, 51,* 121-170.

Vigna, X. (2015*). L'insubordination ouvrière dans les années 68: Essai d'histoire politique des usines.* Presses universitaires de Rennes.

Vinen, R. (2018). *1968. El año en que el mundo pudo cambiar.* Crítica.

VV.AA. (2015). *Orratzak baino hariak luzeago behar du izan.* Utriusque Vasconiae.

Wilhelmi Casanova, G. (2016). *Romper el consenso: La izquierda radical en la Transición (1975-1982).* Siglo XXI.

—— (2021). *Sobrevivir a la derrota: Historia del sindicalismo en España (1975-2004).* Akal.

Yániz Berrio, E. (2014). El impacto y la recepción del Concilio Ecuménico Vaticano II en Navarra. Una aproximación al primer posconcilio marcado por la figura del prelado Mons. Enrique Delgado Gómez (1965-1968). *Historia Actual Online,* 35, 127-142.

Ysàs i Solanes, P. (2013). Ni modelica, ni immodèlica. La Transició des de la historiografia. *Franquisme & Transició,* 1, 273-287.

Zabala Gonzalez, B. (2018). *Feminismo, transición y sanfermines del 78.* Sanfermines 78: Gogoan!

Zaratiegui Jurio, A. (2019). *Trabajo y Memoria. La Construcción del Sujeto en la Sociedad del Conocimiento.* El Garaje.

WEBS

- https://archivodelatransicion.es/
- https://www.historialcr.info/ (HLCR)
- https://www.march.es/es/coleccion/archivo-linz-transicion-espanola (ALTE)
- https://prensahistorica.mcu.es/es/inicio/inicio.do

PRENSA CONVENCIONAL

- *ABC*
- *Diario de Navarra*
- *Egin*
- *El País*
- *El Pensamiento Navarro*
- *La Vanguardia Española*
- *Punto y Hora en Euskal Herria*

PRENSA DE PARTIDO

- ORT:
    - *En Lucha*
    - *El Militante*
    - *Abenduak 11*
- LCR-ETA VI
    - *Combate*
    - *Zutik!*
- PCE (i)-PTE
    - *Mundo Obrero Rojo*
    - *Hacia el Socialismo*
    - *El Correo del Pueblo*
    - *La Unión del Pueblo*
    - *Jeiki*
- MCE-EMK
    - *Servir al Puelo*
    - *Zer egin?*
- OIC-EKE
    - *Iraultza*

- PCE (m-l)
  - *Vanguardia Obrera*

ARCHIVOS

- Batzarre (ABatz)
- Fundación Pablo Iglesias (FPI)
- Archivo General de la Administración (AGA)
- Lazkaoko Beneditarren Fundazioa (LBF)
- Fondo Documental de la Memoria Histórica (FDMHN)
- Eusko Ikaskuntzaren funts dokumental eta bibliografikoen bilduma - Historia Garaikideko Dokumentazio Zentroa. Euskadiko Artxibo Historikoa (EAH)
- Biblioteca del Pavelló de la República (BPR)

FUENTES ORALES

- Entrevistas de la tesis doctoral de Imanol Satrustegi (TDIS)
  - Felix Rey Bakaikoa: Pamplona-Iruñea, 25/06/2018
  - Javier Iturbe Ekai: Pamplona-Iruñea, 25/07/2018 y 09/08/2018
  - Juanjo San Martin Villanueva y Vicente San Martin Oneca: Pamplona-Iruñea, 9/10/2018
  - Jesus Urra Bidaurre: Pamplona-Iruñea, 30/10/2018
  - Jesus Mari San Martin Asiain: Pamplona-Iruñea, 15/11/2018
  - Patxi Urrutia Jauregi: Pamplona-Iruñea, 20/12/2018
  - Julia Munarriz Gomara: Pamplona-Iruñea, 21/12/2018
  - Milagros Rubio Salvatierra: Tudela, 05/03/2019
  - Pablo Ibañez Olcoz e Isabel Noguera Vales: Pamplona-Iruñea, 11/03/2019
  - Vicente Duque Alonso: Pamplona-Iruñea, 12/05/2019
  - Presen Zubillaga Auza: Pamplona-Iruñea, 18/07/2019
  - Félix Jiménez Morales: Pamplona-Iruñea, 23/07/2019
  - Pachi San Juan Calud y José Luis Arellano Ansó: Tudela, 23/08/2019
  - Martín Landa Marco: Tudela, 23/08/2019

- Jesús Casajús Martínez: Pamplona-Iruñea, 26/08/2019
- Arcadio Rojo Amil: Pamplona-Iruñea, 27/09/2019
- Ana Arillo Crespo y Feli Otegi: Pamplona-Iruñea, 25/11/2019
- Alvaro Zaratiegi Jurio: Pamplona-Iruñea, 23/12/2019

• Entrevistas del Fondo Documental de la Memoria Histórica en Navarra (FDMHN)
- Gloria Bosque Ezker: 16/05/2016
- Javier Armendariz Tainta: 23/06/2016
- Bixente Serrano Izko: Pamplona-Iruñea, 04/07/2016
- Ángel Oliver Santos: Pamplona-Iruñea, 23/11/2018 y 01/2019
- Ana Figueras Castellano: 26/11/2020
- Antonio Otermin: 26/11/2020
- Carmen Bravo Sueskun: 26/11/2020
- Jesús Garatea Idoate: 26/11/2020
- Ignacio Milagro Calvete: 02/12/2020
- Javier Zabaleta: 02/12/2020
- Jesús Comes: 02/12/2020
- Manuel Burguete Zubillaga: 10/12/2020
- Miguel Bueno: 10/12/2020
- Miguel Miranda: 17/12/2020
- Kepa Bales: 17/12/2020
- Mari José Ansó: 22/12/2020
- Jesús Recalde Beaumont: 23/12/2020
- Pedro Vázquez: 23/12/2020
- Luis Artica Asurmendi: 2020
- Milagros Rubio Salvatierra: 2020
- Vicente Duque Alonso: 01/2021
- Julen Mendiguren Sotelo: Pamplona-Iruñea, 02/12/2020
- Jesús Garatea Idoate y Rafael Otermin Sengariz: Pamplona-Iruñea, 10/11/2020
- Arcadio Rojo Amil: Pamplona-Iruñea, 10/12/2020

- Katti Eskubi Larraz: Pamplona-Iruñea, 11/01/2021
- Jesus Urra Bidaurre: Pamplona-Iruñea, 03/09/2021
- Javier Urroz Domínguez: Pamplona-Iruñea, 03/09/2021
- Xabier Barber Del Río: Pamplona-Iruñea, 03/09/2021
- Tere Sáez Barrao: Estella-Lizarra, 14/09/2021
- Félix Prieto Etxabarri: Estella-Lizarra, 14/09/2021
- José María Esparza Zabalegi: Tafalla, 22/10/2021
- Koldo Arriaga Sarriguren: Tafalla, 22/10/2021
- Emilio Majuelo Gil: Pamplona-Iruñea, 09/09/2021
- Pello Lasa Iriberri: Pamplona-Iruñea, 09/09/2021
- José María Compains Rolán: Pamplona-Iruñea, 12/09/2021
- Pako Astitz Goldaratz: Pamplona-Iruñea, 12/09/2021.
- Marifé Burguete Zubillaga: Antsoain, 29/03/2022
- Pilar Adiego Soria: Antsoain, 29/03/2022
- Carmen Lizarraga Araitz: Antsoain, 29/03/2022
- Santos Galdeano Martínez: Antsoain, 12/04/2022
- María Rosario Larrayoz Oscoz: Antsoain, 12/04/2022
- Javier de Miguel Sáenz: Antsoain, 12/04/2022
- Josu Chueca Intxusta: Antsoain, 19/04/2022
- Mentxu Velasco Fleta: Antsoain, 26/04/2022
- Kontsesi San Juan Elizalde: Antsoain, 26/04/2022
- José María Fernández Garaialde *Tote*: Antsoain, 03/05/2022
- Gregoria Ramos Murugarren: Antsoain, 03/05/2022
- Begoña Zabala González: Antsoain, 09/05/2022
- Salomé Iturbide Baztán: Antsoain, 09/05/2022
- Tomás Fernández Garayalde: Antsoain, 09/05/2022
- José Vicente Azpilicueta Caspe: Antsoain, 17/05/2022
- Mabele Goya Cantero: Antsoain, 17/05/2022
- Alicia Ortega Baztán: Antsoain, 24/05/2022
- Jesús Sánchez Rubio: Antsoain, 24/05/2022
- Gurutz Gorraiz Armendariz: Antsoain, 31/05/2022
- Julia Munarriz Gómara: Antsoain, 31/05/2022

- Javier Ordoñez García: Antsoain, 07/06/2022
- Manuel Martorell Pérez: Antsoain, 07/06/2022
- Inmaculada Bezunartea Leoz: Antsoain, 14/06/2022
- Carmen Bravo Suescun: Antsoain, 14/06/2022
- César Osanz Cebrián: Antsoain, 17/06/2022
- Félix Jiménez Morales: Antsoain, 21/06/2022
- Blanca Fernández Viguera: Antsoain, 22/12/2022
- Álvaro Zaratiegi Jurio: Antsoain, 27/12/2022
- Fernando Atxa Vicario: Antsoain, 05/01/2023
- Lázaro Elizalde Soto: Antsoain, 05/01/2023
- Marine Pueyo Danso: Antsoain, 24/01/2023
- María Teresa Goñi Rubio y María Jesús Villamayor Vierge: Antsoain, 28/11/2023
- Félix Jiménez Morales: Antsoain, 12/12/2023
- José Lázaro Ibáñez Compains: Antsoain, 12/12/2023
- Patxi Dufur Ibarra: Antsoain, 15/12/2023
- Pablo Archel Domench: Antsoain, 15/12/2023
- José Luis *Txelui* Moreno Sagües: Antsoain, 22/12/2023
- Andoni Albeniz Bratos: Antsoain, 19/01/2024
- Anselmo López Oscoz: Estella-Lizarra, 03/06/2024
- Patxi Areta Salanueva: Estella-Lizarra, 03/06/2024
- Peio Senosiain Elizaga: Estella-Lizarra, 04/06/2024
- Rubén Pascual Larrion: Estella-Lizarra, 05/06/2024
- Javier Barbarin Ganuza: Estella-Lizarra, 05/06/2024
- Patxi Zabaleta Zabaleta: Antsoain, 22/08/2024
- Juan Luis Etxeberria Arrizabalaga *Ondarru*: Antsoain, 23/08/2024
- Patxi Zabaleta Zabaleta: Antsoain, 29/08/2024
- Eduardo Mendaza Arroniz: Antsoain, 13/09/2024
- Sagrario Aleman Astiz: Antsoain, 13/09/2024
- Martin Mari Astibia Apezetxea: Leitza, 02/10/2024
- Mari Paz Arrula Ruiz: Tafalla, 05/10/2024
- Jesús Almingol Muñoz: Antsoain, 25/11/2024
- Mauricio Olite Ariz: Antsoain, 25/11/2024
- Rosa Saralegi Segura: Antsoain, 25/11/2024

- Juan José Eciolaza Carballo: Antsoain, 11/12/2024
- Pepe Uruñuela Najera: Antsoain, 17/12/2024
- Miren Atxaga Arnedo: Antsoain, 17/12/2024
- Benito Uterga Mendinueta: Antsoain, 20/12/2024
- Javier Yaben Bengoechea: Antsoain, 31/01/2025

• Entrevistas Archivo Histórico del Movimiento de Objeción de Conciencia y la Insumisión en Navarra (AHMOCIN): https://pazyconvivencia.navarra.es/es/ahmocin
  - Juan Fernández de Retana, Jesús Urra y Txema Fernández de Retana: 05/05/2019

Este libro,
ATREVERSE A LUCHAR. LA IZQUIERDA REVOLUCIONARIA
Y LA TRANSICIÓN EN NAVARRA,
se terminó de diseñar, componer y maquetar
en Elo utilizándose para ello la familia tipográfica Celeste
creada digitalmente por Chris Burke en 1990,
en un momento en el que los trabajadores de varias empresas navarras
sufrían la amenaza sobre sus empleos y se veían obligados a salir a la
calle, una vez más, a luchar por su futuro.

Aurkeztu dizugun liburuaren eduki, itxura edo inprimaketari buruzko iritzia guri helarazi nahi izanez gero, bidal iezaguzu. Zinez eskertuko dizugu.

La Editorial le quedará muy reconocida si usted le comunica su opinión acerca del libro que le ofrecemos, así como sobre su presentación e impresión. Le agradecemos también cualquier otra sugerencia.

EDITORIAL TXALAPARTA S.L.L.
San Isidro 35
31300 TAFALLA
Nafarroa
Tfno.: 948 70 39 34
info@txalaparta.eus
www.txalaparta.eus